建设工程招投标与合同管理

主　编　徐晓毅　蒋宇楠　景铎
副主编　金明辉　朱琳琳　胥旸　孟令娜　刘克霞
主　审　周岩枫　李宏罡

哈爾濱工程大學出版社
Harbin Engineering University Press

内容简介

本书系统分解了建设工程招标投标的过程和方法，以及合同管理中的相关要点，学习的内容全面对接工作岗位需求。本书共分五章，前四章介绍了建设工程招标投标的相关知识与实务，重点讲解了招标投标过程中的法律法规及其应用。第五章讲解了建设工程施工合同管理的相关知识与实务，涵盖了施工合同的全过程管理。

本书可以作为高职高专院校工程造价、建筑工程技术、工程监理、工程管理等专业教材，也可以作为土建施工类及工程管理类执业资格考试的培训教材，还可以作为工程招标投标与合同管理等相关专业的技术人员自学的参考用书。

图书在版编目（CIP）数据

建设工程招投标与合同管理 / 徐晓毅，蒋宇楠，景铎主编. —哈尔滨：哈尔滨工程大学出版社，2023.9
ISBN 978-7-5661-4002-9

Ⅰ. ①建… Ⅱ. ①徐… ②蒋… ③景… Ⅲ. ①建筑工程-招标-高等学校-教材②建筑工程-投标-高等学校-教材③建筑工程-合同-管理-高等学校-教材 Ⅳ. ①TU723

中国国家版本馆 CIP 数据核字（2023）第 143623 号

建设工程招投标与合同管理
JIANSHE GONGCHENG ZHAOTOUBIAO YU HETONG GUANLI

选题策划 邹德萍
责任编辑 张　曦
封面设计 李海波

出版发行 哈尔滨工程大学出版社
社　　址 哈尔滨市南岗区南通大街 145 号
邮政编码 150001
发行电话 0451-82519328
传　　真 0451-82519699
经　　销 新华书店
印　　刷 哈尔滨午阳印刷有限公司
开　　本 787 mm×1 092 mm　1/16
印　　张 15.5
字　　数 430 千字
版　　次 2023 年 9 月第 1 版
印　　次 2023 年 9 月第 1 次印刷
定　　价 59.80 元

http://www.hrbeupress.com
E-mail:heupress@hrbeu.edu.cn

前 言

建设工程项目的招标投标与合同管理是建设工程领域一项不可或缺的基础性工作，也是我国建筑市场管理的一项重要内容，从事该行业的人员需要按照规定的流程，严格遵循法律、法规及相关技术规范进行工程招标投标与合同管理工作。

本书依托编写团队多年教学工作及工程实践经验，以工作过程为主线，将工程招标投标与合同管理的基本知识、基本方法，以及文件编制等内容进行了全面、系统的讲解、梳理。

通过对本书的学习，读者可以掌握建设工程项目的招标投标与合同管理领域的相关知识和实践技能，具备自行编制工程招标投标文件和拟定相关合同的能力，能够完成建设工程招标投标与合同管理工作。

本书在编写过程中力求突出以下特色：

1. 依法依规、理实一体。本书根据党的二十大报告中提出的“坚持全面依法治国，推进法治中国建设”的要求，严格按照我国建设工程项目的招标投标与合同管理领域国家标准、规范以及示范文本编写而成。同时，本书结合相关案例，将理论知识与实践技能有机结合，注重内容的规范性、实用性和丰富性，实现了教、学、做一体化的教学要求。

2. 融入思政、德技并重。本书积极响应习近平总书记“把思想政治工作贯穿教育教学全过程”的号召，通过案例导入、本章小结、知识巩固、能力提升等环节，将法治意识、职业道德、职业规范、工匠精神等思政教育元素有机融入课程教学，发挥课程育人的主体作用。

3. 双线学习、拓展知识。本书按照全国教育工作会议提出的大力实施国家教育数字化战略行动，切实以教育信息化推动教育高质量发展的工作要求，在书中设置了大量的二维码，其中蕴含了丰富的微课资源，以帮助读者拓展专业知识、提高实际操作能力。同时，读者可以登录超星、智慧树平台搜索“建设工程招投标与合同管理”课程进行在线学习，还可发送电子邮件至 xuxiaoyi_jack@126.com，获取更多教学资源。

本书由黑龙江农业工程职业学院徐晓毅、黑龙江职业学院蒋宇楠和景铎担任主编，黑龙江交通职业技术学院金明辉、哈尔滨职业技术学院朱琳琳、黑龙江农业工程职业学院胥旸和孟令娜、青岛理工大学刘克霞担任副主编。徐晓毅负责全书统稿并完成第五章的编写工作，蒋宇楠编写第二章、第三章，景铎编写第一章，金明辉编写第四章，朱琳琳负责本书的课件制作，胥旸、孟令娜、刘克霞负责本书的校对工作。对于本书引用与参考的文献的作者，在此我们致以衷心的感谢！

编者

2023 年 6 月

目　录

第一章　招标投标法律体系与合同法律基础

知识目标

1. 了解建筑市场的概念
2. 掌握建筑市场的特征
3. 掌握建筑市场的主体与客体
4. 熟悉建设工程交易中心的性质和作用

技能目标

1. 掌握建筑市场主体资质管理的规定
2. 掌握建设工程交易中心的职责和运作程序
3. 熟悉《中华人民共和国建筑法》关于工程承发包的规定
4. 熟悉招标投标与合同管理中的相关法律法规

素质目标

1. 树立严谨、细致的工作态度
2. 提升发现问题、分析问题、解决问题的职业能力
3. 培养遵纪守法的职业精神

思政元素

1. 法治意识
2. 专业能力
3. 职业精神

【案例导入】

某大学教学楼设计建造面积为 21 364 m^2，预计造价为 8 500 万元，其中土建工程造价约为 4 218 万元，配套设备暂定造价为 2 178 万元。某年初，该工程项目进入某省建设工程交易中心，以总承包方式向社会公开招标。

经常以 A 市某房地产有限公司总经理身份对外交往的包工头郑某得知此信息后，即分别到该省和 A 市四家建筑公司“活动”，要求挂靠这四家公司参加投标，并分别商定了“合作”条件：一是投标保证金由郑某支付；二是 A 市其中一家建筑公司代郑某编制标书，由郑某支付“劳务费”，另外三家经济标书由郑某编制；三是项目中标后全部或部分工程交给郑某。

【问题】

1. 什么是建筑市场?
2. 政府如何管理建筑市场?

【案例分析】

1. 所谓市场,是指进行商品交易的场所。市场在我们的生活中无处不在,如菜市场、建材市场、商场、超市等。建筑市场是指进行建筑产品交易的场所,可以是看不见的无形建筑生产服务、咨询、劳务,也可以是实实在在存在的商品房屋的买卖。

2. 政府可以采取多种手段来管理建筑市场,例如:(1)相关的建筑法规。为了加强对建筑活动的监督管理,维护公共利益和规范建筑市场秩序,保证建设工程的质量安全,促进建筑业的健康发展,政府制定了《中华人民共和国建筑法》《中华人民共和国行政许可法》《建设工程质量管理条例》《建设工程安全生产管理条例》等法律、行政法规。(2)实施对建筑业企业资质的监督管理,企业应按照其拥有的资产、主要人员、已完成的工程业绩和技术装备等条件申请建筑业企业资质,经审查合格,取得建筑业企业资质证书后,方可在资质许可的范围内从事建筑施工活动。(3)利用市场机制进行建筑市场的自我调节。

第一节　建筑市场

本节微课

一、建筑市场概述

(一)建筑市场的概念

建筑市场是指以进行建筑商品及相关要素交换活动为主要内容的市场,一般称为建筑市场或建筑工程市场。建筑市场有广义的建筑市场和狭义的建筑市场之分。

广义的建筑市场包括有形建筑市场和无形建筑市场,既包括与建筑有关的技术、租赁、劳务等各种要素的市场,也包括依靠广告、通信、中介机构或经纪人等为建筑提供专业服务的有关组织体系,还包括建筑商品生产过程中的经济联系和经济关系等。因此,广义的建筑市场是建筑生产和交易关系的总和,或称“建筑产品和有关服务的交换关系的总和”。

狭义的建筑市场是指以建筑产品为交换内容的市场,主要表现为建设项目的建设单位(业主)和建筑产品的供给者通过招标投标的方式形成承发包的建筑产品的交换关系。

(二)建筑市场的分类

1. 按交易对象分类

按交易对象分类,建筑市场可分为建筑产品市场、资金市场、劳动力市场、建筑材料市场、设备租赁市场、技术市场和服务市场等。

2. 按交换范围或地理场所分类

按交换范围或地理场所分类,建筑市场可分为国际建筑市场(也称海外承包市场)和国内建筑市场。国内建筑市场又可分为城市、农村、部门、地区等建筑市场，或分为宏观建筑市场与微观建筑市场。

3. 按有无固定交易场所分类

按有无固定交易场所分类，建筑市场可分为有形市场和无形市场。

4. 按固定资产投资主体分类

按固定资产投资主体分类，建筑市场可分为国家投资形成的建筑工程市场、企事业单位自有资金投资形成的建设工程市场、私人住房投资形成的建筑工程市场和外商投资形成的建筑工程市场等。

5. 按建筑产品的性质分类

按建筑产品的性质分类，建筑市场可分为工业建筑工程市场、民用建筑工程市场、公用建筑工程市场、市政工程市场、道路桥梁市场、装饰装修市场、设备安装市场等。

（三）建筑市场的特征

1. 建筑市场交换关系的复杂性

建筑市场的形成涉及买方、地质勘查方、设计方、施工方、分包商、中介机构等的经济利益；建筑产品的位置、施工和使用影响城市的规划、环境和人身安全，这就要求用户、设计和施工等单位按照基本建设程序和国家的法律法规组织实施，确保各方的利益。

2. 建筑市场具有地域性

由于建筑产品的单件性、固定性和价格高昂，因此建筑产品不能像日用商品那样预先生产出来再进行批发、零售，而是要按照业主的要求，在指定地点为其建造特定的建筑产品。业主先选择的不是产品，而是生产单位。因此，建筑市场上的交易双方只能先成交后生产。建筑产品的生产经营过程通常集中在一个相对稳定的地理区域内。

3. 建筑市场交易的直接性

在一般的商品市场中，由于交换的产品具有间接性、可替换性和可移动性，因此供给者可以预先进行生产，然后通过批发、零售环节进入市场。建筑产品则不同，只能按照客户的具体要求，在指定的地点为其建造某种特定的建筑物。因此，建筑市场上的交易只能由需求者和供给者直接见面，进行预先订货式的交易，先成交，后生产，无法经过中间环节。

4. 建筑市场交易或活动具有长期性和阶段性

由于建筑建设的生产周期较长，因此建筑产品会受到政策、价格、自然环境等因素的影响。一项建设项目的最终产生要经历多个阶段。因此，其在各阶段的形态是不一样的，交易的内容和形式也是不一样的。

5. 建筑市场交易活动具有不可逆转性

交易双方的合同一旦达成，必须按照合同行事。特别是工程竣工后，既不能退换，也不能再加工，否则损失是双方都无法接受的。

6. 建筑市场竞争的激烈性

由于建筑行业采用生产要素相对分散的生产方式，因此大型建筑企业的市场占有率不高，建筑生产企业之间的竞争相对比较激烈，包括价格的竞争、质量的竞争、工期的竞争、企业信誉的竞争等方面，大型建筑生产企业专业特长优势明显，管理和技术水平高，生产组织方式科学，在建筑市场上的竞争力明显。

7. 建筑市场交易具有特殊性

（1）主要交易对象的单件性。建筑产品的多样性使得建筑产品不能实现批量生产、建筑市场不能出现相同的建筑商品，因而建筑商品在交易中没有挑选的机会，只能单件交易。

（2）交易对象的整体性和分部分项工程的相对独立性。无论是住宅小区，还是配套齐全的工厂、功能完备的大楼，都是不可分割的整体，所以建筑产品交易是整体的，但施工中需要对分部分项工程进行验收、质量评定，分期拨付工程进度款，因而建筑市场交易中分部分项工程具有相对独立性。

（3）交易价格的特殊性。建筑产品的单件性要求每件商品均有定价，定价形式多样，如单价制、总价制等。由于建筑产品价值量大，少则数十万元，多则上百亿元，因此其结付方式多样，如预付制、按月结算、竣工后一次性结算、分阶段结算等。

（4）交易活动的不可逆转性。建筑市场交易关系一旦形成，设计、施工等承包必须按约定履行义务，工程竣工后不可能再退换。

8. 建筑市场具备较大的风险性

建筑市场不仅对供给者有风险，对需求者也有风险。

（1）从建筑产品供给者方面来看，建筑产品的市场风险主要表现在以下三个方面。

①定价风险。由于建筑市场中的供给方面的可替代性很强，故市场的竞争主要表现为价格的竞争。定价过高就意味着竞争失败，招揽不到生产任务；定价过低则可能导致企业亏损，甚至破产。

②建筑产品生产周期长，不确定因素多。例如，气候、地质、环境的变化，需求者的支付能力，以及国家的宏观经济形势等，都可能对建筑产品的生产产生不利的影响，甚至是严重的不利影响。

③需求者支付能力的风险。建筑产品的价值巨大，其生产过程中的干扰因素可能使生产成本和价格升高，从而超过需求者的支付能力；或其贷款条件使需求者筹措资金发生困难。上述种种，都有可能出现需求者对生产者已完成的阶段产品或部分产品拖延支付，甚至中断支付的情况。

（2）从建筑产品需求者来看，建筑市场的风险主要表现在以下三个方面。

①价格与质量的矛盾。如上所述，建筑产品的需求者往往希望在产品功能和质量一定的条件下价格尽可能低，从而可能使需求者和供给者对最终产品的质量标准产生理解上的分歧，而当建筑产品的内容更复杂时，分歧的概率更大。

②价格与交货时间的矛盾。建筑产品的需求者往往对建筑产品生产周期中的不确定因素估计不足，提出的交货日期有时并不现实。而供给方为达成交易，虽然也接受这一不公平条件，但却会有相应的对策，如抓住发包人未能完全履行合同义务的漏洞，从而竭力将

合同条件变得有利于己。

③预付工程款的风险。由于建筑产品的价值巨大，且多为转移价值部分，供给者一般无力垫付巨额生产资金。需求者向供给者预付一笔工程款已形成一种惯例和制度。这可能给那些既无信誉又无经营实力的企业可乘之机，从而给需求者造成严重的经济损失。

二、建筑市场的主体与客体

建筑市场是由许多基本要素组成的有机整体，这些要素之间的相互联系和相互作用共同推动建筑市场的有效运转。

建筑市场主体的资质管理

（一）建筑市场的主体

建筑市场的主体是指参与建设生产交易过程的各方，主要有业主（建设单位或发包人）、承包商、工程咨询服务机构等。

1. 业主

业主是指既有某项工程建设需求，又具有该项工程的建设资金和各种准建证件，在建筑市场中发包工程项目建设任务，并最终得到建筑产品、达到其投资目的的政府部门、企业单位和个人。

在我国，业主也称为建设单位，因为只有在发包工程或组织工程建设时才成为市场主体，故又称为发包方或招标人。为了规范业主的行为，我国建立了投资责任约束机制，即项目法人责任制，又称业主责任制，由项目业主对项目建设的全过程负责。

业主在项目建设过程中的主要职责是：建设项目的立项决策；建设项目的资金筹措与管理；办理建设项目的有关手续（如征地、建筑许可等）；建设项目的招标投标与合同管理；建设项目的施工与质量管理；建设项目的竣工验收与运行；建设项目的统计及文档管理。

2. 承包商

承包商是指有一定生产能力、技术装备、流动资金，具有承包工程建设任务的营业资格，在建筑市场中能够按照业主方的要求，提供不同形态的建筑产品，并获得工程价款的建筑施工企业。

（1）承包商应具备的条件。相对于业主而言，承包商作为建筑市场的主体，是长期和持续存在的。因此，无论是国内还是国外惯例，对承包商一般都要实行从业资格管理。根据我国目前执行的《建筑业企业资质管理规定》（中华人民共和国住房和城乡建设部令第22号），概括地说，承包商从事建筑生产一般需具备以下三个方面的条件。

①拥有符合国家规定的注册资本。

②拥有与其资质等级相适应的且具有注册执业资格的专业技术和管理人员。

③拥有从事相应建筑活动所应有的技术装备。

（2）承包商应具备的实力。经资格审查合格，已取得资质证书和营业执照的承包商可按其所从事的专业分为土建、水电、道路、港口、铁路和市政工程等专业公司。在市场经济条件下，承包商需要通过市场竞争（投标）取得施工项目，需要依靠自身的实力去赢得市场。承包商应具备以下四个方面的实力。

①技术方面的实力。包括：有精通本行业的工程师、造价师、经济师、会计师、项目经理

和合同管理等专业人员;有专业施工装备;有承揽不同类型项目施工的经验。

②经济方面的实力。包括:具有相当的周转资金用于工程准备;具有一定的融资和垫付资金的能力;具有相当的固定资产和为完成项目需购入大型设备所需的资金;具有支付各种担保和保险的能力;有承担相应风险的能力;承担国际工程还需具备筹集外汇的能力。

③管理方面的实力。建筑承包市场属于买方市场,承包商为打开局面,往往需要通过低利润报价以取得项目,因此,必须在成本控制上下功夫,向管理要效益,并采用先进的施工方法提高工作效率和技术水平,必须拥有一批能力过硬的项目经理和管理专家。

④信誉方面的实力。承包商一定要有良好的信誉,因为它将直接影响企业的生存与发展。要想建立良好的信誉,就必须遵守法律法规,保证工程的质量、安全和工期,并做到文明施工,能认真履约。

承包商在承揽工程时,必须根据本企业的施工力量、机械装备、技术力量和施工经验等方面的条件,选择适合发挥自己优势的项目,避开企业不擅长或缺乏经验的项目,做到扬长避短,避免给企业带来不必要的风险和损失。

3. 工程咨询服务机构

工程咨询服务机构指具有一定注册资金和相应的专业服务能力,持有从事相关业务的资质证书和营业执照,能对工程建设提供估算测量、管理咨询、建设监理等智力型服务或代理,并取得服务费用的企业和其他为工程建设服务的专业中介组织工程咨询服务企业,包括勘察设计机构、工程造价咨询单位、招标代理机构、工程监理公司和工程管理公司等。这类企业主要是向业主提供工程咨询和管理服务,弥补业主对工程建设过程不熟悉的缺陷,在国际上一般称为咨询公司。在我国,目前数量最多并有明确资质标准的是勘察设计机构、工程监理公司、工程造价咨询单位和招标代理机构。工程管理和其他咨询类企业近年来也有所发展。

工程咨询服务机构虽然不是工程承发包的当事人,但其受业主的委托或聘用,与业主签订有协议书或合同,因而对项目的实施也负有相当重要的责任。

(二)建筑市场的客体

建筑市场的客体,一般称作建筑产品,是建筑市场的交易对象,既包括有形建筑产品,也包括无形产品,即各类智力型服务。

建筑产品不同于一般工业产品,因为建筑产品本身及其生产过程具有不同于其他工业产品的特点。在不同的生产交易阶段,建筑产品表现为不同的形态。它可以是咨询公司提供的咨询报告、咨询意见或其他服务,也可以是勘察设计单位提供的设计方案、施工图纸勘察报告,还可以是生产厂家提供的混凝土构件,当然也包括承包商生产的各类建筑物和构筑物。

1. 建筑产品的特点

(1)建筑产品的固定性和生产过程的流动性

建筑物与土地相连,不可移动,这就要求施工人员和施工机械只能随建筑物不断流动,从而带来施工管理的多变性和复杂性。

(2)建筑产品的单件性

业主对建筑产品的用途、性能要求不同以及建设地点的差异性,决定了多数建筑产品都需要单独进行设计，不能批量生产。

(3)建筑产品的整体性和分部分项工程的相对独立性

建筑产品的整体性和分部分项工程的相对独立性的特点决定了总包和分包相结合的特殊承包形式。随着经济的发展和建筑技术的进步，施工生产的专业性越来越强。在建设生产中，由各种专业施工企业分别承担工程的土建、安装、装饰、劳务分包，有利于施工生产技术和效率的提高。

(4)建筑生产的不可逆性

建筑产品一旦进入生产阶段，其产品不可能退换，也难以重新建造，否则双方都将承受极大的损失。所以，建筑生产的最终产品质量是由各阶段成果的质量决定的。设计、施工必须按照规范和标准进行，才能保证生产出合格的建筑产品。

(5)建筑产品的社会性

绝大部分建筑产品都具有相当广泛的社会性，涉及公众的利益和生命财产的安全，即使是私人住宅，也会影响进入或靠近它的人员的生活和安全。政府作为公众利益的代表，加强对建筑产品规划、设计、交易、建造的管理是非常必要的，有关工程建设的市场行为都应受到管理部门的监督和审查。

2. 建筑产品的商品属性

长期以来，受计划经济体制影响，工程建设由工程指挥部管理，工程任务由行政部门分配，建筑产品价格由国家规定，抹杀了建筑产品的商品属性。

中华人民共和国成立以后，由于推行了一系列以市场为导向的改革措施，建筑企业成为独立的生产单位，建设投资由国家拨款改为多种渠道筹措，市场竞争代替行政分配，建筑产品价格也逐步走向市场，形成以市场为导向的价格机制。建筑产品商品属性的观念已为大家所认识，这成为建筑市场发展的基础，并推动了建筑市场的价格机制、竞争机制和供求机制的形成，使实力强、素质高、经营状况好的企业在市场上更具有竞争力，并能够更快地发展，实现资源的优化配置，提高了全社会的生产水平。

3. 工程建设标准的法定性

建筑产品的质量不仅关系到承发包双方的利益，也关系到国家和社会的公共利益，正是由于建筑产品的这种特殊性，其质量标准是以国家标准、国家规范等形式颁布实施的。从事建筑产品生产必须遵守这些标准、规范的规定，违反这些标准、规范将受到法律的制裁。

工程建设标准涉及面很广，包括房屋建筑、交通运输、水利、电力、通信、采矿、冶炼、石油化工、市政公用设施等方面。

工程建设标准是指对工程勘察、设计、施工、验收、质量检验等各个环节的技术要求，它包括以下五个方面的内容。

(1)工程建设勘察、设计、施工及验收等的质量要求和方法。

(2)与工程建设有关的安全、卫生、环境保护的技术要求。

(3)工程建设的术语、符号、代号、量与单位、建筑模数和制图方法。

(4)工程建设的试验、检验和评定方法。

(5)工程建设的信息技术要求。

在具体形式上，工程建设标准包括标准、规范、规程等。工程建设标准的独特作用包括两个方面:一方面,通过有关的标准规范为相应的专业技术人员提供需要遵循的技术要求和方法;另一方面,由于标准具有法律属性和权威属性,保证了从事工程建设的有关人员必须按照规定去执行,从而为保证工程质量打下了基础。

三、建设工程交易中心

20 世纪 90 年代以来,按照原建设部和监察部的统一部署和要求,全国各地相继建立起各级建设工程交易中心。经过多年的运行,建设工程交易中心作为建筑市场管理和服务的一种新形式,在规范建筑市场交易行为、提高建设工程质量和方便市场主体等方面已取得了一定的积极成效。

建设工程交易中心是我国所特有的一种管理形式,在世界上是独一无二的,是与我国的国情相适应的。由于当时我国市场经济总体尚不够发达和健全,在相当长的一段时间内,建筑市场中多方参与,大、中、小企业并存,市场存在透明度不高和信息交流不畅等现象,除了个别实力较强的企业有可能建立自己稳定的市场网络外,大部分中小企业迫切需要寻找一种有效的载体作为其进行市场交易、获取信息的渠道和平台,迫切需要依靠一个合适的市场来寻找合作伙伴进行交易。同时一些计划经济时代的建筑企业集团在市场经济的转轨过程中正在逐步改制,大量民营企业正在迅速发展,市场的分散程度很高。这样的企业强烈要求建立一种组织,对企业的产品进行集散,对信息进行收集和发布。而旧的行业业态形式已无法适应现有市场经济发展的需要,单打独斗形式的企业经营模式已不能适应今后市场经济的发展。在这样的情况下,必须建立一种有集约分散物流、人流、资金流、信息流的功能,且与中国目前经济发展水平、经济结构特点以及人们的交易习惯相适应的市场形式,这种形式的最佳体现就是建设工程交易中心。

(一)建设工程交易中心的性质和作用

1. 建设工程交易中心的性质

建设工程交易中心是服务性机构,不是政府管理部门,也不是政府授权的监督机构,本身并不具备监督管理职能。但建设工程交易中心又不是一般意义上的服务机构,其设立必须得到政府或政府授权主管部门的批准,并非任何单位和个人可随意设立;它不以营利为目的,旨在为建立公开、公平竞争的招标投标制度服务,工程交易行为不能在建设工程交易中心以外的地方进行。

2. 建设工程交易中心的作用

根据我国有关规定,所有建设项目都要在建设工程交易中心内办理报建、发布招标信息、合同授予、申领施工许可证及委托质量安全监督等有关手续。建设工程交易中心提供政策法规及技术经济咨询服务。建设工程交易中心的作用是:建立国有投资的监督制约机制、规范建设工程承发包行为、将建设市场纳入法治化的管理轨道,促进了工程招标投标制度的推行,而且遏制了违法违规行为的发生,对于减少腐败现象、提高管理透明度起到了显著的作用。

(二)建设工程交易中心的运行原则

建设工程交易中心要有良好的运行秩序,充分发挥市场功能,就必须坚持市场运行的一些基本原则,主要有以下几方面。

1. 信息公开原则

建设工程交易中心必须充分掌握政策法规,工程发包商、承包商和资质单位的资质,造价指数,招标规则,评标标准,专家评委库等各项信息,并保证市场各方主体都能及时获得所需要的信息资料。

2. 依法管理原则

建设工程交易中心应严格按照法律、法规开展工作,尊重建设单位依照法律规定选择投标单位和选定中标单位的权利。尊重符合资质条件的建筑企业提出的投标要求和接受邀请参加投标的权利。任何单位和个人不得非法干预交易活动的正常进行。检察机关应当进驻建设工程交易中心实施监督。

3. 公平竞争原则

建立公平竞争的市场秩序是建设工程交易中心的一项重要原则。进驻的有关行政监督管理部门应严格监督招标投标单位的行为,防止地方保护、行业和部门垄断等各种不正当竞争,不得侵犯交易活动各方的合法权益。

4. 属地进入原则

按照我国有形建筑市场的管理规定,建设工程交易实行属地进入。每个城市原则上只能设立一个建设工程交易中心,特大城市可以根据需要,设立区域性分中心,在业务上受中心领导。对于跨省、自治区、直辖市的铁路、公路、水利等工程,可在政府有关部门的监督下通过公告由项目法人组织招标投标。

5. 办事公正原则

建设工程交易中心是政府建设行政主管部门批准建立的服务性机构。须配合进场的各行政管理部门做好相应的工程交易活动管理和服务工作。要建立监督制约机制,公开办事规则和程序,制定完善的规章制度和工作人员守则,发现建设工程交易活动中的违法、违规行为,应当向政府有关管理部门报告,并协助进行处理。

(三)建设工程交易中心的基本功能

我国的建设工程交易中心是按照以下三大功能进行构建的。

1. 信息服务功能

我国建设工程交易中心的信息服务主要包括收集、存储和发布各类工程信息、法律法规、造价信息、建材价格、承包商信息、咨询单位和专业人士信息等,在设施上配备有大型电子墙、计算机网络工作站,为承发包交易提供广泛的信息服务。

2. 场所服务功能

对于政府部门、国有企业、事业单位的投资项目,我国法律明确规定,一般情况下都必须进行公开招标,只有特殊情况下才允许采用邀请招标。所有建设项目进行招标投标必须在有形建筑市场内进行,必须由有关管理部门进行监督。按照这个要求,工程建设交易中心必须为工程承发包交易双方包括建设工程的招标、评标、定标、合同谈判等提供设施和场所服务。

3. 集中办公功能

由于众多建设项目要进入有形建筑市场进行报建、招标投标交易和办理有关批准手续，这样就要求政府有关建设管理部门进驻工程交易中心，集中办理有关审批手续并进行管理。根据建设工程交易中心管理的相关规定，建设工程交易中心应具备信息发布大厅、洽谈室、开标室、会议室及相关设施以满足业主和承包商、分包商、设备材料供应商之间的交易需要。同时，要为政府有关管理部门进驻集中办公、办理有关手续和依法监督招标投标活动提供场所服务。进驻建设工程交易中心的相关管理部门集中办公，公布各自的办事制度和程序，能按照各自的职责依法对建设工程交易活动实施有力监督，并有利于提高办公效率。建设工程交易中心基本功能如图 1-1 所示。

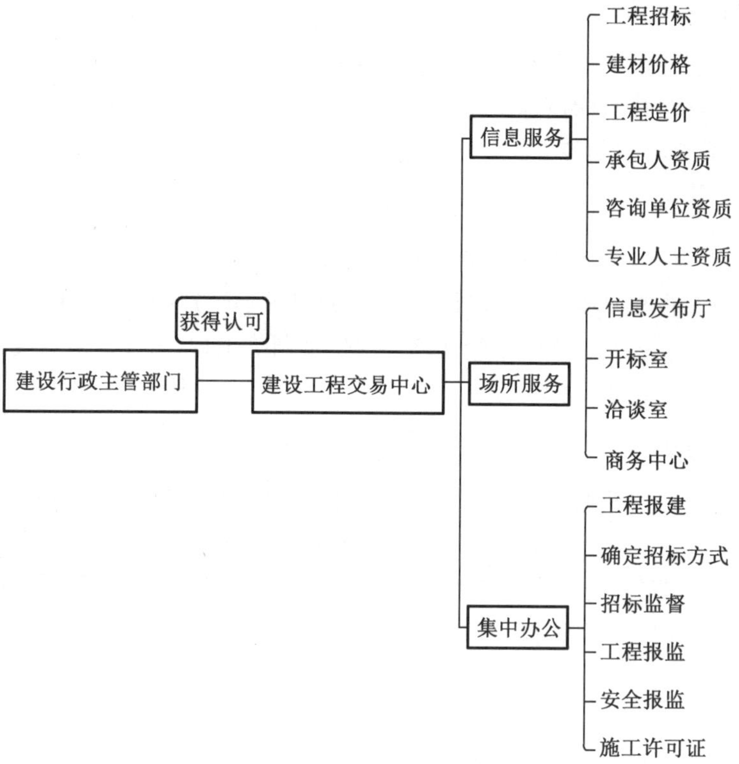

图 1-1　建设工程交易中心基本功能

（四）建设工程交易中心的职责和运作程序

1. 建设工程交易中心的职责

（1）贯彻执行建筑市场和建设工程管理的法律、法规和规章，按照交易规则及时收集发布信息。

（2）为进场交易各方提供服务。

（3）配合进场各部门调解交易过程中发生的纠纷。

（4）向政府有关部门报告交易活动中发现的违法违纪行为。

2. 建设工程交易中心的运作程序（图 1–2）

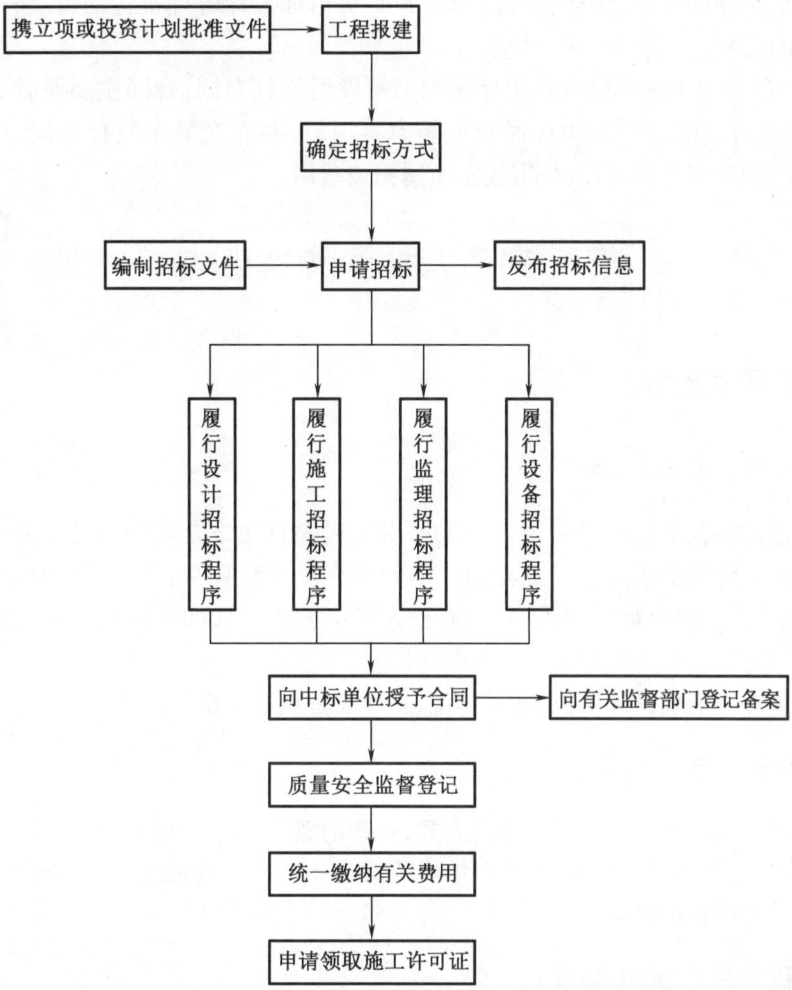

图 1–2　建设工程交易中心运作程序

（1）建设单位拟建工程经批准立项后，到交易中心办理报建备案手续。

（2）交易中心对已完成报建手续的建设项目公开发布信息。

（3）对建设单位管理建设项目的资格进行审查，凡不符合资格的均须委托具有相应资格的招标代理机构组织招标。

（4）报建工程由招标监督部门依据《中华人民共和国招标投标法》（以下简称《招标投标法》）和有关规定确认招标方式，核定工程类别。

（5）招标人在建设工程交易中心统一发布招标公告，招标公告应当载明招标人的名称和地址，招标项目的性质、数量、实施地点和时间，以及获取招标文件的办法等事项。

（6）经审查，凡符合资质条件的投标企业，可根据交易中心发布的建设工程信息，在交易中心申请参加工程交易。

（7）采取公开招标的建设工程，招标单位对提出参加交易申请投标的企业进行资格预审，并将预审结果公开发布，符合条件的投标企业可参加交易活动。采取邀请招标的建设工程，被邀请且符合资质条件的投标企业应不少于三家。

(8)建设工程招标投标活动必须遵循《招标投标法》等有关法律、法规、规章，在建设工程交易中心依法开展开标、评标、定标活动，并服从招标投标管理机构的管理，接受招标投标管理机构的监督。

(9)建设单位与中标单位应在中标通知书签发后签订合同，合同主要条款必须依据招标文件、投标文件、答疑纪要、中标通知书等内容拟订，并在交易中履行合同审查，办理质监、意外保险，领取施工许可证，依据规定缴纳相关费用。

第二节 工程承发包模式

本节微课

一、工程承发包概念

(一)工程承包的概念

工程承包指承包单位通过一定的方式取得工程项目建设合同的活动。分包指从事工程总承包的单位将所承包的建设工程的一部分依法发包给具有相应资质的承包单位的行为，该总承包人并不退出承包关系，其与第三人就第三人完成的工作成果向发包人承担连带责任。

工程承包方有勘察设计单位、施工单位、工程设备供应或制造商等。

(二)工程发包的概念

工程发包是指建设单位采用一定的方式，在政府管理部门的监督下，遵循公开、公平等竞争原则，择优选定设计、勘察、施工等单位的活动。建筑工程依法实行招标发包，对不适于招标发包的可以直接发包。

二、工程承发包的几种模式

工程承发包亦称工程招标承包制，通过招标投标的一定程序建立工程买方与卖方、发包与承包的关系。目前我国工程承发包模式主要有工程总承包(EPC)模式、项目管理承包(PMC)模式、设计-建造(DB)模式、设计-招标-建造(DBB)模式、施工管理承包(CM)模式、建造-运营-移交(BOT)模式、公共部门与私人企业合作(PPP)模式。

(一)工程总承包(EPC)模式

EPC(Engineering Procurement Construction)模式，即工程总承包模式，又称为设计、采购、施工一体化模式。它是指在项目决策阶段以后，从设计开始，经招标，委托一家工程公司对设计、采购、建造进行总承包。在这种模式下，由工程总承包公司按照承包合同约定负责对工程项目的进度、费用、质量、安全进行管理和控制，并按合同约定完成工程。

其优点是业主把工程的设计、采购、施工和开工服务工作全部托付给工程总承包商负责组织实施，业主只负责整体的、原则的、目标的管理和控制，总承包商更能发挥主观能动性,能运用其先进的管理经验为业主和承包商自身创造更多的效益;提高了工作效率,减少了协调工作量;设计变更少,工期较短;由于采用的是总价合同,基本不用再支付索赔及追加项目费用;项目的最终价格和要求的工期具有更大程度的确定性。

其缺点是业主不能对工程进行全程控制。总承包商对整个项目的成本工期和质量负责,加大了总承包商的风险,总承包商为了降低风险获得更多的利润,可能通过调整设计方案来降低成本,这样会影响长远意义上的质量。由于采用的是总价合同,承包商获得业主变更费及追加费用的弹性很小。

(二)项目管理承包(PMC)模式

PMC(Project Management Contracting)模式,即项目管理承包模式。它是指项目管理承包商代表业主对工程项目进行全过程、全方位的项目管理,包括进行工程的整体规划、项目定义、工程招标、选择 EPC 承包商,并对设计、采购、施工、试运行进行全面管理,一般不直接参与项目的设计、采购、施工和试运行等阶段的具体工作。

其优点是可以充分发挥项目管理承包商在项目管理方面的专业技能,统一协调和管理项目的设计与施工,减少矛盾,有利于节省建设项目投资。该模式可以对项目的设计进行优化,可以在该项目生存期内实现成本最低;在保证质量优良的同时,有利于承包商获得对项目未来的股权契约或收益分配权,可以缩短施工工期,在高风险领域,通常采用股权契约这种方式来稳定队伍。

其缺点是业主参与工程的程度低,变更权力有限,协调难度大。业主方所面临的风险的大小在于能否选择一个高水平的项目管理公司。

(三)设计-建造(DB)模式

DB(Design and Build) 模式,即设计-建造模式,在国际上也称交钥匙模式(turnkey model),在我国称为设计-施工(design construction)总承包模式。它是在项目原则确定之后,业主选定一家公司负责项目的设计和施工。这种方式在投标和订立合同时是以总价合同为基础的。设计-建造总承包商对整个项目的成本负责,总承包商首先选择一家咨询设计公司进行设计,然后采用竞争性招标方式选择分包商,当然也可以利用本公司的设计和施工力量完成一部分工程。

其优点是和承包商密切合作,完成项目规划直至验收,减少了协调的时间和费用。承包商可在参与初期将其材料、施工方法、结构、价格和市场等知识与经验融入设计中,有利于控制成本、降低造价。国外经验证明,实行 DB 模式,平均可降低造价 10%,有利于进度控制,缩短工期。责任单一。从总体来说,建设项目的合同关系是业主和承包商之间的关系,业主的责任是按合同规定的方式付款,总承包商的责任是按时提供业主所需的产品,总承包商对于项目建设的全过程负有全部责任。

其缺点是对最终设计和细节控制能力较弱。承包商的设计对工程经济性有很大影响,在 DB 模式下承包商承担了更大的风险。质量控制主要取决于业主招标时功能描述的质量标准,而且总承包商的水平对设计质量有较大影响。另外,时间较短,缺乏特定的法律、法规约束,没有专门的险种,方式操作复杂,竞争性较小。

(四)设计-招标-建造(DBB)模式(也称平行发包模式)

DBB(Design-Bid-Build)模式,即设计-招标-建造模式,又称平行发包模式,它是一种在国际上比较通用且应用最早的工程项目发包模式之一。它是指由业主委托建筑师或咨询工程师进行前期的各项工作(如进行可行性研究等),待项目评估立项后再进行设计。在设计阶段编制施工招标文件,随后通过招标选择承包商,而有关单项工程的分包和设备材料的采购一般都由承包商与分包商和供应商单独订立合同并组织实施。在工程项目实施阶段,工程师则为业主提供施工管理服务。这种模式最突出的特点是强调工程项目的实施必须按照设计-招标-建筑的顺序进行,且一个阶段全部结束另一个阶段才能开始。

其优点表现在管理方法较成熟,各方对有关程序都很熟悉,业主可自由选择咨询设计人员,对设计要求可控制,可自由选择工程师,可采用各方均熟悉的标准合同文本,有利于合同管理、风险管理和减少投资。

其缺点是项目周期较长,业主与设计、施工方分别签约,自行管理项目,管理费较高;设计的可施工性差,工程师控制项目目标能力不强;由图纸问题产生的争端多、索赔多等,不利于工程事故的责任划分。

(五)施工管理承包(CM)模式

CM(Construction Management)模式,即施工管理承包模式,又称“边设计、边施工”模式,分阶段发包模式或快速轨道模式。CM 模式是由业主委托 CM 单位,以一个承包商的身份,进行有条件的“边设计、边施工”,着眼于缩短项目周期,也称快速路径法。即快速轨道的生产组织方式来进行施工管理,直接指挥施工活动,在一定程度上影响设计活动,而它与业主的合同通常采用“成本+利润”的承发包模式。此方式通过施工管理商来协调设计和施工的矛盾,使决策公开化。

由业主和业主委托的工程项目经理与工程师组成一个联合小组共同负责组织和管理工程的规划、设计和施工。完成一部分分项(单项)工程设计后,即对该部分进行招标,发包给一家承包商,无总承包商,由业主直接按每个单项工程与承包商分别签订承包合同。

其优点是在项目进度控制方面,由于 CM 模式采用分散发包、集中管理,使设计与施工充分搭接,有利于缩短建设周期。CM 单位加强与设计方的协调,可以减少因修改设计而造成的工期延误。在投资控制方面,通过协调设计,CM 单位还可以帮助业主采用价值工程等方法向设计方提出合理化建议,以挖掘节约投资的潜力,还可以大大减少施工阶段的设计变更。在质量控制方面,设计与施工结合并相互协调,在项目上采用新工艺、新方法时,有利于提高工程施工质量。分包商的选择由业主和承包人共同决定,因而更为明智。

其缺点是对 CM 经理及其所在单位的资质和信誉的要求都比较高。分项招标导致承包费可能较高。CM 模式一般采用“成本加酬金”合同,对合同范本要求比较高。

(六)建造-运营-移交(BOT)模式

BOT(Build-Operate-Transfer)模式,即建造-运营-移交模式,它是指一国财团或投资人为项目的发起人,从一个国家的政府获得某项目基础设施的建设特许权,然后由其独立地联合其他方组建项目公司,负责项目的融资、设计、建造和经营。在整个特许期内,项目公司通过项目的经营获得利润,并用此利润偿还债务。在特许期满之时,整个项目由项目公司无偿或以极低的价格移交给东道国政府。

由于获得了政府许可和支持,BOT 模式有时可得到优惠政策,进而拓宽了融资渠道。BOOT、BOO、DBOT、BTO、TOT、BRT、BLT、BT、ROO、MOT、BOOST、BOD、DBOM 和 FBOOT 等均是标准 BOT 操作的不同演变方式,但其基本特点是一致的,即项目公司必须得到政府有关部门授予的特许权。该模式主要用于机场、隧道、发电厂、港口、收费公路、电信、供水和污水处理等一些投资较大、建设周期长和可以运营获利的基础设施项目。

其优点是可以减少政府主权借债和还本付息的责任;可以将公营机构的风险转移到私营承包商,避免公营机构承包项目的全部风险;可以吸引国外投资,以支持国内基础设施的建设,解决了发展中国家缺乏建设资金的问题。BOT 项目通常都由外国的公司来承包,这会给项目所在国带来先进的技术和管理经验,既给本国的承包商带来较多的发展机会,也促进了国际经济的融合。

其缺点是在特许权期限内,政府将失去对项目所有权和经营权的控制;参与方多,结构复杂,项目前期过长且融资成本高;可能导致大量的税收流失;可能造成设施的掠夺性经营;在项目完成后,会有大量的外汇流出;风险分摊不对称等。政府虽然转移了建设、融资等风险,却承担了更多的其他责任与风险,如利率、汇率风险等。

(七)公共部门与私人企业合作(PPP)模式

PPP(Public Private Partnership)模式,即公共部门与私人企业合作模式,详细说,即民间参与公共基础设施建设公共事务管理的模式,统称为公私(民)伙伴关系,是政府、私人企业基于某个项目而形成的相互间合作关系的一种特许经营项目融资模式,由该项目公司负责筹资、建设与经营。政府通常与提供贷款的金融机构达成一个直接协议,该协议不是对项目进行担保,而是政府向借贷机构做出的承诺,将按照政府与项目公司签订的合同支付有关费用。这个协议使项目公司能比较顺利地获得金融机构的贷款。而项目的预期收益、资产以及政府的扶持力度将直接影响贷款的数量和形式。采取这种融资形式的实质是,政府通过给予民营企业长期的特许经营权和收益权来换取基础设施加快建设及有效运营。实践中 PPP 模式也在不断创新。

PPP 模式适用于投资额大、建设周期长、资金回报慢的项目,包括铁路、公路、桥梁隧道等交通项目,电力煤气等能源项目及电信网络等通信项目,等等。PPP 模式无论是在发达国家还是在发展中国家,应用都越来越广泛。项目成功的关键是项目的参与者和股东都已经清晰了解了项目的所有风险、要求和机会,才有可能充分享受 PPP 模式带来的收益。

其优点是公共部门和私人企业在初始阶段就共同参与论证,有利于尽早确定项目融资可行性,缩短前期工作周期,节省政府投资;可以在项目初期实现风险分配,同时由于政府分担一部分风险,使风险分配更合理,减少了承建商与投资商风险,从而降低了融资难度;参与项目融资的私人企业在项目前期就参与进来,有利于私人企业一开始就引入先进技术和管理经验;公共部门和私人企业共同参与建设和运营,双方可以形成互利的长期目标,更好地为社会和公众提供服务;使项目参与各方整合组成战略联盟,对协调各方不同的利益目标起关键作用,政府拥有一定的控制权。

其缺点是对于政府来说,如何确定合作公司给政府增加了难度,而且在合作中要负有一定的责任,增加了政府的风险负担;组织形式比较复杂,增加了管理上协调的难度;如何设定项目的回报率可能成为一个颇有争议的问题。

三、《中华人民共和国建筑法》关于工程承发包的规定

(一)关于建设工程承发包合同形式的规定

《中华人民共和国建筑法》《中华人民共和国民法典》(以下简称《民法典》)及其他有关法律法规都规定:建设工程承发包合同必须采用书面形式。

(二)关于总承包与分包的规定

《中华人民共和国建筑法》中提倡对建筑工程实行总承包,规定建筑工程的发包单位可以将建筑工程的勘察、设计、施工、设备采购一并发包给一个工程总承包单位,也可以将建筑工程勘察、设计、施工、设备采购的一项或者多项发包给一个工程总承包单位。

经发包人同意,可以将承包工程中的部分工程发包给具有相应资质条件的分包单位。

建筑工程主体结构的施工必须由总承包单位自行完成,禁止将应当由一个承包单位完成的建筑工程肢解成若干部分发包给几个承包单位,禁止总承包单位将工程分包给不具备相应资质条件的单位,禁止分包单位将其承包的工程再分包。

(三)关于不得指定材料设备供应商的规定

按照合同约定,建筑材料、建筑构配件和设备由工程承包单位采购的,发包单位不得指定。

(四)关于禁止越级承包的规定

禁止建筑施工企业超越本企业资质等级许可的业务范围或者以任何形式用其他建筑施工企业的名义承揽工程。禁止建筑施工企业以任何形式允许其他单位或者个人使用本企业的资质证书、营业执照,以本企业的名义承揽工程。

(五)关于联合承包的规定

《中华人民共和国建筑法》中规定大型建筑工程或者结构复杂的建筑工程,可以由两个以上的承包单位联合共同承包。共同承包的各方对承包合同的履行承担连带责任。

(六)关于转包的规定

《中华人民共和国建筑法》禁止非法转包、违法分包和肢解发包。

非法转包是指建设工程的承包人不行使承包者的管理职能,将其承包的建设工程倒手转让给第三人,使该第三人实际上成为该建设工程新的承包人的行为。

违法分包是指发包人将工程分包后,未在施工现场设立项目管理机构和派驻相应人员,并未对该工程的施工活动进行组织管理。

肢解发包是指建设工程发包人将应当由一个承包人完成的建设工程肢解成若干部分,分别发包给几个承包人或建设工程承包人,并将其承包的全部建设工程以分包名义分别转

包给第三人的行为。

《中华人民共和国建筑法》第二十八条规定,禁止承包单位将其承包的全部建筑工程转包给他人,禁止承包单位将其承包的全部建筑工程肢解以后以分包的名义分别转包给他人。

第三节 招标投标法律体系的构成

本节微课

20 世纪 80 年代初,我国建筑领域就引入了招标投标制度,国务院及有关部门陆续发布了一系列招标投标方面的规定。一些地方人民政府及有关部门也结合本地特点和需要,相继开始工程招标投标试点,并制定了招标投标方面的地方性法规、规章和规范性文件,逐步形成了覆盖全国各领域、各层级的招标投标法律体系。

招标投标法律体系,是指全部现行的与招标投标活动有关的法律法规和政策组成的有机联系的整体。招标投标法律体系的构成按照法律规范的渊源划分为四个方面。

一、国家法律

全国人民代表大会及其常务委员会所制定的以国家主席令的形式颁布执行的法律,具有国家强制力和普遍约束力,一般以法、决议、决定、条例、办法、规定等为名称。

(一)《中华人民共和国招标投标法》

《中华人民共和国招标投标法》

《中华人民共和国招标投标法》于 1999 年 8 月 30 日第九届全国人民代表大会常务委员会第十一次会议通过。根据 2017 年 12 月 27 日第十二届全国人民代表大会常务委员会第三十一次会议通过的《全国人民代表大会常务委员会关于修改〈中华人民共和国招标投标法〉、〈中华人民共和国计量法〉的决定》进行了修正。该法包括招标、投标、开标、评标、中标及相应的法律责任等。其制定的目的在于规范招标投标活动,保护国家利益、社会公共利益和招标投标活动当事人的合法权益,提高经济效益,保证项目质量。在中华人民共和国境内进行招标投标活动,适用本法。

(二)《中华人民共和国建筑法》

《中华人民共和国建筑法》

《中华人民共和国建筑法》于 1997 年 11 月 1 日第八届全国人民代表大会常务委员会第二十八次会议通过。根据 2011 年 4 月 22 日第十一届全国人民代表大会常务委员会第二十次会议通过的《全国人民代表大会常务委员会关于修改〈中华人民共和国建筑法〉的决定》进行了第一次修正。根据 2019 年 4 月 23 日第十三届全国人民代表大会常务委员会第十次会议通过的《全国人民代表大会常务委员会关于修改〈中华人民共和国建筑法〉等八部法律的决定》进行了第二次修正。《中华人民共和国建筑法》是建筑业的基本法律,其制定的目的在于加强对建筑活动的监督管理,维护建筑市场秩序,保证建筑工程的质量和安全,促进建筑业健康发展。

（三）《中华人民共和国民法典》

在《中华人民共和国民法典》颁布之前，我国是通过《中华人民共和国合同法》调整合同法律关系的。《中华人民共和国合同法》由中华人民共和国第九届全国人民代表大会第二次会议于 1999 年 3 月 15 日通过，自 1999 年 10 月 1 日起施行。根据 2014 年 8 月 31 日第十二届全国人民代表大会常务委员会第十次会议通过的《全国人民代表大会常务委员会关于修改〈中华人民共和国保险法〉等五部法律的决定》进行了修正。2020 年 5 月 28 日第十三届全国人民代表大会第三次会议表决通过了《中华人民共和国民法典》，自 2021 年 1 月 1 日起施行，《中华人民共和国合同法》同时废止。

《中华人民共和国民法典》

（四）《中华人民共和国政府采购法》

2002 年 6 月 29 日第九届全国人民代表大会常务委员会第二十八次会议通过《中华人民共和国政府采购法》。根据 2014 年 8 月 31 日第十二届全国人民代表大会常务委员会第十次会议通过的《全国人民代表大会常务委员会关于修改〈中华人民共和国保险法〉等五部法律的决定》进行了修正。2022 年 7 月 15 日，《中华人民共和国政府采购法（修订草案征求意见稿）》再次向社会公开征求意见。《中华人民共和国政府采购法》（以下简称《政府采购法》）规范了政府采购行为，提高了政府采购资金的使用效益，维护了国家利益和社会公共利益，保护了政府采购当事人的合法权益，促进了廉政建设。

《中华人民共和国政府采购法》

二、法规

（一）行政法规

行政法规的制定主体是国务院，行政法规根据宪法和法律的授权制定，必须经过法定程序制定，具有法的效力。行政法规一般以条例、办法、实施细则、规定等为名称。发布行政法规需要国务院总理签署国务院令。行政法规的效力仅次于宪法和法律，高于部门规章和地方性法规。

1.《中华人民共和国招标投标法实施条例》

《中华人民共和国招标投标法实施条例》（以下简称《招标投标法实施条例》）于 2011 年 12 月 20 日中华人民共和国国务院令第 613 号公布。根据 2017 年 3 月 1 日《国务院关于修改和废止部分行政法规的决定》进行第一次修订。根据 2018 年 3 月 19 日《国务院关于修改和废止部分行政法规的决定》进行第二次修订。根据 2019 年 3 月 2 日《国务院关于修改部分行政法规的决定》进行第三次修订。在《中华人民共和国招标投标法》的基础上制定本条例，目的在于规范招标投标活动。在中华人民共和国境内从事建设工程的新建、改建、扩建及其相关的装修、拆除、修缮等工程，以及大宗材料、设备的采购，建设工程勘察、设计、监理的招标投标，必须遵守本条例。

《中华人民共和国招标投标法实施条例》

2.《中华人民共和国政府采购法实施条例》

《中华人民共和国政府采购法实施条例》于2014年12月31日国务院第75次常务会议通过，2015年1月30日中华人民共和国国务院令第658号公布，自2015年3月1日起施行。国家机关、事业单位和团体组织的采购项目既使用财政性资金又使用非财政性资金的，使用财政性资金采购的部分，适用《政府采购法》及本条例；财政性资金与非财政性资金无法分割采购的，统一适用《政府采购法》及本条例。

《中华人民共和国政府采购法实施条例》

（二）地方性法规

省、自治区、直辖市及较大的市（省、自治区人民政府所在地的市，经济特区所在地的市，经国务院批准的较大的市）的人民代表大会及其常务委员会制定颁布的，在本地区具有法律效力，通常以地方人大公告的方式公布，一般使用条例、实施办法等名称，如《北京市招标投标条例》。

三、国务院部门规章

国务院部门规章是由国务院所属的部、委、局和具有行政管理职责的直属机构制定的，通常以部委令的形式公布，一般使用办法、规定等名称。

（一）《工程建设项目招标范围和规模标准规定》

《工程建设项目招标范围和规模标准规定》（国家发展计划委员会令第3号）于2000年4月4日经国务院批准，自2000年5月1日起施行。本规定根据《中华人民共和国招标投标法》第三条的规定制定，其目的在于确定必须进行招标的工程建筑项目的具体范围和规模标准，规范招标投标活动，规定了省、自治区、直辖市人民政府可以根据实际情况，规定本地区必须进行招标的工程建设项目的具体范围和规模标准，但不得缩小本规定确定的必须进行招标的范围，国家发展计划委员会可以根据实际需要，会同国务院有关部门对本规定确定的必须进行招标的工程建设项目的具体范围和规模标准进行部分调整。

《工程建设项目招标范围和规模标准规定》

（二）《评标专家和评标专家库管理暂行办法》

《评标专家和评标专家库管理暂行办法》（国家发展计划委员会令第29号），经国家发展计划委员会审议通过，自2003年4月1日起施行。根据2013年3月11日《关于废止和修改部分招标投标规章和规范性文件的决定》（国家发展改革委、工业和信息化部、财政部、住房城乡建设部、交通运输部、铁道部、水利部、广电总局、民航局令第23号）修正。本办法根据《中华人民共和国招标投标法》制定，其目的在于加强对评标专家的监督管理，健全评标专家库制度，保证评标活动的公平、公正，提高评标质量。本办法适用于评标专家的资格认定、入库及评标专家库的组建、使用、管理活动。

《评标专家和评标专家库管理暂行办法》

（三）《评标委员会和评标方法暂行规定》

为了规范评标委员会的组成和评标活动，国家发展计划委员会、国家经济贸易委员会、建设部、铁道部、交通部、信息产业部、水利部联合制定《评标委员会和评标方法暂行规定》（国家发展计划委员会、国家经济贸易委员会、建设部、铁道部、交通部、信息产业部、水利部令第12号），自2001年7月5日起施行。根据2013年3月11日《关于废止和修改部分招标投标规章和规范性文件的决定》（国家发展和改革委员会、工业和信息化部、财政部、住房和城乡建设部、交通运输部、铁道部、水利部、国家广播电影电视总局、中国民用航空局令第23号）修正。本办法依照《中华人民共和国招标投标法》制定，其目的在于规范评标活动，保证评标的公平、公正，维护招标投标活动当事人的合法权益。依法必须招标的评标活动适用本办法。

《评标委员会和评标方法暂行规定》

《关于废止和修改部分招标投标规章和规范性文件的决定》

（四）《工程建设项目施工招标投标办法》

2003年3月8日，国家发展计划委员会、建设部、铁道部、交通部、信息产业部、水利部、中国民用航空总局审议通过了《工程建设项目施工招标投标办法》（国家发展计划委员会、建设部、铁道部、交通部、信息产业部、水利部、中国民用航空总局令第30号），自2003年5月1日起施行。根据2013年3月11日《关于废止和修改部分招标投标规章和规范性文件的决定》（国家发展和改革委员会、工业和信息化部、财政部、住房和城乡建设部、交通运输部、铁道部、水利部、国家广播电影电视总局、中国民用航空局令第23号）修正。其制定目的在于规范工程建设项目施工招标投标活动。在中华人民共和国境内进行的工程施工招标投标活动适用本办法。

《工程建设项目施工招标投标办法》

（五）《工程建设项目勘察设计招标投标办法》

国家发展和改革委员会、建设部、铁道部、交通部、信息产业部、水利部、中国民用航空总局、国家广播电影电视总局联合发布《工程建设项目勘察设计招标投标办法》（国家发展和改革委员会、建设部、铁道部、交通部、信息产业部、水利部、中国民用航空总局、国家广播电影电视总局令第2号），自2003年8月1日起施行。根据2013年3月11日《关于废止和修改部分招标标规章和规范性文件的决定》（国家发展和改革委员会、工业和信息化部、财政部、住房和城乡建设部、交通运输部、铁道部、水利部、国家广播电影电视总局、中国民用航空局令第23号）修正。本办法根据《中华人民共和国招标投标法》制定，其目的在于规范工程建设项目勘察设计招标投标活动，提高投资效益，保证工程质量。在中华人民共和国境内进行工程建设项目勘察设计的招标投标活动适用本办法。

《工程建设项目勘察设计招标投标办法》

（六）《工程建设项目货物招标投标办法》

国家发展和改革委员会、建设部、铁道部、交通部、信息产业部、水利部、中国民用航空总局审议通过了《工程建设项目货物招标投标办法》（国家发展和改革委员会、建设部、铁道部、交通部、信息产业部、水利部、中国民用航空总局令第27号），自2005年3月1日起施行。根据2013年3月11日《关于废止和修改部分招标投标规章和规范性文件的决定》（国家发展和改革委员会、工业和信息化部、财政部、住房和城乡建设部、交通运输部、铁道部、水利部、国家广播电影电视总局、中国民用航空局令第23号）修正。本办法根据《中华人民共和国招标投标法》和国务院有关部门的职责分工制定，其目的在于规范工程建设项目的货物招标投标活动，保护国家利益、社会公共利益和招标投标活动当事人的合法权益，保证工程质量，提高投资效益。本办法适用于在中华人民共和国境内依法必须进行招标的工程建设项目货物（指与工程建设项目有关的重要设备、材料等）的招标投标活动。

《工程建设项目货物招标投标办法》

（七）《房屋建筑和市政基础设施工程施工招标投标管理办法》

《房屋建筑和市政基础设施工程施工招标投标管理办法》（建设部令第89号）已于2001年5月31日经第四十三次部常务会议讨论通过，自2001年6月1日发布施行。本办法依据《中华人民共和国建筑法》《中华人民共和国招标投标法》等法律、行政法规制定，其目的在于规范房屋建筑和市政基础设施工程招标投标活动，维护招标投标当事人的合法权益。凡在中华人民共和国境内从事房屋建筑和市政基础设施工程施工招标投标活动，实施对房屋建筑和市政基础设施工程施工招标投标活动的监督管理，均应遵守本办法。

《房屋建筑和市政基础设施工程施工招标投标管理办法》

（八）《房屋建筑和市政基础设施工程施工分包管理办法》

2003年11月8日建设部第二十一次常务会议讨论通过《房屋建筑和市政基础设施工程施工分包管理办法》（建设部令第124号），2004年2月3日发布，自2004年4月1日起施行。根据2014年8月27日第十五次住房和城乡建设部常务会议审议通过的《住房和城乡建设部关于修改〈房屋建筑和市政基础设施工程施工分包管理办法〉的决定》进行了修正。根据2019年3月13日住房和城乡建设部令第47号《住房和城乡建设部关于修改部门规章的决定》进行了修正。本办法根据《中华人民共和国建筑法》《中华人民共和国招标投标法》《建设工程质量管理条例》等有关法律、法规制定，其目的在于规范房屋建筑和市政基础设施工程施工分包活动，维护建筑市场秩序，保证工程质量和施工安全。凡在中华人民共和国境内从事房屋建筑和市政基础设施工程施工分包活动，实施对房屋建筑和市政基础设施工程施工分包活动的监督管理，适用本办法。

《房屋建筑和市政基础设施工程施工分包管理办法》

（九）《工程建设项目招标投标活动投诉处理办法》

国家发展和改革委员会、建设部、铁道部、交通部、信息产业部、水利部、中国民用航空总局联合发布《工程建设项目招标投标活动投诉处理办法》（国家发展和改革委员会、建设部、铁道部、交通部、信息产业部、水利部、中国民用航空总局令第 11 号）自 2004 年 8 月 1 日起施行。根据 2013 年 3 月 11 日《关于废止和修改部分招标投标规章和规范性文件的决定》（国家发展和改革委员会、工业和信息化部、财政部、住房和城乡建设部、交通运输部、铁道部、水利部、国家广播电影电视总局、中国民用航空局令第 23 号）进行了修正。本办法根据《中华人民共和国招标投标法》第六十五条规定制定，其目的在于保护国家利益、社会公共利益和招标投标当事人的合法权益，建立公平、高效的工程建设项目招标投标活动投诉处理机制。本办法适用于工程建设项目招标投标活动的投诉及其处理活动。

《工程建设项目招标投标活动投诉处理办法》

四、国家部委规范性文件

（一）《中华人民共和国房屋建筑和市政工程标准施工招标资格预审文件》与《中华人民共和国房屋建筑和市政工程标准施工招标文件》

为了规范房屋建筑和市政工程施工招标资格预审文件、招标文件编制活动，促进房屋建筑和市政工程招标投标公开、公平和公正，根据《〈标准施工招标资格预审文件〉和〈标准施工招标文件〉试行规定》，住房和城乡建设部制定了《中华人民共和国房屋建筑和市政工程标准施工招标资格预审文件》和《中华人民共和国房屋建筑和市政工程标准施工招标文件》，自 2010 年 6 月 9 日起施行。

（二）《建设工程工程量清单计价规范》（GB 50500—2013）

2013 年版的规范总结了《建设工程工程量清单计价规范》（GB 50500—2008）自实施以来的经验，针对执行中存在的问题，特别是清理拖欠工程款工作中普遍反映的，在工程实施阶段中工程价款调整、支付、结算等方面缺乏依据的问题，主要修订了原规范正文中不尽合理、可操作性不强的条款及表格格式，特别增加了采用工程量清单计价如何编制工程量清单和招标控制价、投标报价、合同价款约定，以及工程计量与价款支付、工程价款调整、索赔、竣工结算、工程计价争议处理等内容，并增加了条文说明；于 2013 年开始实施。2013 年版规范的出台，对巩固工程量清单计价改革的成果、进一步规范工程量清单计价行为具有十分重要的意义。

《建设工程工程量清单计价规范》

（三）《建设工程施工合同（示范文本）》（GF—2017—0201）

为了指导建设工程施工合同当事人的签约行为、维护合同当事人的合法权益，以及便于合同当事人使用示范文本，住房和城乡建设部、国家工商行政管理总局依据《中华人民共和国合同法》《中华人民共和国建筑法》《中华人民共和国招标投标法》以及相关法律法规对《建设工程施工合同(示范文本)》(GF—2013—0201)进行了修订,制定了《建设工程施工合同(示范文本)》(GF—2017—0201)。

第四节　招标投标法律体系的效力层级

本节微课

招标投标方面的法律法规有很多,在执行有关规定时应注意效力层级。

一、纵向效力层级

在我国法律体系中,宪法具有最高的法律效力,之后依次是法律、行政法规、部颁规章与地方性法规、地方政府规章、行政规范性文件。在招标投标法律体系中,《招标投标法》是招标投标领域的基本法律,其他有关行政法规、国务院决定、各部委规章及地方性法规和规章都不得同《招标投标法》相抵触。使用政府财政性资金的采购活动采用招标方式的,不仅要遵守《招标投标法》规定的基本原则和程序,还要遵守《政府采购法》及其有关规定。政府采购工程进行招标投标的,适用《招标投标法》。国务院各部委制定的部门规章之间具有同等法律效力,在各自权限范围内施行。省、自治区、直辖市的人大及其常委会制定的地方性法规的效力层级高于当地政府制定的规章。

二、横向效力层级

《中华人民共和国立法法》规定,同一机关制定的法律、行政法规、地方性法规、自治条例和单行条例、规章,特别规定与一般规定不一致的,适用特别规定。换言之,就是同一机关制定的特别规定的效力层级应高于一般规定,同一层级的招标投标法律规范中,特别规定与一般规定不一致的应当采用特别规定。比如说,《民法典》中对合同的订立及签订等方面作出了一些规定;同样,在《招标投标法》中对招标投标的程序及签订合同等方面也作出了一些规定。当我们在招标投标活动中,应当遵守《民法典》的基本规定,但同时更应严格执行《招标投标法》中一些特别的规定,按照《招标投标法》中对招标投标的程序及签订合同的具体要求完成中标合同的签订。

三、时间序列效力层级

从时间序列来看,同一机关制定的法律、行政法规、地方性法规、规章,新的规定与旧的规定不一致的,适用新的规定。也就是遵循"新法优于旧法"的原则,在招标投标活动中应执行新的规定。

四、特殊情况处理原则

我国法律体系原则上是统一、协调的,但由于立法机关比较多,如果立法部门之间缺乏必要的沟通与协调,难免会出现一些与规定不一致的情况。在招标投标活动遇到此类特殊情况时,依据《中华人民共和国立法法》的有关规定,应当按照以下原则处理。

(1)法律之间对同一事项新的一般规定与旧的特别规定不一致,不能确定如何适用时,由全国人大常委会裁决。

(2)地方性法规、规章新的一般规定与旧的特别规定不一致时,由制定机构裁决。

(3)地方性法规与部门规章之间对同一事项规定不一致,不能确定如何适用时,由国务院提出意见。国务院认为应当适用地方性法规的,应当决定在该地方适用地方性法规的规定;认为应当适用部门规章的,应当提请全国人大常委会裁决。

(4)部门规章之间、部门规章与地方政府规章之间对同一事项的规定不一致时,由国务院裁决。

第五节 《招标投标法》的立法目的和适用范围

《招标投标法》共六章,六十八条。第一章总则,主要规定了立法目的、适用范围、调整对象、必须招标的范围、招标投标活动必须遵循的基本原则等;第二章招标,主要规定了招标人定义、招标方式、招标代理机构资格认定、招标代理权限范围及招标文件编制的要求等;第三章投标,主要规定了投标主体资格、编制投标文件要求、联合体投标等;第四章开标、评标和中标,主要规定了开标、评标和中标各个环节具体规则和时限要求等;第五章法律责任,主要规定了违反招标投标活动的具体规定、各方应承担的法律责任等;第六章附则,规定了招标投标的例外情形及施行日期。

本节微课

一、立法目的

《招标投标法》第一条规定,为了规范招标投标活动,保护国家利益、社会公共利益和招标投标活动当事人的合法权益,提高经济效益,保证项目质量,制定本法。由此可以看出,《招标投标法》的立法目的有以下几项。

(一)规范招标投标活动

招标投标是在市场经济条件下进行大宗货物的买卖、工程建设项目的发包与承包以及服务项目的采购与提供时,所采用的一种交易方式。采用招标投标方式进行交易活动是将竞争机制引入了交易过程。但在这一制度推行过程中,也存在一些突出的问题,如:按规定应当招标而不进行招标;在确定供应商、承包商的过程中采用“暗箱操作”,直接指定供应商、承包商;招标投标程序不规范,违反公开、公平、公正的原则;招标人与投标人进行权钱交易,行贿受贿,搞虚假招标;投标人串通投标,进行不公平竞争;有的利用行政权力强行指定中标人;等等。因此,以法律的形式规范招标投标活动,正是制定《招标投标法》的基本目的。

(二)维护国家利益

《招标投标法》通过招标范围的明确规定,保障了财政资金和其他国有资金的合理有效使用。依法进行招标投标,按照公开、公平、公正的原则,能够节约和合理使用国有建设资金。同时,有利于反腐倡廉,防止国有资产的流失。

(三)维护社会公共利益

社会公共利益是全体社会成员的共同利益。对国家利益的维护,也是对社会公共利益的维护。

(四)维护招标投标当事人的合法权益

《招标投标法》对招标投标各方当事人应当享有的基本权利作出了规定。例如,《招标投标法》中规定,依法进行的招标投标活动不受地区或者部门的限制,任何单位和个人不得以任何方式非法干涉招标投标活动等。

(五)提高经济效益

对国家投资、融资建设的生产经营性项目实行招标投标制度,有利于减少投资、缩短工期、保证质量,从而有利于提高投资效益及项目建成后的经济效益。

(六)提高项目质量

依照法定的招标投标程序,通过竞争,选择技术强、信誉好、质量保障体系可靠的投标人中标,对于保证采购项目的质量是十分重要的。

二、适用范围

(一)地域范围

《招标投标法》第二条规定,在中华人民共和国境内进行招标投标活动,适用本法。即《招标投标法》适用于在我国境内进行的各类招标投标活动,这是《招标投标法》的空间效力。"我国境内"包括我国全部领域范围,但依据《中华人民共和国香港特别行政区基本法》和《中华人民共和国澳门特别行政区基本法》的规定,不包括实行"一国两制"的香港、澳门地区。

(二)主体范围

《招标投标法》的适用主体范围很广泛,只要在我国境内进行的招标投标活动,无论是哪类主体都要执行《招标投标法》。具体包括两类主体:第一类是国内各类主体,既包括各级权力机关、行政机关和司法机关及其所属机构等国家机关,也包括国有企事业单位、外商投资企业、私营企业及其他各类经济组织,同时还包括允许个人参与招标投标活动的公民个人;第二类是在我国境内的各类外国主体,即指在我国境内参与招标投标活动的外国企业,或者外国企业在我国境内设立的能够独立承担民事责任的分支机构等。

(三)例外情形

按照《招标投标法》第六十七条规定,使用国际组织或者外国政府贷款、援助资金的项目进行招标,贷款方、资金提供方对招标投标的具体条件和程序有不同规定的,可以适用其规定,但违背中华人民共和国的社会公共利益的除外。

第六节　合同法律关系

本节微课

一、合同法律关系的构成要素

合同法律关系是指由合同法律规范调整的当事人在民事流转过程中形成的权利义务关系，合同法律关系同其他法律关系一样，是由主体、内容和客体三种要素构成的。三者互相联系，缺一不可，变更其中任何一个要素就不再是原来意义上的法律关系了。合同法律关系的客体是主体通过法律关系所追求和所要达到的物质利益载体和经济目的，权利和义务只有通过客体才能得到落实和实现，没有客体的法律关系是无意义和无目的的。权利和义务是合同法律关系的内容，是联系主体与主体之间、主体与客体之间的纽带。

（一）合同法律关系主体

合同法律关系主体是指合同法律关系的参加者或当事人，是权利的享有者和义务的承担者。

1. 主体资格范围

依照我国法律，在经济活动中，合同法律关系主体资格的范围一般包括自然人、法人及非法人组织，如图 1-3 所示。

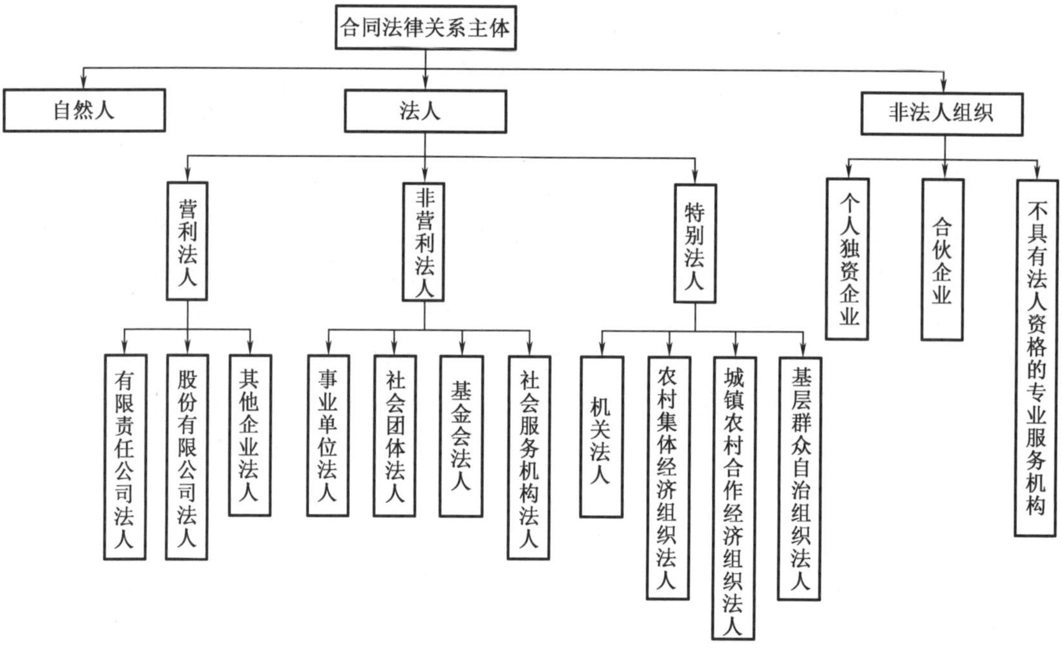

图 1-3　合同法律关系主体示意图

2. 民事权利能力和民事行为能力

作为合同法律关系主体的组织和个人，必须具有相应的主体资格，即必须具备一定的民事权利能力和民事行为能力。

民事权利能力是指法律确认的自然人享有民事权利、承担民事义务的资格。自然人只有具备了民事权利能力，才能参加民事活动。《民法典》第十三条规定，自然人从出生时起到死亡时止，具有民事权利能力，依法享有民事权利，承担民事义务。

民事行为能力是指民事主体通过自己的行为取得民事权利、承担民事义务的资格。民事行为能力分为完全民事行为能力、限制民事行为能力和无民事行为能力三种。具有民事权利能力，是自然人获得参与民事活动的资格，但能不能运用这一资格，还受自然人的理智、认识能力等主观条件制约。有民事权利能力者，不一定具有民事行为能力。

（二）合同法律关系客体

合同法律关系客体是指作为合同法律关系的主体享有的权利和承担的义务所共同指向的对象。合同法律关系客体也称标的。法律关系客体是确立权利义务关系性质和具体内容的客观依据。客体的确定是法律关系形成的客观标志，也是检验权利是否正确行使和义务是否完全履行的客观标准。如果没有客体，权利和义务就失去了目标，难以落实，法律关系主体的活动也就失去了意义。法律关系客体是法律关系的要素之一。法律关系的客体一般分为物、货币和有价证券、行为、智力成果，合同法律关系的客体也同样分为这四类。

1. 物

物是指可以被人们控制和支配的、具有一定经济价值的、以物质形态表现出来的自然存在和人工创造的物质财富。作为法律关系客体的物，可以根据实践的需要做不同的划分，如生产资料和生活资料、流通物和限制流通物、特定物和种类物、主物和从制等。建设工程合同法律关系中表现为物的客体主要是建筑材料、建筑物和建筑机械设备等。

2. 货币和有价证券

货币是充当一般等价物的特殊商品，在生产流通过程中，货币是以价值形态表现的资金。有价证券是具有一定票面金额，代表某种财产权的凭证，如股票、债券、汇票、本票、支票等。

3. 行为

行为是法律关系主体为达到一定目的所进行的活动，包括管理行为、完成一定工作的行为和提供一定劳务的行为。管理行为是法律关系中的管理主体行使监督管理权所指向的行为，如计划行为、审查批准行为、监督检查行为等。完成一定工作的行为是指法律关系主体的一方利用自己的资金和技术设备为对方完成一定的工作任务，对方根据完成工作的数量和质量支付一定的报酬，如建筑安装、勘察设计、工程施工等。提供一定劳务的行为是指法律关系主体的一方利用自己的设施和技术条件，为对方提供一定的劳务或服务以满足对方的需求，对方支付一定的酬金，如建筑工程监理、工程造价咨询等。

4. 智力成果

智力成果是指通过人的脑力劳动创造出来的某种精神成果。一般表现为某种技术、科研试验成果、知识产权等，建筑法律关系中的专利、专有技术、设计图纸、商业信誉、商业秘密等都是智力成果。

（三）合同法律关系内容

合同法律关系内容是指合同法律关系的当事人所享有的权利和承担的义务。权利是法律关系主体依法具有的自己为或不为一定行为以及要求他人为或不为一定行为的资格，当自己的权益受到他人侵害时，有权请求国家有关机关依法保护自己的合法权益。义务是相对权利而存在的，建筑法律关系主体为了实现特定的权利主体的权利，在法律规定的范围内实施或不实施某种行为。义务人必须作出或者不作出一定的行为，其目的是实现对方的权利或者不影响对方权利的实现。合同法律关系的义务主体应当自觉履行义务，否则应承担法律责任。合同法律关系主体之间的权利和义务是对等的，受国家法律保护。

二、合同法律关系的产生、变更和终止

（一）合同法律关系的产生、变更和终止的概念

法律关系的产生即法律关系的主体之间形成了一定的权利和义务关系。如建设单位与施工单位签订建筑工程承包合同，建设单位和施工单位之间就形成了权利和义务关系；建设单位在建筑工程开工前，按照法律规定向建设行政主管部门申领施工许可证，建设单位和建设行政主管部门之间就产生了建筑行政法律关系。

法律关系的变更是指法律关系的主体、内容、客体发生变化。主体变更是指法律关系主体数目增加或减少，也可以是主体改变。如建设工程合同的发包方和承包方均可将其权利依法转让，受让人取代转让人的地位成为合同当事人，合同主体发生变更。内容变更是指法律关系的权利和义务改变。如建设工程合同的发包方和承包方经协商一致变更工期、质量标准等，合同中的权利和义务的内容发生变更时，双方当事人应按照变更后的权利和义务的内容履行。客体变更是指法律关系中权利和义务所指向的事物发生变化，可以是客体的性质变更，也可以是客体的范围变更。

法律关系的终止即法律关系主体之间的权利和义务关系的消灭。法律关系的终止可以是基于权利和义务得到履行，也可以是法律关系主体依法协商一致或依照其他法律规定导致法律关系终止的情况。如建设工程合同中，合同规定的义务都已得到正确履行，合同权利和义务关系消灭；合同当事人也可以协商一致解除合同，或者在法定解除条件具备时，有解除权的当事人行使解除权，使双方法律关系终止。

法律关系的产生、变更和终止，除了需要有法律规范的存在外，还需要有法律事实的存在。法律规范是法律关系存在的前提，法律事实是引起法律关系产生、变更和终止的原因。法律事实是指能够引起法律关系产生、变更和终止的客观情况。“客观情况”是一个内涵十分广泛的概念，事实上任何存在，无论是自然现象还是社会现象都可以说是一种客观存在。但不是所有的事实存在都能引起法律后果，只有那些能够引起法律后果的事实，才能称为法律事实。法律事实的具体表现形式是不同的，这就决定了不同性质的法律事实可以产生不同性质的法律关系。

（二）法律事实

法律事实根据是否以法律关系主体的意志为转移，分为行为和事件两类。

1. 行为

行为是以法律关系主体的意志为转移的客观情况，即法律关系主体的有意志、有目的的活动，行为按照其性质可以分为合法行为和违法行为。

2. 事件

事件是不以法律关系主体的意志为转移的客观情况。这些客观情况的出现，是法律关系主体不能立见和控制的。事件可以分为自然事件和社会事件两种。自然事件是由自然现象所引起的客观事实，如地震、洪水、台风、泥石流等；社会事件是由社会上发生的不以个人意志为转移的、难以预料的各种大事变所形成的客观事实，如政府颁布禁令、战争等。无论是自然事件还是社会事件，它们的发生都能引起一定的法律后果，导致法律关系产生、变更或终止。如建设工程施工过程中遇洪水暴发，承包人延误的工期按照法律规定顺延；由于国家建设计划调整，某建设工程项目停建、缓建等。

三、代理

代理是指民事主体通过代理人实施民事法律行为的制度。《民法典》第一百六十二条规定，代理人在代理权限内，以被代理人名义实施的民事法律行为，对被代理人发生效力。

（一）代理的特征

1. 代理人以实施民事法律行为为职能

代理人的代理活动能产生民事法律后果，即在被代理人与第三人之间发生、变更或终止某种民事法律关系。凡不与第三人产生权利和义务关系的行为，如代人抄写、代人整理书稿等，均不属于民事上的代理。

2. 代理人以被代理人名义从事民事法律行为

在代理关系中，代理人只有以被代理人的名义，代替被代理人进行民事活动，才能为被代理人取得民事权利和履行民事义务。代理人以自己的名义进行民事活动，不属于代理活动，而是其自己的行为，其法律后果由行为人自己承担。

3. 代理人在代理权限范围内独立地表达自己的意志

代理人在代理权限范围内，有权斟酌情况，独立地进行意志表达，这一特征将代理人与证人、居间人区别开来，后者无权独立地表达自己的意志，只能起媒介作用，而非代理。

4. 代理行为的法律后果由被代理人承担

代理人在代理权限范围内所实施的行为，其法律后果由被代理人承担，这是以上三个特征的必然结果，也是当事人设立代理关系的目的所在。

（二）代理的种类

《民法典》第一百六十三条规定，代理包括委托代理和法定代理。

1. 委托代理

委托代理是指代理人根据被代理人的委托行使代理权的代理。民事法律行为的委托代理，可以采用书面形式，也可以采用口头形式，法律规定用书面形式的，应当用书面形式。委托书授权不明的，被代理人应当向第三人承担民事责任的，代理人应当承担连带责任。

2. 法定代理

法定代理是指依照法律的规定行使代理权的代理。法定代理主要是为了维护限制民事行为能力人或者无民事行为能力人的合法权益而设计的。法定代理不同于委托代理，属于全权代理，法定代理人原则上应代理被代理人的有关财产方面的一切民事法律行为和其他允许代理的行为。

(三)无权代理

无权代理是指行为人没有代理权或超越代理权而进行的“代理”活动。

1. 无权代理的表现形式

(1)无合法授权的“代理”

代理权是代理人进行代理活动的法律依据，不享有代理权的行为人却以他人名义进行“代理”活动，属于最主要的无权代理形式。此外，依照法律规定或按当事人约定，应当由本人实施的民事法律行为，不得代理，如结婚登记。

(2)越权“代理”

代理人的代理权限范围是有所界定的，代理人超越代理权限“代理”所进行的民事行为是没有法律依据的，其行为属于无权代理。

(3)代理权终止后的“代理”

代理人的代理权总是在特定时间范围内有效的，代理权终止后，代理人的身份也就相应取消，原代理人无权再进行“代理”活动。

2. 无权代理的法律后果

(1)“被代理人”的追认权，是指“被代理人”对无权代理行为所产生的法律后果表示同意和认可。只有经过“被代理人”的追认，“被代理人”才承担民事责任。未经追认的行为，由行为人承担民事责任。本人知道他人以本人名义实施民事行为而不否认表示的，视为同意。

(2)“被代理人”的拒绝权，是指“被代理人”对无权代理行为及其所产生的法律后果享有拒绝权。被拒绝的无权代理行为，由无权代理的行为人承担民事责任。

(四)代理的终止

1. 委托代理终止

有下列情形之一的，委托代理终止。

(1)代理期限届满或者代理事务完成。

(2)被代理人取消委托或者代理人辞去委托。

(3)代理人丧失民事行为能力。

(4)代理人或者被代理人死亡。

(5)作为被代理人或者代理人的法人、非法人组织终止。

2. 法定代理终止

有下列情形之一的,法定代理终止。

(1)被代理人取得或者恢复完全民事行为能力。

(2)代理人丧失民事行为能力。

(3)代理人或者被代理人死亡。

(4)法律规定的其他情形。

四、诉讼时效

诉讼时效是民事诉讼中的一项重要制度,指民事权利受到侵害的权利人在法定的时效期间内如果不行使权利,时效期间届满时,债务人获得诉讼时效抗辩权,有权要求不再履行义务。

(一)诉讼时效期间的种类

根据《民法典》及有关法律的规定,诉讼时效期间通常可划分为四类。

1. 普通诉讼时效

向人民法院请求保护民事权利的诉讼时效期间为三年。法律另有规定的,依照其规定。

2. 特殊诉讼时效

特殊诉讼时效是指针对某些特定的民事法律关系而制定的诉讼时效。在适用时,特殊诉讼时效优先于普通诉讼时效,也就是说,凡有特殊诉讼时效规定的,适用特殊诉讼时效的规定。例如,《民法典》第五百九十四条规定,因国际货物买卖合同和技术进出口合同争议提起诉讼或者申请仲裁的时效期间为四年。

3. 权利的最长保护期限

《民法典》第一百八十八条规定,诉讼时效期间自权利人知道或者应当知道权利受到损害以及义务人之日起计算。法律另有规定的,依照其规定。但是,自权利受到损害之日起超过二十年的,人民法院不予保护,有特殊情况的,人民法院可以根据权利人的申请决定延长。

4. 不适用诉讼时效的规定

下列请求权不适用诉讼时效的规定:请求停止侵害、排除妨碍、消除危险;不动产物权和登记的动产物权的权利人请求返还财产;请求支付抚养费、赡养费或者扶养费;依法不适用诉讼时效的其他请求权。

(二)诉讼时效期间届满的法律后果

《民法典》第一百九十二条规定,诉讼时效期间届满的,义务人可以提出不履行义务的抗辩。即诉讼时效届满,法律赋予义务人以抗辩权,超过时效的债务成为自然债务,法院不再保护。

但是有两种例外情况，一是诉讼时效期间届满后，义务人同意履行的，不得以诉讼时效期间届满为由抗辩；二是义务人已自愿履行的，不得请求返还。

（三）诉讼时效的中止

《民法典》第一百九十四条规定，在诉讼时效期间的最后六个月内，因下列障碍不能行使请求权的，诉讼时效中止：

（1）不可抗力；

（2）无民事行为能力人或者限制民事行为能力人没有法定代理人，或者法定代理人死亡、丧失民事行为能力、丧失代理权；

（3）继承开始后未确定继承人或者遗产管理人；

（4）权利人被义务人或者其他人控制；

（5）其他导致权利人不能行使请求权的障碍。

自中止时效的原因消除之日起满六个月，诉讼时效期间届满。

（四）诉讼时效的中断

《民法典》第一百九十五条规定，有下列情形之一的，诉讼时效中断，从中断、有关程序终结时起，诉讼时效期间重新计算：

（1）权利人向义务人提出履行请求；

（2）义务人同意履行义务；

（3）权利人提起诉讼或者申请仲裁；

（4）与提起诉讼或者申请仲裁具有同等效力的其他情形。

第七节　合同的订立

本节微课

当事人订立合同，应当具有相应的民事权利能力和民事行为能力。当事人依法可以委托代理人订立合同。

一、合同的形式

当事人订立合同，有书面形式、口头形式和其他形式三种。法律规定采用书面形式的，或当事人约定采用书面形式的，应当采用书面形式。

（一）书面形式

书面形式是指合同书、信件、电报、电传、传真等可以有形地表现所载内容的形式。以电子数据交换、电子邮件等方式能够有形地表现所载内容，并可以随时调取查用的数据电文，视为书面形式。书面合同的优点在于有据可查、权利义务记载清楚、便于履行，发生纠纷时容易举证和分清责任。书面合同是实践中广泛采用的一种合同形式。建设工程合同应当采用书面形式。

(二)口头形式

口头形式是指当事人用谈话的方式订立的合同,如当面交谈、电话联系等。口头形式一般运用于标的数额较小和即时结清的合同,如到商店、集贸市场购买商品,一般都是采用口头形式。以口头形式订立的合同,其优点在于建立合同关系简便、迅速,缔约成本低。但在发生争议时,难以取证、举证,不易分清当事人的责任。

(三)其他形式

其他形式是指用除书面形式、口头形式以外的方式来表现合同内容的形式,主要包括默示形式和推定形式。默示形式是指当事人既不用口头形式、书面形式,也不实施任何行为,而是以消极的不作为的方式进行的意思表示。默示形式只有在法律有特别规定的情况下才能运用。推定形式是指当事人不用语言、文字,而是通过某种有目的的行为表达自己意思的一种形式,从当事人的积极行为中可以推定当事人已进行的意思表示。

二、合同的内容

合同的内容由当事人约定,一般包括下列条款:

(1)当事人的姓名或者名称和住所;

(2)标的;

(3)数量;

(4)质量;

(5)价款或者报酬;

(6)履行期限、地点和方式;

(7)违约责任;

(8)解决争议的方法。

当事人可以参照各类合同的示范文本订立合同。

《民法典》在第三编合同中对建设工程合同(包括勘察、设计、施工合同)内容作了专门规定。

三、合同订立的程序

《民法典》第四百七十一条规定,当事人订立合同,可以采取要约、承诺方式或者其他方式。

(一)要约

《民法典》第四百七十二条规定,要约是希望与他人订立合同的意思表示,该意思表示应当符合下列条件:

(1)内容具体确定;

(2)表明经受要约人承诺,要约人即受该意思表示约束。

也就是说,要约必须是特定人的意思表示,必须是以缔结合同为目的,必须具备合同的主要条款。

有些合同在要约之前还会有要约邀请。所谓要约邀请，又称“要约引诱”，是希望他人向自己发出要约的意思表示。要约邀请并不是合同成立过程中的必经过程，它是当事人订立合同的预备行为，这种意思表示的行为往往不确定，不含有合同得以成立的主要内容和相对人同意后受其约束的表示，在法律上无须承担责任。《民法典》规定，拍卖公告、招标公告、招股说明书、债券募集办法、基金招募说明书、商业广告和宣传、寄送的价目表等为要约邀请；商业广告和宣传的内容符合要约条件的，构成要约。

1. 要约的生效

《民法典》第一百三十七条规定，以对话方式作出的意思表示，相对人知道其内容时生效。以非对话方式作出的意思表示，到达相对人时生效。以非对话方式作出的采用数据电文形式的意思表示，相对人指定特定系统接收数据电文的，该数据电文进入该特定系统时生效；未指定特定系统的，相对人知道或者应当知道该数据电文进入其系统时生效。当事人对采用数据电文形式的意思表示的生效时间另有约定的，按照其约定。

2. 要约的撤回和撤销

《民法典》第一百四十一条规定，行为人可以撤回意思表示。撤回意思表示的通知应当在意思表示到达相对人前或者与意思表示同时到达相对人。

3. 要约的失效

有下列情形之一的，要约失效：

(1) 要约被拒绝；

(2) 要约被依法撤销；

(3) 承诺期限届满，受要约人未作出承诺；

(4) 受要约人对要约的内容作出实质性变更。

(二) 承诺

《民法典》第四百七十九条规定，承诺是受要约人同意要约的意思表示。承诺是以接受要约的全部条件为内容的，有效的承诺应当符合相应的条件。

1. 承诺应符合的条件

(1) 承诺必须由受要约人向要约人作出。

(2) 承诺必须是对要约明确表示同意的意思表示。

(3) 承诺必须在要约有效期限内作出。

(4) 承诺的内容必须与要约的内容一致。

承诺应当以通知的方式作出，但根据交易习惯或者要约表明受要约人可以通过行为作出承诺的除外。

2. 承诺的期限

《民法典》第四百八十一条规定，承诺应当在要约确定的期限内到达要约人。要约没有确定承诺期限的，承诺应当依照下列规定到达：

(1) 要约以对话方式作出的，应当即时作出承诺；

(2)要约以非对话方式作出的,承诺应当在合理期限内到达。

3. 承诺的生效

承诺通知到达要约人时生效。承诺不需要通知的,根据交易习惯或者要约的要求作出承诺的行为时生效。

4. 迟延承诺

受要约人超过承诺期限发出承诺,或者在承诺期限内发出承诺,按照通常情形不能及时到达要约人的,为新要约;但是,要约人及时通知受要约人该承诺有效的除外。

5. 未迟发而迟到的承诺

受要约人在承诺期限内发出承诺,按照通常情形能够及时到达要约人,但是因其他原因致使承诺到达要约人时超过承诺期限的,除要约人及时通知受要约人因承诺超过期限不接受该承诺外,该承诺有效。

6. 承诺的内容

承诺的内容应当与要约的内容一致。受要约人对要约的内容作出实质性变更的,为新要约。有关合同标的、数量、质量、价款或者报酬、履行期限、履行地点和方式、违约责任和解决争议方法等的变更,是对要约内容的实质性变更。

承诺对要约的内容作出非实质性变更的,除要约人及时表示反对或者要约表明承诺不得对要约的内容作出任何变更外,该承诺有效,合同的内容以承诺的内容为准。

四、合同成立

合同成立是指当事人完成了签订合同的过程,并就合同内容协商一致。合同成立不同于合同生效。合同生效是法律认可合同效力,强调合同内容的合法性。因此,合同成立体现了当事人的意志,而合同生效体现了国家意志。合同成立是合同生效的前提条件,如果合同不成立,是不可能生效的。合同成立的一般要件如下。

(一)存在订约当事人

合同成立首先应具备双方或者多方订约当事人,只有一方当事人不可能成立合同。例如,某人以某公司的名义与某团体订立合同,若该公司根本不存在,则可认为只有一方当事人,合同不能成立。

(二)订约当事人就主要条款达成一致

合同成立的根本标志是订约双方或者多方经协商,就合同主要条款达成一致意见。

(三)经历要约与承诺两个阶段

《民法典》第四百七十一条规定,当事人订立合同,可以采取要约、承诺方式或者其他方式。当事人就订立合同达成合意,一般应经过要约与承诺两个阶段。若只停留在要约阶段,合同根本未成立。

1. 合同成立时间

合同成立时间关系到当事人何时受合同关系约束，因此合同成立时间具有重要意义，确定合同成立时间，需遵守如下规则。

（1）当事人采用书面形式订立合同的，自当事人均签字、盖章或者按指印时合同成立。在签字、盖章或者按指印之前，当事人一方已经履行主要义务，对方接受时，该合同成立。

法律、行政法规规定或者当事人约定合同应当采用书面形式订立，当事人未采用书面形式但一方已经履行主要义务，对方接受时，该合同成立。

（2）当事人采用信件、数据电文等形式订立合同的，可以在合同成立之前要求签订确认书。签订确认书时合同成立。此时，确认书具有最终正式承诺的意义。当事人一方通过互联网等信息网络发布的商品或者服务信息符合要约条件的，对方选择该商品或者服务并提交订单成功时合同成立，但是当事人另有约定的除外。

2. 合同成立地点

合同成立地点可能成为确定法院管辖的依据，因此具有重要意义。合同成立地点一般为承诺生效的地点，具体规则如下。

（1）当事人采用数据电文形式订立合同的，收件人的主营业地为合同成立的地点；没有主营业地的，其经常居住地为合同成立的地点；当事人另有约定的，按照其约定。

（2）当事人采用书面形式订立合同的，双方当事人签字或者盖章的地点为合同成立的地点。

五、格式条款

格式条款是当事人为了重复使用而预先拟定，并在订立合同时未与对方协商的条款。

（一）格式条款提供者的义务

由于格式条款的提供者往往在经济地位方面具有明显的优势，在行业中居于垄断地位，因而导致其在拟定格式条款时，会更多地考虑自己的利益，而较少考虑另一方当事人的权利或者附加种种限制条件。为此，提供格式条款的一方应当遵循公平的原则确定当事人之间的权利义务关系，并采取合理的方式提示对方注意免除或限制其责任的条款，按照对方的要求，对该条款予以说明。

（二）格式条款无效

有下列情形之一的，该格式条款无效：提供格式条款一方不合理地免除或者减轻其责任、加重对方责任、限制对方主要权利；提供格式条款一方排除对方主要权利。

此外，《民法典》规定的合同无效的情形，同样适用于格式合同条款。

（三）格式条款的解释

对格式条款的理解发生争议的，应当按照通常理解予以解释。对格式条款有两种以上解释的，应当作出不利于提供格式条款一方的解释。格式条款和非格式条款不一致的，应当采用非格式条款。

六、缔约过失责任

缔约过失是指合同订立过程中，当事人一方因未履行依据诚实信用原则应承担的义务，而导致当事人另一方受到损失的过失。过失方应承担相应民事责任，即缔约过失责任。其构成条件为：一是当事人有过错，若无过错，则不承担责任；二是有损害后果的发生，若无损失，也不承担责任；三是当事人的过错行为与造成的损失有因果关系。

《民法典》第五百条规定，当事人在订立合同过程中有下列情形之一，造成对方损失的，应当承担赔偿责任：

(1)假借订立合同，恶意进行磋商；

(2)故意隐瞒与订立合同有关的重要事实或者提供虚假情况；

(3)有其他违背诚信原则的行为。

第八节　合同的效力

本节微课

一、合同的生效

合同的生效，是指合同产生法律上的约束力。合同产生的法律上的约束力，主要是对合同双方当事人来讲的。合同一旦生效，合同当事人即享有合同中所约定的权利和承担合同中所约定的义务。

《民法典》第五百零二条规定，依法成立的合同，自成立时生效，但是法律另有规定或者当事人另有约定的除外。依照法律、行政法规的规定，合同应当办理批准等手续的，依照其规定。

已经成立的合同，必须具备一定的生效要件才能产生法律约束力。合同的生效要件是判断合同是否具有法律效力的评价标准。合同的生效要件有下列几项。

(1)订立合同的当事人必须具有相应的民事权利能力和民事行为能力。

主体不合格所订立的合同不能发生法律效力。

(2)意思表示真实。

意思表示真实是指表意人的表示行为真实反映其内心的效果意思，即表示行为应当与效果意思相一致。

意思表示真实是合同生效的重要构成要件。在意思表示不真实的情况下，合同可能无效，如被欺诈胁迫致使行为人表示于外的意思与其内心真意不符，且涉及国家利益受损的情况；合同也可能被撤销或者变更，如被欺诈胁迫致使行为人表示于外的意思与其内心真意不符，但未违反法律和行政法规强制性规定及社会公共利益的情况。

(3)不违反法律、行政法规的强制性规定，不违背公序良俗。

这里的“法律”是狭义的法律，即全国人民代表大会及其常务委员会依法通过的规范性文件。这里的“行政法规”是国务院依法制定的规范性文件。所谓“强制性规定”是当事人必须遵守的，不得通过协议加以改变的规定。

“公序良俗”包括公共秩序与善良风俗两个方面。公序，即社会一般利益，包括国家利益、社会经济秩序和社会公共利益；良俗，即一般道德观念或良好道德风尚，包括社会公德、商业道德和社会良好风尚。“违背公序良俗的民事法律行为无效”,可见,当存在损害国家利益、社会公益和社会道德秩序的行为,而又缺乏相应的强制性法律规定时,法院可依据公序良俗原则认定该行为无效。

(4)具备法律所要求的形式。

这里的形式包括两层意思:订立合同的程序与合同的表现形式。这两方面都必须符合法律的规定,否则不能发生法律效力。依照法律、行政法规的规定,合同应当办理批准等手续的,依照其规定。如果符合此规定的合同没有办理批准等手续,则合同不能发生法律效力。例如《民法典》第七百八十九条规定,建设工程合同应当采用书面形式。如果建设工程合同是采用口头形式订立的,则此合同不产生法律效力。

二、无效合同

无效合同是指虽经当事人协商订立,但因其不具备合同生效条件,不能产生法律约束力的合同。无效合同自始没有法律约束力。依据《民法典》第一百四十四条、一百四十六条、一百五十三条和一百五十四条的规定可以看出以下五种情形为无效合同。

(1)无民事行为能力人订立的合同无效。

(2)虚假意思表示订立的合同无效。

(3)违反法律、行政法规的强制性规定的合同无效。

(4)违背公序良俗的合同无效。

(5)恶意串通,损害他人合法权益的合同无效。

免责条款是指双方当事人在合同中约定的、为免除或者限制一方或双方当事人违约责任的条款。通常情况下,当事人有权依照合同中约定的免责条款,全部或部分免除其有关责任。但是,如果免责条款所产生的后果具有社会危害性和侵权性,侵害了对方当事人的人身权利和财产权利,则该免责条款将不具有法律效力。依照《民法典》第五百零六条规定,合同中的下列免责条款无效:

(1)造成对方人身损害的;

(2)因故意或者重大过失造成对方财产损失的。

《民法典》的这一规定仅指免责条款的无效,并不影响合同其他条款的效力。

三、可撤销合同

可撤销合同是指虽经当事人协商成立,但由于当事人的意思表示不真实,允许当事人向法院或仲裁机构请求消灭其效力的合同。

(一)可撤销合同的法定情形

《民法典》规定了下列合同的当事人有权请求人民法院或者仲裁机构予以撤销。

(1)基于重大误解订立的合同,行为人有权请求人民法院或者仲裁机构予以撤销。

(2)一方以欺诈手段,使对方在违背真实意思的情况下实施的民事法律行为,受欺诈方有权请求人民法院或者仲裁机构予以撤销。

(3)第三人实施欺诈行为,使一方在违背真实意思的情况下实施的民事法律行为,对方知道或者应当知道该欺诈行为的,受欺诈方有权请求人民法院或者仲裁机构予以撤销。

(4)一方或者第三人以胁迫手段,使对方在违背真实意思的情况下实施的民事法律行为,受胁迫方有权请求人民法院或者仲裁机构予以撤销。

(5)一方利用对方处于危困状态、缺乏判断能力等情形,致使合同成立时显失公平的,受损害方有权请求人民法院或者仲裁机构予以撤销。

(二)撤销权的消灭

撤销权是指受到损害的一方当事人对可撤销的合同依法享有的、可请求人民法院或仲裁机构撤销该合同的权利。《民法典》第一百五十二条规定,有下列情形之一的,撤销权消灭:

(1)当事人自知道或者应当知道撤销事由之日起一年内、重大误解的当事人自知道或者应当知道撤销事由之日起九十日内没有行使撤销权;

(2)当事人受胁迫,自胁迫行为终止之日起一年内没有行使撤销权;

(3)当事人知道撤销事由后明确表示或者以自己的行为表明放弃撤销权。

当事人自民事法律行为发生之日起五年内没有行使撤销权的,撤销权消灭。

四、无效合同或被撤销合同的效力及其法律后果

《民法典》第一百五十五条规定,无效的或者被撤销的民事法律行为自始没有法律约束力。

为了保持对无效、被撤销或者终止的合同的争议有可行的解决办法,无论合同无效、被撤销或者终止,都不影响合同中有关解决合同争议方法的条款的效力。

《民法典》第一百五十七条规定,民事法律行为无效、被撤销或者确定不发生效力后,行为人因该行为取得的财产,应当予以返还;不能返还或者没有必要返还的,应当折价补偿。有过错的一方应当赔偿对方由此所受到的损失;各方都有过错的,应当各自承担相应的责任。法律另有规定的,依照其规定。

五、效力待定合同

有些合同的效力较为复杂,不能直接判断其是否生效。合同是否发生法律效力与合同的一些后续行为有关,这类合同即为效力待定的合同。《民法典》中涉及的效力待定的合同主要有以下几种情况。

(一)限制民事行为能力人订立的合同

限制民事行为能力人订立的合同,经法定代理人同意或者追认后有效。但纯获利益的合同或者与其年龄、智力、精神状况相适应而订立的合同,不必经法定代理人同意或追认。

(二)无权代理人订立的合同

无权代理、超越代理权或者代理权终止后以被代理人的名义签订的合同,未经被代理人追认,对被代理人不发生效力,由行为人承担责任。相对人可以催告被代理人自收到通知之日起三十日内予以追认。被代理人未作表示的,视为拒绝追认。合同被追认之前,善意相对人有以通知的方式撤销的权利。

行为人实施的行为未被追认的，善意相对人有权请求行为人履行债务或者就其受到的损害请求行为人赔偿。但是，赔偿的范围不得超过被代理人追认时相对人所能获得的利益。

相对人知道或者应当知道行为人无权代理的，相对人和行为人按照各自的过错承担责任。但相对人有理由相信行为人有代理权的，则代理行为有效。比如，在现实生活中，采购员或者推销员拿着盖有单位公章的空白合同，超越授权范围与其他单位订立合同，此时其他单位如果不知道采购员或者推销员的实际授权范围而订立的合同就有效。

本 章 小 结

建筑市场是市场体系中的重要组成部分，却又不同于其他市场。建筑市场有广义的建筑市场和狭义的建筑市场之分，其主体包括发包人、承包商及各种中介机构等，应加强对从业企业资质和专业人员职业资格的管理。建设工程交易中心是保障建筑市场公开、公平、公正交易，维护建筑市场秩序，确保建设工程质量的重要有形建筑市场。

合同法律关系同其他法律关系一样，是由主体、内容和客体三种要素构成的。合同一旦生效，合同当事人即享有合同中所约定的权利和承担合同中所约定的义务。

知 识 巩 固

第一章课后习题答案

一、单选题

1. 以下不属于建筑市场特征的是________。（　　）

A. 复杂性　B. 地域性　C. 移动性　D. 不可逆转性

2. 自________年开始，各级住房和城乡建设部门不再受理招标代理机构资格认定申请，停止招标代理机构资格审批。（　　）

A. 2015　B. 2016　C. 2017　D. 2018

3. 可以吸引国外投资，以支持国内基础设施的建设，解决发展中国家缺乏建设资金问题的模式是________。（　　）

A. EPC　B. PMC　C. DB　D. BOT

4. 在签订招标投标合同时，如《民法典》与《招标投标法》对同一事项的规定不一致，应执行后者的规定，这体现了法律的________。（　　）

A. 纵向效力层级　B. 横向效力层级

C. 时间序列效力层级　D. 行政效力层级

5.《中华人民共和国招标投标法》共分为________。（　　）

A. 六章，六十八条　B. 八章，六十八条　C. 六章，八十六条　D. 八章，八十六条

6.《中华人民共和国招标投标法》于________通过实施。（　　）

A. 1998 年 8 月 30 日　B. 1999 年 9 月 30 日

C. 1999 年 8 月 30 日　D. 1998 年 9 月 30 日

二、多选题

1. 以下属于建筑市场的主体的是________。（　　）

A. 建设单位　B. 施工单位　C. 监理单位　D. 设计单位

2. 以下属于建设工程交易中心的基本功能的是________。（　　）

A. 信息服务功能　B. 场所服务功能　C. 集中办公功能　D. 工程结算功能

3. 以下________是适用招标投标的法律。（　　）

A.《中华人民共和国招标投标法》

B.《中华人民共和国建筑法》

C.《中华人民共和国招标投标法实施条例》

D.《中华人民共和国政府采购法》

4. 合同法律关系的客体包括________。（　　）

A. 物　B. 货币和有价证券　C. 行为　D. 智力成果

5. 出现以下________情形，委托代理终止。（　　）

A. 代理期限届满或者代理事务完成　B. 被代理人取消委托或者代理人辞去委托

C. 代理人丧失民事行为能力　D. 代理人或者被代理人死亡

6. 以下哪些情形导致要约失效？（　　）

A. 要约被拒绝

B. 要约被依法撤销

C. 承诺期限届满，受要约人未作出承诺

D. 受要约人对要约的内容作出实质性变更

三、判断题

1. 工程咨询服务机构不是工程承发包的当事人，对项目的实施不负责任。（　　）

2. 自 2021 年 7 月 1 日起，取消了对工程造价咨询企业的资质认定审批。（　　）

3. 在工程总承包(EPC)模式下，业主能对工程进行全程控制。（　　）

4. 经发包人同意，可以将承包工程中的部分工程发包给具有相应资质条件的分包单位。（　　）

5. 行政法规的效力仅次于宪法和法律，等同于部门规章和地方性法规。（　　）

6.《中华人民共和国招标投标法》适用于香港、澳门地区。（　　）

7.《中华人民共和国招标投标法》的适用主体范围很广泛，包括允许个人参与招标投标活动的公民个人。（　　）

8. 有民事权利能力者，一定具有民事行为能力。（　　）

9. 代理行为的法律后果由代理人和被代理人共同承担。（　　）

10. 普通诉讼时效，是指向人民法院请求保护民事权利的诉讼时效期间为三年。（　　）

11. 建设工程合同应当采用书面形式。（　　）

12.《中华人民共和国民法典》规定的合同无效的情形，同样适用于格式合同条款。（　　）

四、简答题

1. 建设工程交易中心的作用有哪些？
2. 工程总承包(EPC)模式的优点有哪些？
3. 格式条款提供者的义务有哪些？

能 力 提 升

对当地建设工程交易中心进行调研，完成包括建设工程交易中心的基本构成、功能、服务范围、工作程序，以及所进行的工程开标、评标活动等内容的调研报告。

第二章　建设工程招标

知识目标

1. 理解建设工程招标范围、条件、方式
2. 掌握建设工程招标程序
3. 掌握建设工程招标标底及控制价的编制内容
4. 掌握建设工程招标公告的编制内容及要求
5. 掌握建设工程资格预审公告的编制内容及要求
6. 掌握建设工程投标邀请书的编制内容及要求
7. 掌握建设工程招标文件的编制内容及要求

技能目标

1. 能够运用相关法律法规知识组织招标工作

2. 能够根据《中华人民共和国房屋建筑和市政工程标准施工招标资格预审文件》编制建设工程资格预审文件

3. 能够根据《中华人民共和国房屋建筑和市政工程标准施工招标文件》编制建设工程招标文件

素质目标

1. 养成自觉、自律的职业精神
2. 培养爱岗、敬业的职业素养
3. 形成积极、主动的工作态度

思政元素

1. 法治意识
2. 专业能力
3. 规范与道德
4. 努力学习

【案例导入】

某房地产公司计划在××市××区开发 60 000 m^2 的住宅项目，可行性研究报告已经通过国家发展和改革委员会批准，资金为自筹方式，且尚未完全到位，仅有初步设计图纸。因急于开工组织销售，公司在此情况下决定采用邀请招标的方式，随后向7家施工单位发出了投标邀请书。

【问题】

1. 建设工程施工招标的必备条件有哪些?
2. 本项目在上述条件下是否可以进行工程施工招标?
3. 通常情况下,哪些工程项目适宜采用邀请招标的方式进行招标?

【案例分析】

1. 建设工程施工招标的必备条件有:(1)招标人已经依法成立;(2)初步设计及概算应当履行审批手续的,已经批准;(3)招标范围、招标方式和招标组织形式等应当履行核准手续的,已经核准;(4)有相应资金或资金来源已经落实;(5)有招标所需的设计图纸及技术资料。

2. 本工程不完全具备招标条件,不应进行施工招标。

3. 有下列情形之一的,经批准可以进行邀请招标:(1)项目技术复杂或有特殊要求,只有少量几家潜在投标人可供选择的;(2)受自然地域环境限制的;(3)涉及国家安全、国家秘密或者抢险救灾,适宜招标但不宜公开招标的;(4)拟公开招标的费用与项目的价值相比不值得的;(5)法律、法规规定不宜公开招标的。

第一节　建设工程招标概述

本节微课

一、建设工程招标含义

建设工程招标是指招标人在发包建设项目之前,公开招标或邀请投标人,要求投标人根据招标人的意图和要求提出报价,择日当场开标,以便从中择优选定中标人的一种经济活动。

在工程建设中引进竞争机制,择优选定勘察、设计、设备安装、施工、装饰装修材料设备供应、监理和工程总承包等单位,以保证缩短工期、提高工程质量和节约建设投资。

二、建设工程招标投标原则

建设工程招标投标活动的基本原则,就是建设工程招标投标活动应遵循的普遍的指导思想与准则。根据《招标投标法》的规定,这些原则包括公开、公平、公正和诚实信用原则。

(一)公开原则

公开原则要求建设工程招标投标活动具有较高的透明度。其具体包括以下几层含义。

1. 建设工程招标投标的信息公开

通过建立和完善建设工程项目报建登记制度,及时向社会发布建设工程招标投标信息,让有资格的投标者都能享受到同等的信息,便于进行投标决策。

2. 建设工程招标投标的条件公开

可以组织招标的情况、有资格组织招标的机构、有资格参加投标的单位等，必须向社会公开，便于社会监督。

3. 建设工程招标投标的程序公开

建设工程项目的招标投标应当经过哪些环节、哪些步骤，在每一环节、每一步骤有什么具体要求和时间限制，凡是适宜公开的，均应当予以公开；在建设工程招标投标的全过程中，招标单位的主要招标活动程序、投标单位的主要投标活动程序和招标投标管理机构的主要监管程序，必须公开。

4. 建设工程招标投标的结果公开

参加投标的单位、中标的单位，应当予以公开。

（二）公平原则

公平原则就是要求给予所有投标人平等的机会，使其享有同等的权利并履行相应的义务，不歧视任何一方，不应设置地域或行业的保护条件，杜绝一方把自己的意志强加于对方的行为。招标人在工程招标投标过程中不得有收受贿赂、回扣等不正当竞争行为；投标人在工程招标投标过程中不得以行贿、提供回扣等不正当手段承揽工程。同时，《招标投标法实施条例》中明确规定，招标人不得以不合理条件限制、排斥潜在投标人或者投标人。属于以不合理条件限制、排斥潜在投标人或者投标人的行为有以下几种：

（1）就同一招标项目向潜在投标人或者投标人提供有差别的项目信息；

（2）设定的资格技术商务条件与招标项目的具体特点和实际需要不相适应或者与合同履行无关；

（3）依法必须进行招标的项目以特定行政区域或者特定行业的业绩、奖项作为加分条件或者中标条件；

（4）对潜在投标人或者投标人采取不同的资格审查或评标标准；

（5）限定或者指定特定的专利、商标、品牌、原产地或者供应商；

（6）依法必须进行招标的项目非法限定潜在投标人或者投标人的所有制形式或者组织形式；

（7）以其他不合理条件限制、排斥潜在投标人或者投标人。

（三）公正原则

公正原则是指在建设工程招标投标活动中，按照同一标准，实事求是地对待所有当事人和中介机构。如招标人按照统一的招标文件示范文本公正地表述招标条件和要求，按照事先经建设工程招标投标管理机构审查认定的评标定标办法，对投标文件进行公正评价择优确定中标人等。

（四）诚实信用原则

诚实信用原则简称诚信原则，是指在建设工程招标投标活动中，当事人和有关中介机构应当以诚相待、讲求信义、实事求是，做到言行一致、遵守诺言、履行成约，不得见利忘义、投机取巧、弄虚作假、隐瞒欺诈、以次充好、掺杂使假、坑蒙拐骗，损害国家、集体和其他人的合法权益。诚信原则是建设工程招标投标活动中的重要道德规范，也是法律上的要求。诚信原则要求当事人和中介机构在进行招标投标活动时，必须具备诚实无欺、善意守信的品质，不得滥用权力损害他人，要在自己获得利益的同时充分尊重社会公德和国家的、社会的、他人的利益，自觉维护市场经济的正常秩序。

三、建设工程项目招标的种类

建设工程招标投标多种多样，按照不同的标准可以进行不同的分类。

（一）按照项目的程序分类

按照项目的程序，可将建设工程招标投标分为前期咨询招标、勘察设计招标、材料设备采购招标和工程施工招标。

1. 前期咨询招标

前期咨询招标指对项目的可行性研究任务进行的招标。投标人一般为工程咨询企业。中标的承包人要根据招标文件的要求，向发包方提供拟建工程的可行性研究报告，并对其结论的准确性负责。承包人提供的可行性研究报告，应获得发包人的认可。有的项目投资者缺乏建设管理经验，通过招标选择项目咨询者及建设管理者，即工程投资方在缺乏工程实施管理经验时，通过招标的方式选择具有专业的管理经验的工程咨询单位，为其制定科学、合理的投资开发建设方案，并组织控制方案的实施。这种集项目咨询与管理于一体的投标人一般也称为工程咨询单位。

2. 勘察设计招标

勘察设计招标指根据批准的可行性研究报告，择优选择勘察设计单位的招标。勘察和设计是两种不同性质的工作，可由勘察单位和设计单位分别完成。勘察单位最终提出包括施工现场的地理位置、地形、地貌、地质、水文等在内的勘察报告。设计单位最终提供设计图纸和成本预算结果。设计招标还可以进一步分为建筑方案设计招标、施工图设计招标。当施工图设计不是由专业的设计单位承担，而是由施工单位承担时，一般不进行单独招标。

3. 材料设备采购招标

材料设备采购招标指在项目初步设计完成后，对项目所需的建筑材料和设备（如电梯、供配电系统、空调系统等）采购任务进行的招标。投标方通常为材料供应商、成套设备供应商。

4. 工程施工招标

在项目的初步设计或施工图设计完成后，用招标的方式选择施工单位的招标为工程施工招标。施工单位最终向业主交付符合招标设计文件规定的建筑产品。

（二）按照项目承包的范围分类

按项目承包的范围，可将建设工程项目招标分为项目总承包招标、工程分承包招标及专项工程承包招标。

1. 项目总承包招标

项目总承包招标又可分为两种类型，其一是指项目实施阶段的全过程招标；其二是指项目建设全过程的招标。前者是在设计任务书完成后，从项目勘察、设计到施工交付使用所进行的一次性招标；后者则是从项目的可行性研究到交付使用进行一次性招标，业主只需提供项目投资和使用要求及竣工、交付使用期限，其可行性研究、勘察设计、材料和设备采购、土建施工设备安装及调试、生产准备和试运行、交付使用，均由一个总承包人负责承包，即所谓"交钥匙工程"。承揽"交钥匙工程"的承包人被称为总承包人，绝大多数情况下，总承包人要将工程部分阶段的实施任务分包出去。

2. 工程分承包招标

工程分承包招标是指中标的工程总承包人作为其中标范围内的工程任务的招标人，将其中标范围内的工程任务，通过招标投标的方式分包给具有相应资质的分承包人，中标的分承包人只对招标的总承包人负责。

3. 专项工程承包招标

专项工程承包招标是指在工程承包招标中，对其中某项比较复杂，或专业性强、施工和制作要求特殊的单项工程进行单独招标。

（三）按照行业或专业的类别分类

按照与工程建设相关的业务性质及专业类别，可将建设工程招标分为土木工程招标、勘察设计招标、材料设备采购招标、安装工程招标、建筑装饰装修招标、生产工艺技术转让招标、咨询服务（工程咨询）招标及建设监理招标等。土木工程包括铁路、公路、隧道、桥梁、堤坝、电站、码头、飞机场、厂房、剧院、旅馆、医院、商店、学校、住宅等。材料设备采购包括建筑材料和大型成套设备的采购等。咨询服务包括项目开发性研究、可行性研究、工程监理等。

（四）按照项目的构成分类

按照项目的构成，可将建设工程招标分为全部工程招标、单项工程招标、单位工程招标、分部工程招标、分项工程招标。全部工程招标，是指对一个建设工程项目（如一所学校）的全部工程进行的招标。单项工程招标，是指对一个建设工程项目（如一所学校）中所包含的若干单项工程（如教学楼、图书馆、食堂等）进行的招标。单位工程招标，是指对一个单项工程所包含的若干单位工程（如一幢房屋）进行的招标。分部工程招标，是指对一个单位工程（如土建工程）所包含的若干分部工程（如土石方工程、深基坑工程、楼地面工程、装饰工程等）进行的招标。分项工程招标，是指对一个分部工程（如土石方工程）所包含的若干分项工程（如人工挖地槽、挖地坑、回填土等）进行的招标。

（五）按照项目是否具有涉外因素分类

按照项目是否具有涉外因素，可将建设工程招标分为国内工程招标和国际工程招标。

国内工程招标，是指对本国没有涉外因素的建设工程进行的招标。国际工程招标，是指对有不同国家或国际组织参与的建设工程进行的招标。国际工程招标，包括本国的国际工程（习惯上称涉外工程）招标和国外的国际工程招标两个部分。虽然国内工程招标和国际工程招标的基本原则是一致的，但在具体做法上有差异。随着社会经济的发展和国际工程的增多，国内工程招标和国际工程招标在做法上的区别已越来越小。

四、建设工程项目招标范围

（一）建设工程项目强制招标范围

《招标投标法》第三条规定，在中华人民共和国境内进行下列工程建设项目包括项目的勘察、设计、施工、监理以及与工程建设有关的重要设备、材料等的采购，必须进行招标。

1. 大型基础设施、公用事业等关系社会公共利益、公共安全的项目

针对项目性质，国家对大型基础设施、公用事业等关系社会公共利益、公共安全的项目作出了规定。通常，基础设施包括能源、交通运输、邮电通信、水利、城市设施、环境与资源保护设施等。所谓公用事业，是指为适应生产和生活需要而提供的具有公共用途的服务，如供水、供电、供热、供气、科技、教育、文化、体育、卫生、社会福利等。具体包括：

（1）煤炭、石油、天然气、电力、新能源等能源基础设施项目；

（2）铁路、公路、管道、水运，以及公共航空和 A1 级通用机场等交通运输基础设施项目；

（3）电信枢纽、通信信息网络等通信基础设施项目；

（4）防洪、灌溉、排涝、引（供）水等水利基础设施项目；

（5）城市轨道交通等城建项目。

从世界各国的情况来看，大型基础设施和公用事业项目投资金额大、建设周期长，因此，这些项目基本以国家投资为主，特别是公用事业项目，国家投资更是占了绝对比重。从项目性质来看，基础设施和公用事业项目大多关系社会公共利益和公众安全，为了保证项目质量，保护公民的生命财产安全，各国政府普遍制定了相关的法律。

2. 全部或者部分使用国有资金投资或国家融资的项目

针对资金来源，国家对全部或者部分使用国有资金投资或国家融资的项目作出了规定。国有资金是指国家财政性资金，国家机关、国有企事业单位的自有资金。全部使用国有资金投资的项目，是指一切使用国有资金进行的项目。部分使用国有资金项目是指使用预算资金 200 万元人民币以上，并且该资金占投资额 10% 以上的项目；使用国有企事业单位资金，并且该资金占控股或者主导地位的项目。国家融资的项目，是指使用国家通过对内履行政府债券或向外国政府及国际机构举借主权外债所筹资金进行的项目。这些以国家信用为担保筹集，由政府统一筹措、安排、使用、偿还的资金也应视为国有资金。

3. 使用国际组织或者外国政府贷款、援助资金的项目

使用国际组织或者外国政府贷款、援助资金的项目必须招标，这是世界银行等国际多个金融组织和外国政府所普遍要求的。我国在与这些国际组织或外国政府签订的双边协议中，也对这一要求给予了认可。另外，这些贷款大多属于国家的主权债务，由政府统借统还,在性质上应视同国有资金投资。从我国的情况来看,使用世界银行、亚洲开发银行、亚洲基础设施投资银行等国际组织或外国政府贷款进行的项目主要是基础设施和公用事业项目。

4. 必须招标的工程项目

为了确定必须招标的工程项目,规范招标投标活动、提高工作效率、降低企业成本、预防腐败,依据《招标投标法》的基本原则,中华人民共和国国家发展和改革委员会于 2018 年发布了《必须招标的工程项目规定》(又称 16 号令),于 2018 年 6 月 1 日开始施行。

以上法律文件规定范围内的项目,其勘察、设计、施工、监理,以及与建设工程项目有关的重要设备、材料等的采购达到下列标准之一的,必须招标。

(1)施工单项合同估算价在 400 万元人民币以上。

(2)重要设备、材料等货物的采购,单项合同估算价在 200 万元人民币以上。

(3)勘察、设计、监理等服务的采购,单项合同估算价在 100 万元人民币以上。

(4)同一项目中可以合并进行的勘察、设计、施工、监理,以及与建设工程有关的重要设备、材料等的采购,合同估算价合计达到前款规定标准的,必须招标。

《必须招标的工程项目规定》与之前的《工程建设项目招标范围和规模标准规定》(又称 3 号令)相比,作出较大的改变,如表 2-1 所示。

表 2-1　16 号令对比 3 号令的变化

名称	3 号令	16 号令
施工(单项合同估算价)	200 万元人民币以上	400 万元人民币以上
货物(设备、材料等)	100 万元人民币以上	200 万元人民币以上
服务(勘察、设计、监理等)	50 万元人民币以上	100 万元人民币以上
同一项目中可以合并进行的勘察、设计、施工、监理,以及与建设工程有关的重要设备、材料等的采购,合同估算价合计达到前款规定标准的,必须招标		

由此可见,《必须招标的工程项目规定》提高了必须招标项目的规模标准,与《工程建设项目招标范围和规模标准规定》相比翻了一番;另外,删除了《工程建设项目招标范围和规模标准规定》中规定的总投资额超 3 000 万元人民币的招标要求,避免小额采购也必须招标的负担,而且规定了可以进行的合并计算。

根据我国的实际情况,允许各地区自行确定本地区招标的具体范围和规模标准,但不得缩小国家发展和改革委员会所确定的必须招标的范围。目前,全国各地建设工程项目的招标范围不完全相同,但各地区人民政府所规定的招标范围之内的工程必须进行招标,任何不依法招标或化整为零、逃避招标的行为,将承担相应的法律责任。

(二)可以不进行招标的项目

(1)《招标投标法》第六十六条规定,涉及国家安全、国家秘密、抢险救灾或者属于利用扶贫资金实行以工代赈、需要使用农民工等特殊情况,不适宜进行招标的项目,按照国家有关规定可以不进行招标。

(2)《招标投标法实施条例》第九条规定，除《招标投标法》第六十六条规定的可以不进行招标的特殊情况外，有下列情形之一的，可以不进行招标：

①需要采用不可替代的专利或者专有技术；

②采购人依法能够自行建设、生产或者提供；

③已通过招标方式选定的特许经营项目投资人依法能够自行建设、生产或者提供；

④需要向原中标人采购工程、货物或者服务，否则将影响施工或者功能配套要求；

⑤国家规定的其他特殊情形。

(3)《工程建设项目施工招标投标办法》第十二条规定，依法必须进行施工招标的工程建设项目有下列情形之一的，可以不进行施工招标：

①涉及国家安全、国家秘密、抢险救灾或者属于利用扶贫资金实行以工代赈需要使用农民工等特殊情况，不适宜进行招标；

②施工主要技术采用不可替代的专利或者专有技术；

③已通过招标方式选定的特许经营项目投资人依法能够自行建设；

④采购人依法能够自行建设；

⑤在建工程追加的附属小型工程或者主体加层工程，原中标人仍具备承包能力，并且其他人承担将影响施工或者功能配套要求；

⑥国家规定的其他情形。

(4)《工程建设项目可行性研究报告增加招标内容和核准招标事项暂行规定》第五条规定，属于下列情况之一的，建设项目可以不进行招标。但在报送可行性研究报告中须提出不招标申请，并说明不招标原因：

①涉及国家安全或者有特殊保密要求的；

②建设项目的勘察、设计，采用特定专利或者专有技术的，或者其建筑艺术造型有特殊要求的；

③承包商、供应商或者服务提供者少于三家，不能形成有效竞争的；

④其他原因不适宜招标的。

(5)《房屋建筑和市政基础设施工程施工招标投标管理办法》第九条规定，工程有下列情形之一的，经县级以上地方人民政府建设行政主管部门批准，可以不进行施工招标：

①停建或者缓建后恢复建设的单位工程，且承包人未发生变更的；

②施工企业自建自用的工程，且该施工企业资质等级符合工程要求的；

③在建工程追加的附属小型工程或者主体加层工程，且承包人未发生变更的；

④法律、法规、规章规定的其他情形。

五、建设工程招标条件

(一)招标单位的基本条件

(1)依法提出招标项目。

(2)依法进行招标。招标单位自行组织招标，必须符合下列条件，并设立专门的招标机构，经招标投标行政管理机构审查合格后发给招标组织资格证书：

①招标单位是法人或依法成立的其他组织；

②有与招标工程相适应的经济、技术、管理和法律咨询人员；

③有组织编制招标文件的能力；

④有审查投标单位资质的能力；

⑤有组织开标、评标、定标的能力。

若招标单位不具备上述某些条件，可以委托具有相应资质的招标代理机构组织招标。

（二）招标工程应满足的基本条件

按照《工程建设项目施工招标投标办法》第八条的规定，依法必须招标的工程建设项目，应当具备下列条件才能进行施工招标：

（1）招标人已经依法成立；

（2）初步设计及概算应当履行审批手续的，已经批准；

（3）有相应资金或资金来源已经落实；

（4）有招标所需的设计图纸及技术资料。

六、建设工程招标的方式

根据《招标投标法》规定，招标方式可分为公开招标和邀请招标两种。从国际招标的方式来看，由于项目的实际特点，在项目发包过程中，还可以运用议标和两阶段招标的形式。

（一）公开招标

公开招标是指招标人通过报纸、期刊、广播、电视、网络或其他媒介，公开发布招标公告，招揽不特定的法人或其他组织参加投标的招标方式。公开招标形式一般对投标人的数量不做限制，故也被称为“无限竞争性招标”。

国内依法必须进行公开招标的项目，依据我国《招标投标法》相关规定，应当通过国家指定的报纸、信息网络或者其他媒介发布。依法必须招标项目的招标公告应当在“中国招标投标公共服务平台”或者项目所在地省级电子招标投标公共服务平台（简称“发布媒介”）发布。省级电子招标投标公共服务平台应当与“中国招标投标公共服务平台”对接，按规定同步交互招标公告和公示信息。对依法必须招标项目的招标公告，发布媒介应当与相应的公共资源交易平台实现信息共享。发布媒介应当免费提供依法必须招标项目的招标公告发布服务，并允许社会公众和市场主体免费、及时查阅前述招标公告和公示的完整信息。依法必须招标项目的招标公告和公示信息除在发布媒介发布以外，招标人或其招标代理机构也可以同步在其他媒介公开，并确保内容一致。其他媒介可以依法全文转载依法必须招标项目的招标公告和公示信息，但不得改变其内容，同时必须注明信息来源。任何单位和个人不得违法指定或者限制招标公告的发布和发布范围。对非法干预招标公告发布活动的，依法追究领导和直接责任人的责任。在指定媒介发布必须招标项目的招标公告，不得收取费用。

招标公告应当载明招标人的名称和地址，招标项目的性质、数量、实施地点和时间，获取招标文件的办法及招标人的能力要求等事项。

公开招标的优点有以下几点。

(1)防止垄断。任何符合条件的投标者都有权利参加投标,在公平的竞争条件下,享有中标的权利和机会。

(2)价格合理。价格合理不是指价格最低,各投标者凭借自身实力争取中标,而不是人为限制价格,自由竞争可以获得最具竞争力的价格。

(3)提升品质。各个投标者的实力不同,能够有效地促使投标者增强竞争实力,努力提高工程质量,缩短工期,降低造价,求得节约和高效率,创造最合理的利益回报。

(4)防范舞弊。各项资料全部公开,有利于防范招标投标活动操作人员和监督人员的舞弊现象,避免人情关系。

公开招标的缺点有如下几点。

(1)招标人工作量较大。招标人从招标文件设计到签订合同,每一个阶段必须准备周详。公开招标往往报名者相对较多,招标人审查投标人资格、招标文件的工作量较大,耗费时间较长,费用支出较多。

(2)可能发生串标行为。可能会存在部分投标者串通其他投标者做不实报价或者抬高报价而给招标人造成不必要的损失的情况。

公开招标的适用范围如下。

依据《工程建设项目施工招标投标办法》《招标投标法》《招标投标法实施条例》相关规定,依法应公开招标的项目有以下几项:

(1)国务院发展计划部门确定的国家重点建设项目;

(2)省、自治区、直辖市人民政府确定的地方重点建设项目;

(3)全部使用国有资金投资或者国有资金占控股或者主导地位的工程项目。

(二)邀请招标

邀请招标是指招标人以投标邀请书的方式邀请不特定的法人或其他组织投标。由于投标人数量是招标人根据自己的经验和信息资料,选择并邀请有实力的承包商来投标,是有限制的,所以又称之为“有限竞争性招标”或“选择性招标”。招标人采用邀请招标方式时,邀请的投标人一般不少于三家,且不超过十家。

被邀请的投标人通常考虑以下几个因素:

(1)该单位有与该项目相应的资质,并且有足够的力量承担招标工程的任务;

(2)该单位近期内成功地承包过与招标工程类似的项目,有较丰富的经验;

(3)该单位的技术装备、劳动者素质、管理水平等均符合招标工程的要求;

(4)该单位当前和过去财务状况良好;

(5)该单位有较好的信誉。

总之,被邀请的投标人必须在资金、能力、信誉等方面都能胜任该招标工程。

邀请招标的优点:邀请的投标人数量少,招标工作量小,不仅可以节约招标费用,而且也可以提高每个投标人中标的机会;降低了投标的风险;由于招标人对投标人已经有了一定的了解,清楚投标人具有较强的专业能力,因此,便于招标人在某种专业要求下选择承包商。

邀请招标的缺点:投标人的数量少,竞争不激烈,招标人有可能漏掉更好的承包商。

邀请招标的适用范围如下。

《招标投标法》第十一条规定,国务院发展计划部门确定的国家重点项目和省、自治区、直辖市人民政府确定的地方重点项目不适宜公开招标的,经国务院发展计划部门或者省、自治区、直辖市人民政府批准,可以进行邀请招标。这条规定表明,重点项目都应当公开招标;不适宜公开招标的,经批准也可以采用邀请招标。为此国家有关部门根据项目的特点对邀请招标的条件和审批作出了具体规定。

《招标投标法实施条例》第八条规定,国有资金占控股或者主导地位的依法必须进行招标的项目,应当公开招标;但有下列情形之一的,可以邀请招标:

(1)技术复杂、有特殊要求或者受自然环境限制,只有少量潜在投标人可供选择;

(2)采用公开招标方式的费用占项目合同金额的比例过大。

有前款第二项所列情形,属于本条例第七条规定的项目,由项目审批、核准部门在审批、核准项目时作出认定;其他项目由招标人申请有关行政监督部门作出认定。

《工程建设项目施工招标投标办法》第十一条规定,依法必须进行公开招标的项目,有下列情形之一的,可以邀请招标:

(1)项目技术复杂或有特殊要求的,或者受自然地域环境限制,只有少量潜在投标人可供选择;

(2)涉及国家安全、国家秘密或者抢险救灾,适宜招标但不宜公开招标;

(3)采用公开招标方式的费用占项目合同金额的比例过大。

(三)公开招标与邀请招标的区别

公开招标与邀请招标的区别如表 2-2 所示。

表 2-2　公开招标与邀请招标的区别

招标方式	公开招标	邀请招标
适用条件	适用范围较广,大多数项目均可以采用公开招标方式;规模较大、建设周期较长的项目尤为适用	通常适用于技术复杂、有特殊要求或者受自然环境限制并且只有少数潜在投标人可供选择的项目,或者拟采用公开招标的费用占合同金额比例过大的项目
竞争程度	属非限制性竞争招标方式,投标人之间相互竞争比较充分	国家和省重点项目、国有资金占控股或者主导地位的依法必须进行招标的项目,采用邀请招标应当经有关部门认定
招标成本	招标成本和社会资源耗费相对较大	属有限竞争性招标方式,投标人之间的竞争受到一定限制
信息发布	招标人以公告的方式向不特定的对象发出投标邀请;依法必须进行招标的项目,应当在指定媒体发布招标公告	招标成本和社会资源耗费相对较少

表 2-2(续)

招标方式	公开招标	邀请招标
优点	信息公开、程序规范、竞争公平,不容易被串标、抬标;投标人较多,招标人选择余地较大,有利于选择出合适的中标人	招标人以投标邀请书的方式向特定的对象发出投标邀请
缺点	投标人较多且杂;素质能力良莠不齐;招标工作量大、时间较长	招标工作量相对较小;招标花费较省;招标人选择的目标相对集中

七、建设工程招标组织形式

招标组织形式分为自行招标和委托招标。招标人具备自行招标的能力,按规定向主管部门备案,经主管部门同意后,可以自行组织招标;依法必须招标的项目经过主管部门批准后,招标人根据项目的实际情况需要和自身条件,可以自主选择招标代理机构进行委托招标。

(一)自行组织招标

1. 自行组织招标的能力

《工程建设项目自行招标试行办法》第四条规定,招标人自行办理招标事宜,应当具有编制招标文件和组织评标的能力,具体包括:

(1)具有项目法人资格(或者法人资格);

(2)具有与招标项目规模和复杂程度相适应的工程技术、概预算、财务和工程管理等方面专业技术力量;

(3)有从事同类工程建设项目招标的经验;

(4)拥有三名以上取得招标职业资格的专职招标业务人员;

(5)熟悉和掌握招标投标法及有关法规规章。

2. 自行招标条件的核准与管理

《招标投标法》第十二条规定,依法必须进行招标的项目,招标人自行办理招标事宜的,应当向有关行政监督部门备案。这是对招标人自行招标进行监督的规定,各有关部门制定的对自行招标监督管理的规定要求,主要采取的是事前监督和事后管理两种监管方式。

(1)事前监督

事前监督主要有两项规定:一是招标人应向项目主管部门上报具有自行招标条件的书面材料;二是由主管部门对自行招标书面材料进行核准。

(2)事后管理

事后管理主要体现在要求招标人提交招标投标情况的书面报告。按《工程建设项目自行招标试行办法》第十条规定,招标人自行招标的,应当自确定中标人之日起十五日内,向国家发展改革委提交招标投标情况的书面报告。书面报告至少应包括下列内容:

①招标方式和发布资格预审公告、招标公告的媒介;

②招标文件中投标人须知、技术规格、评标标准和方法、合同主要条款等内容；

③评标委员会的组成和评标报告；

④中标结果。

（二）委托招标代理机构组织招标

1. 招标代理机构的性质

招标代理机构属于中介服务机构。中介服务机构是指受当事人委托，向当事人提供有偿服务，以代理人的身份，为委托方（即被代理人）与第三方进行某种经济行为的社会组织。如咨询监理公司、会计师事务所、资产评估公司都属于中介服务机构。

2. 招标代理机构的特征

招标代理机构有以下几个特征。

（1）代理人必须以被代理人的名义办理招标事务。

（2）招标代理人应具有独立意思表示的职能，应独立开展工作，这样才能使招标投标正常进行。因为招标代理人是以其专业知识和经验为被代理人提供高智能的服务，不具有独立意思表示的行为或不以他人名义进行的行为，如代人保管物品、举证、抵押权人依法处理抵押物等都不是代理行为。

（3）招标代理机构的行为必须符合代理委托授权范围，超出委托授权范围和未经被代理人委托授权的代理行为都属于无权代理。被代理人对代理人的无权代理行为有拒绝权和追认权。如被代理人知道中介机构以其名义做了无权代理行为而不做否认表示时，则视为被代理人同意。在被代理人不追认和不视为同意的情况下，无权代理行为即成为无效代理行为，且代理人应负民事法律责任，并赔偿损失。

（4）招标代理机构的行为的法律效果由被代理人承担。

（5）招标代理是一种自愿行为招标代理。招标人有权自行选择招标代理机构，委托其办理招标事宜。任何单位和个人不得以任何方式为招标人指定招标代理机构。

3. 建设工程招标代理机构应具备的条件

建设工程招标代理机构应具备的条件如下：

（1）是依法设立的中介组织，具有独立法人资格；

（2）与行政机关和其他国家机关没有行政隶属关系或者其他利益关系；

（3）有固定的营业场所和开展工程招标代理业务所需设施及办公条件；

（4）有健全的组织机构和内部管理的规章制度；

（5）具备编制招标文件和组织评标的相应专业力量；

（6）具有可以作为评标委员会成员人选的技术、经济方面的专家库；

（7）法律、行政法规规定的其他条件。

对专家库的要求如下。

（1）专家人选：专家应是从事相关领域工作满八年，并具有高级职称或具有同等专业水平的技术、经济等方面的人员。

（2）专业范围：专家的专业特长应能涵盖本行业或专业招标所需的各个方面。

（3）人员数量：应能满足建立专家库的要求。

4. 建设工程招标代理机构的权利和义务

（1）招标代理机构的权利：

①组织和参与招标活动；

②依据招标文件要求，审查投标人资质；

③按规定标准收取代理费用；

④招标人授予的其他权利。

（2）招标代理机构的义务：

①遵守法律、法规、规章和方针、政策；

②维护委托的招标人的合法权益；

③组织编制、解释招标文件，对代理过程中提出的技术方案、计算数据、技术经济分析结论等的科学性、正确性负责；

④工程招标代理机构应该在其资格证书有效期内，妥善保存工程招标代理过程文件和成果文件；

⑤接受招标投标管理机构的监督管理和招标行业协会的指导；

⑥履行依法约定的其他义务。

5. 建设工程招标代理机构的职责

（1）拟定招标方案。

（2）编制和出售资格预审文件、招标文件，组织审查投标人资格。

（3）编制标底、工程量清单和最高投标限价，组织投标人现场踏勘。

（4）接受投标，组织开标、评标，协助招标人定标。

（5）草拟合同。

（6）招标人委托的其他事项。

6. 建设工程招标代理机构的管理

为深入推进工程建设领域“放管服”改革，住房和城乡建设部于 2018 年 3 月 8 日取消了对于工程建设项目招标代理机构的资格认定，改为加强工程建设项目招标代理机构事中、事后监管，规范工程招标代理行为，维护建筑市场秩序，促进招标投标活动有序开展，不断完善工作机制，创新监管手段，加强工程建设项目招标投标活动监管。

四库一平台

（1）建立信息报送和公开制度

招标代理机构可按照自愿原则向工商注册所在地省级建筑市场监管一体化工作平台报送基本信息。信息内容包括：营业执照相关信息、注册执业人员、具有工程建设类职称的专职人员、近三年代表性业绩、联系方式。上述信息均在住房和城乡建设部全国建筑市场监管公共服务平台对外公开，供招标人根据工程项目实际情况选择参考。

招标代理机构从事招标活动，要到当地建设行政主管部门招标投标管理办公室进行备案。企业首次申报诚信档案需要进行新用户注册、填写企业及企业人员相关信息、提交企业档案。诚信档案变更需要增加变更记录、编辑企业变更信息、提交变更文件。新注册企业备案需要进行用户注册、填写档案相关信息并提交、携带证明材料至交易中心信用档案室进行审核、办理 CA（Certificate Authority，证书认证机构）锁、发布企业。完成以上注册、备案信息的申报，作为招标代理机构就可以承揽招标项目了。

（2）规范工程招标代理行为

招标代理机构应当与招标人签订工程招标代理书面委托合同，并在合同约定的范围内依法开展工程招标代理活动。招标代理机构及其从业人员应当严格按照《招标投标法》《招标投标法实施条例》等相关法律法规开展工程招标代理活动，并对工程招标代理业务承担相应责任。

（3）强化工程招标投标活动监管

各级建设主管部门要加大房屋建筑和市政基础设施招标投标活动监管力度，推进电子招标投标，加强招标代理机构行为监管，严格依法查处招标代理机构违法违规行为，及时归集相关处罚信息并向社会公开，切实维护建筑市场秩序。

（4）加强信用体系建设

加快推进省级建筑市场监管一体化工作平台建设，规范招标代理机构信用信息采集、报送机制，加大信息公开力度，强化信用信息应用、推进部门之间信用信息共享共用、加快建立失信联合惩戒机制，强化信用对招标代理机构的约束作用，构建“一处失信，处处受制”的市场环境。

（5）加大投诉举报查处力度

各级建设主管部门要建立健全公平、高效的投诉举报处理机制、严格按照《工程建设项目招标投标活动投诉处理办法》的规定，及时受理并依法处理房屋建筑和市政基础设施领域的招标投标投诉举报，保护招标投标活动当事人的合法权益，维护招标投标活动的正常市场秩序。

（6）推进行业自律

充分发挥行业协会对促进工程建设项目招标代理行业规范发展的重要作用、支持行业协会研究制定从业机构和从业人员行为规范，发布行业自律公约，加强对招标代理机构和从业人员行为的约束与管理。鼓励行业协会开展招标代理机构资格信用评价和从业人员培训工作，提升招标代理服务能力。

第二节　建设工程招标程序

本节微课

建设工程招标程序是指建设工程招标活动按照一定的时间和空间遵循先后顺序，以招标单位和其代理人为主进行的有关招标活动的程序。《招标投标法》中规定的招标工作包括招标、投标、开标、评标和中标等步骤。公开招标是我国目前的建设工程承发包市场中的主要方式，其主要工作流程如图 2-1 所示。

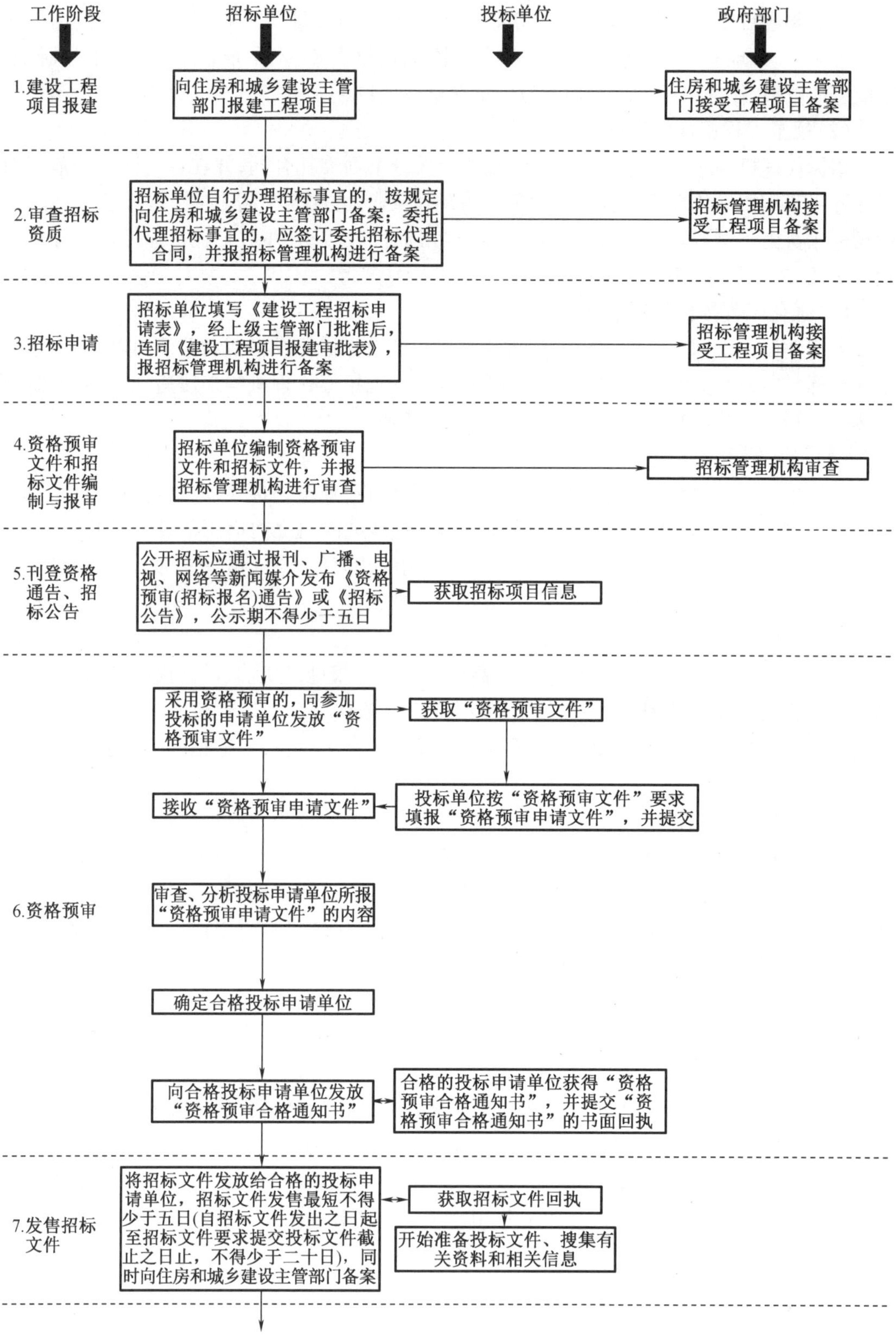

图 2-1　建设工程招标流程图

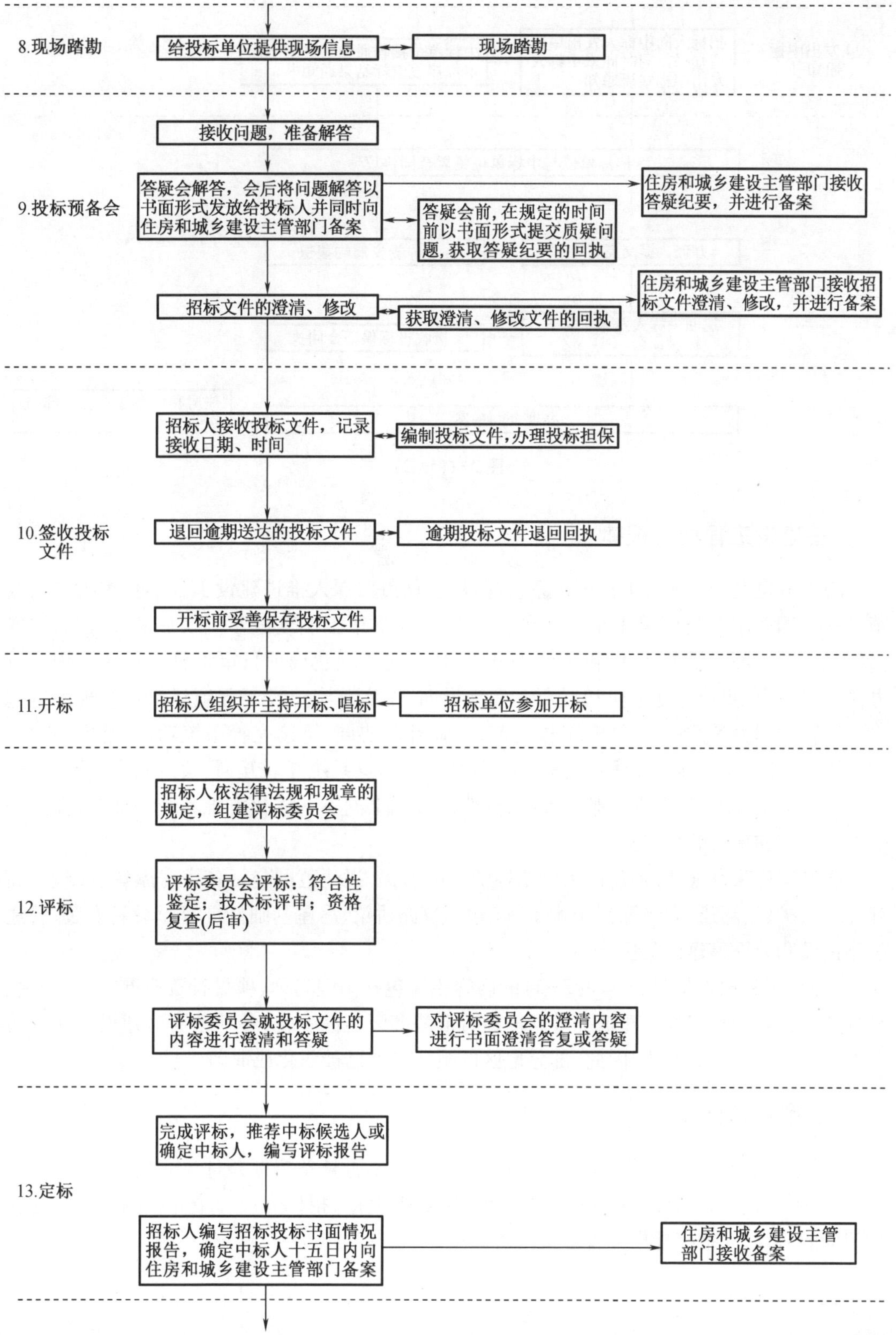
8.现场踏勘
给投标单位提供现场信息
现场踏勘
接收问题，准备解答
9.投标预备会
答疑会解答，会后将问题解答以书面形式发放给投标人并同时向住房和城乡建设主管部门备案
住房和城乡建设主管部门接收答疑纪要，并进行备案
答疑会前,在规定的时间前以书面形式提交质疑问题,获取答疑纪要的回执
招标文件的澄清、修改
住房和城乡建设主管部门接收招标文件澄清、修改，并进行备案
获取澄清、修改文件的回执
招标人接收投标文件，记录接收日期、时间
编制投标文件,办理投标担保
10.签收投标文件
退回逾期送达的投标文件
逾期投标文件退回回执
开标前妥善保存投标文件
11.开标
招标人组织并主持开标、唱标
招标单位参加开标
招标人依法律法规和规章的规定，组建评标委员会
12.评标
评标委员会评标：符合性鉴定；技术标评审；资格复查(后审)
评标委员会就投标文件的内容进行澄清和答疑
对评标委员会的澄清内容进行书面澄清答复或答疑
完成评标，推荐中标候选人或确定中标人，编写评标报告
13.定标
招标人编写招标投标书面情况报告，确定中标人十五日内向住房和城乡建设主管部门备案
住房和城乡建设主管部门接收备案

图 2-1(续 1)

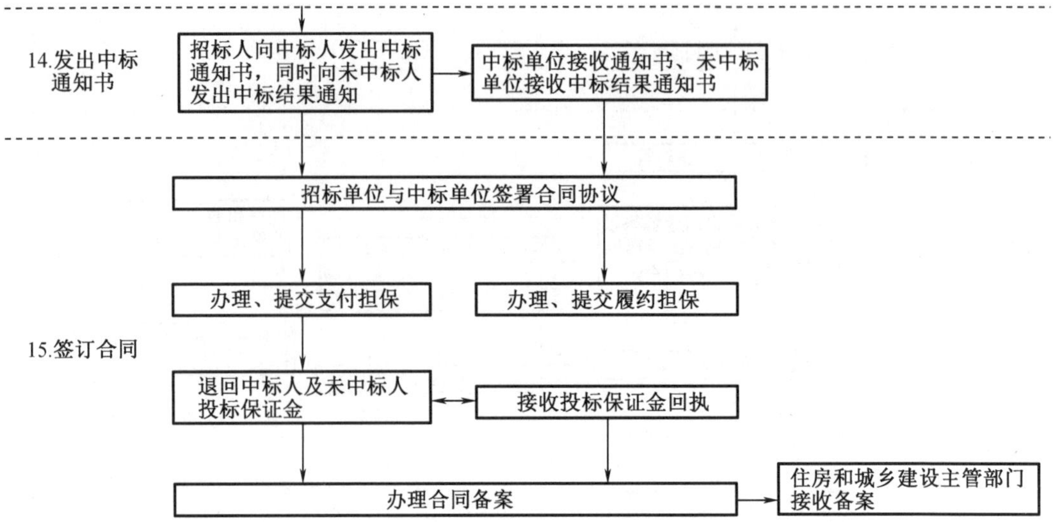

图 2-1(续 2)

一、建设工程项目报建

为规范建设工程项目审批管理系统建设运行管理,深入推进建设工程项目审批制度改革,按照《国务院办公厅关于全面开展工程建设项目审批制度改革的实施意见》(国办发〔2019〕11 号)部署要求,住房和城乡建设部制定了《工程建设项目审批管理系统管理暂行办法》。以更好更快方便企业和群众办事为导向,切实落实建设工程项目审批管理系统建设运行管理相关各方责任,健全工作机制,加强部门协同,持续完善系统功能,落实各项改革措施,做好与投资项目在线审批监管平台等相关信息系统互联互通、信息共享,着力推进项目全程网上办理,提升审批服务效能,加快形成网上网下一体化审批和管理体系,保障企业复工复产和项目顺利实施。

建设工程项目报建,是建设单位招标活动的前提,报建范围包括各类房屋建筑(包括新建、改建、扩建、翻建、大修等)、土木工程(包括道路桥梁、房屋基础打桩等)、设备安装、管道线路铺设和装饰等建设工程。

《建设工程项目报建表》(表 2-3)的内容主要包括工程名称、项目投资概况、工程规模、计划开竣工日期和工程筹建情况等。但随着形势和环境的变化,各地政府对建设程序的控制方式发生了一定的变化,因此,部分地区的报建制度已被弱化或取消。

二、审查招标资质

招标申请前,招标投标管理机构要审查招标人是否具备招标条件,不具备有关条件的招标人,须委托具有招标代理资质的中介机构代理招标。招标人应与中介机构签订委托代理招标的协议,并报招标投标管理机构备案。

三、招标申请

《建设工程招标申请表》(表 2-4)由招标人填写,并经上级主管部门批准后,连同《建设工程项目报建审批表》报招标管理机构审批。申请表的主要内容包括工程名称、建设地点、结构类型、招标建设规模、工程招标范围、招标方式、对投标人的资质等级要求、招标前期准备情况、招标组织成员名单等。

表 2-3 《建设工程项目报建表》

建设工程项目报建表

建 设 单 位：____________________

工 程 名 称：____________________

专 业 工 程(章)：____________________

有 无 深 基 坑(章)：____________________

工 程 编 号(章)：____________________

管 理 部 门(章)：____________________

××市建设工程交易中心

表 2-3(续 1)

填 表 说 明

1. 封面上“建设单位”“工程名称”由报建单位填写。

2. “工程地点”的属地是指所报建工程项目在地域上归属××市。

3. “建筑面积”所需填写的主楼、裙楼是指一栋建筑物高低层连体的面积划分，若划分不便时，可将整个面积并入主楼面积填写。

4. “高层”“多层”是指在报建项目中 9 层(含)以上、8 层(含)以下，其面积、栋楼的数量划分。

5. “装饰工程”“水务工程”“绿化工程”“市政工程”按所属专业填写，另需增加内容可填写在“其他”栏目。

6. “绿化工程”栏目填写：公园建设、小游园及道路、商业、住宅、厂房等配套绿化和其他园林项目，工程量栏目按工程特性填写其指标数量。

7. “水务工程”栏目填写：堤防、江滩建设、水库、排灌站、泵房等，“工程量”栏目按工程特性填写其指标数量。

8. “装饰工程”“市政工程”除所列工程类型之外的项目，可填写在“其他”栏目之中，其中“装饰工程”在“工程量”栏目中按工程特性填写其指标数量。

9. “其他经济形式的投资”主要是指外资独资或外资控股、民营企业及其控股的投资形式。

10. “工程项目钥匙”是保证项目运行全过程的“身份证”，可为建设单位提供方便、快捷的信息服务，在项目建设的各个环节中都要使用。为此经办人、法人代表都要签章。工程项目钥匙是免费提供，请妥善保管，在项目竣工备案后必须交还。若遗失或损坏，在市建委信息中心补办，并交纳 500 元的赔偿费。

11. “工程筹建情况”及“报建单位意见”栏目由建设单位填写。

12. 本表不得用铅笔、圆珠笔、红墨水笔填写。填写字迹正规、清晰。本表填报一式六份。

表 2-3(续 2)

建设单位	地址				单位性质	
	工程地点				属地	
	联系人		邮编		电话	办公	
			传真			传真	

建设工程	建筑面积/m^2		总栋数/栋		桩型		有无深基坑	
					有无试桩		基坑深度/m	
	其中	高层或主楼/m^2		其中		层数/层		结构形式	
		多层或裙楼/m^2							
		地下室/m^2							
		厂房或公共设施/m^2							跨度/m	

装饰工程	新建工程装饰	玻璃幕墙	旧楼室内外重新装饰	改扩建工程装饰	其他	备注

水务工程	工程内容	工程量	投资金额/万元	其他	备注

绿化工程	工程内容	工程量	投资金额/万元	其他	备注

市政工程	结构类型	道路	桥梁(轨道交通)	隧道(地铁)	给水	排水	污水(垃圾)处理	泵站	其他	备注
		长度(m)×宽度(m)= 面积(m^2)			直径(φ)/mm 长度(L)/m		万吨/日	m^2/S		

立项批准文件或计划通知文件			
国有土地使用证建设用地规划许可证			
建设工程规划许可证规划批准 1:500 平面图			
建设单位开户银行出具的资信证明			
施工图设计文件审查批准书或受理通知书			
批准投资总额/万元		本年度投资额/万元	

表 2-3(续 3)

<table>
<tr><td rowspan="2" colspan="2">拟采取招标方式</td><td>公开招标</td><td>邀请招标</td><td rowspan="2">招标投标管理部门</td><td>市</td><td>区</td></tr>
<tr><td></td><td></td><td></td><td></td></tr>
<tr><td colspan="2">计划招标日期</td><td colspan="2">20 年 月 日</td><td>计划开竣工日期</td><td colspan="2">20 年 月—20 年 月</td></tr>
<tr><td rowspan="5">项目投资概况</td><td>政府及其控股的投资</td><td colspan="5"></td></tr>
<tr><td>国有企事业单位及其控股的投资</td><td colspan="5"></td></tr>
<tr><td>集体经济形式的投资</td><td colspan="5"></td></tr>
<tr><td>其他经济形式的投资</td><td colspan="5"></td></tr>
<tr><td>是否属特殊工程范围</td><td colspan="5"></td></tr>
<tr><td>工程项目钥匙</td><td colspan="6">工程项目钥匙编号:SN

经办人:　　　　法人签章:</td></tr>
<tr><td>工程筹建情况</td><td colspan="6"></td></tr>
<tr><td>报建单位意见</td><td colspan="6">(签章)　年　月　日</td></tr>
<tr><td>现场查勘情况</td><td colspan="6">(签章)　年　月　日</td></tr>
</table>

表 2-4 《建设工程招标申请表》

<table>
<tr><td colspan="2">工程名称</td><td colspan="3"></td><td colspan="2">建设地点</td><td colspan="2"></td></tr>
<tr><td colspan="2">结构类型</td><td colspan="3"></td><td colspan="2">招标建设规模</td><td colspan="2"></td></tr>
<tr><td colspan="2">报建登记文号</td><td colspan="3"></td><td colspan="2">概(预)算/万元</td><td colspan="2"></td></tr>
<tr><td colspan="2">计划开工日期</td><td colspan="3"></td><td colspan="2">计划竣工日期</td><td colspan="2"></td></tr>
<tr><td colspan="2">招标方式</td><td colspan="3"></td><td colspan="2">发包方式</td><td colspan="2"></td></tr>
<tr><td colspan="2">对投标人的资质等级要求</td><td colspan="3"></td><td colspan="2">设计要求</td><td colspan="2"></td></tr>
<tr><td colspan="2">工程招标范围</td><td colspan="7"></td></tr>
<tr><td rowspan="3">招标前期准备情况</td><td rowspan="2">施工现场条件</td><td>水</td><td></td><td>电</td><td></td><td>场地平整</td><td colspan="2"></td></tr>
<tr><td>路</td><td></td><td></td><td></td><td></td><td colspan="2"></td></tr>
<tr><td>建设单位供应的材料或设备</td><td colspan="7">（如有，则附材料、设备清单）</td></tr>
<tr><td rowspan="4">招标组织成员名单</td><td>姓名</td><td>工作单位</td><td>职务</td><td>职称</td><td>从事专业年限</td><td colspan="3">负责招标内容</td></tr>
<tr><td></td><td></td><td></td><td></td><td></td><td colspan="3"></td></tr>
<tr><td></td><td></td><td></td><td></td><td></td><td colspan="3"></td></tr>
<tr><td></td><td></td><td></td><td></td><td></td><td colspan="3"></td></tr>
<tr><td>招标人</td><td colspan="8">法定代表人：　　　　（签字、盖章）
（公章）　　　年　　月　　日</td></tr>
<tr><td>招标代理人</td><td colspan="8">法定代表人：　　　　（签字、盖章）
（公章）　　　年　　月　　日</td></tr>
<tr><td>建设单位上级主管部门意见</td><td colspan="8"></td></tr>
<tr><td>招标投标管理机构意见</td><td colspan="8"></td></tr>
</table>

四、资格预审文件和招标文件编制与报审

资格审查的方式通常分为资格预审和资格后审两种。公开招标采用资格预审时，只有资格预审合格的建筑施工企业才可以参加投标；不采用资格预审的公开招标应进行资格后审，即在开标后进行资格审查。

资格预审文件是招标单位根据招标项目本身的要求，单方面阐述自己对资格审查的条件和具体要求的书面表达形式。

招标文件是招标机构负责拟定的供招标人进行招标、投标人据以投标的成套文件。工程招标文件不仅是招标投标阶段进行具体工作的基本依据，也是签订合同文件的重要组成部分，招标文件应当包括对招标项目的技术要求、对投标人资格审查的标准、对投标报价的要求和评标标准等所有实质性要求与条件以及拟签订合同的主要条款。招标人编写的招标文件在向投标人发放的同时应向建设主管部门备案，建设主管部门发现招标文件有违反法律、法规内容的，责令其改正。

资格预审文件和招标文件须报招标投标管理机构审查，审查同意后可刊登资格预审公告、招标公告。

五、刊登资格通告、招标公告

《招标投标法》第十六条规定，招标人采用公开招标方式的，应当发布招标公告。依法必须进行招标的项目的招标公告，应当通过国家指定的报刊、信息网络或者其他媒介发布。

（一）经国务院授权由国家发展和改革委员会指定招标公告的发布媒介

为了规范招标公告发布行为，保证潜在投标人平等、便捷、准确地获取招标信息，国家发展和改革委员会于 2017 年 11 月 23 日发布了《招标公告和公示信息发布管理办法》（国家发展改革委令第 10 号），对强制招标项目公告的发布作出了明确的规定。

1. 在指定的媒体上发布招标公告

《中国日报》《中国经济导报》《中国建设报》和“中国采购与招标网”（http://www.chinabidding.com.cn）为指定依法必须招标项目的招标公告发布媒体。其中，依法必须招标的国际招标项目的招标公告应在《中国日报》发布。

2. 对招标公告发布的监督

国家发展和改革委员会根据国务院授权，按照相对集中、适度竞争、受众分布合理的原则，指定发布依法必须招标项目招标公告的报纸、信息网络等媒介，并对招标公告发布活动进行监督。指定媒介的名单由国家发展和改革委员会另行公告。

3. 对招标人的要求

依法必须招标项目的招标公告必须在指定媒介发布。招标公告的发布应当充分公开，任何单位和个人不得非法限制招标公告的发布地点和发布范围。

招标人或其委托的招标代理机构发布招标公告，应当向指定媒介提供营业执照（或法人证书）、项目批准文件的复印件等证明文件。

招标人或其委托的招标代理机构在两个以上媒介发布的同一招标项目的招标公告的内容应当相同。

4. 对指定媒介的要求

招标人或其委托的招标代理机构应至少在一家指定的媒介发布招标公告。指定媒介发布依法必须招标项目的招标公告，不得收取费用，但发布国际招标公告的除外。指定报纸在发布招标公告的同时，应将招标公告如实抄送指定网络。指定报纸和网络应当在收到招标公告文本之日起 7 日内发布招标公告。

指定媒介应与招标人或其委托的招标代理机构就招标公告的内容进行核实，经双方确认无误后在规定的时间内发布。指定媒介应当采取快捷的发行渠道，及时向订户或用户传递。

5. 对不符合要求的招标公告的处理

拟发布的招标公告文本有下列情形之一的，有关媒介可以要求招标人或其委托的招标代理机构及时予以改正、补充或调整：

(1)字迹潦草、模糊、无法辨认的；

(2)载明的事项不符合规定的；

(3)没有招标人或其委托的招标代理机构主要负责人签名并加盖公章的；

(4)在两家以上媒介发布的同一招标公告的内容不一致的。

指定媒介发布的招标公告的内容与招标人或其委托的招标代理机构提供的招标公告文本不一致，并造成不良影响的，应当及时纠正，重新发布。

(二)其他有关部门指定的招标公告发布媒介

住房和城乡建设部规定依法必须进行施工公开招标的工程项目，除了应当在国家或者地方指定的报刊、信息网络或者其他媒介上发布招标公告外，应同时在我国工程建设和建筑业信息网发布招标公告。

(三)招标公告与资格预审公告的区别

招标公告一般适用于采用资格后审方式的公开招标。资格预审公告一般适用于采用资格预审方式的公开招标。尽管资格预审方式既适用于公开招标项目，也适用于邀请招标项目，但邀请招标不一定要发布资格预审公告。

需要指出的是，公开招标的项目发布资格预审公告后，一般无须再发布招标公告，且招标文件只发售给通过资格预审的且确认参与投标的申请人。

六、资格预审

资格审查是指招标人对资格预审申请人或投标人的经营资格、专业资质、财务状况、技术能力、管理能力、业绩、信誉等方面评估审查，以判定其是否具有参与项目投标和履行合同的资格及能力的活动。资格审查既是招标人的权利，也是招标项目的必要程序，它对于保障招标人和投标人的利益具有重要作用。资格审查分为资格预审和资格后审，本部分重点介绍资格预审的相关内容。采用资格后审的，一般在评标过程中的初步评审阶段进行，其对投标人资格审查内容、评审方法和标准与资格预审基本相同。

（一）资格预审方法

《中华人民共和国房屋建筑和市政工程标准施工招标资格预审文件》第三章“资格审查办法”分别规定了合格制和有限数量制两种资格审查方法，供招标人根据招标项目具体特点和实际需要选择使用。

1. 合格制

采用合格制时，凡符合资格预审文件中规定的资格审查标准的申请人，均通过资格预审取得相应投标资格。

合格制适用于工程项目具有通用技术、性能标准或招标人对技术性能没有特殊要求、投资规模较小的公开招标项目和邀请招标项目，投标竞争性强，有利于获得更多、更好的投标人和投标方案。

2. 有限数量制

有限数量制是通过审查委员会依据资格预审文件中规定的审查标准和流程，对通过初步审查和详细审查的资格预审申请文件进行量化打分，并按得分由高到低的顺序进行排名，最终根据申请人须知前附表确定的申请人数量及得分排名确定哪些申请人具有投标资格。

评审采用有限数量制，则通过详细审查的申请人不少于 3 个且没有超过资格预审文件规定数量的，均通过资格预审，不再进行评分；通过详细审查的申请人数量超过资格预审文件规定数量的，审查委员会可以按《中华人民共和国房屋建筑和市政工程标准施工招标资格预审文件》中资格审查前附表（表 2-5）条款规定的评审因素和评分标准进行评审，并依据规定的评分标准进行评分，按得分由高到低的顺序进行排序，选择预审文件规定数量的申请人通过资格预审。

表 2-5　资格审查前附表

<table>
<tr><th colspan="2">条款号</th><th>条款名称</th><th>编列内容</th></tr>
<tr><td colspan="2">1</td><td>通过资格预审的人数</td><td></td></tr>
<tr><td colspan="2">2</td><td>审查因素</td><td>审查标准</td></tr>
<tr><td rowspan="5">2.1</td><td rowspan="5">初步审查标准</td><td>申请人名称</td><td>与营业执照、资质证书、安全生产许可证一致</td></tr>
<tr><td>申请函签字盖章</td><td>有法定代表人或其委托代理人签字或加盖单位章</td></tr>
<tr><td>申请文件格式</td><td>符合第四章“资格预审申请文件格式”的要求</td></tr>
<tr><td>联合体申请人</td><td>提交联合体协议书，并明确联合体牵头人（如有）</td></tr>
<tr><td>……</td><td>……</td></tr>
<tr><td rowspan="4">2.2</td><td rowspan="4">详细评审标准</td><td>营业执照</td><td>具备有效的营业执照</td></tr>
<tr><td>安全生产许可证</td><td>具备有效的安全生产许可证</td></tr>
<tr><td>资质等级</td><td>符合“申请人须知”的规定</td></tr>
<tr><td>财务状况</td><td>符合“申请人须知”的规定</td></tr>
</table>

表 2-5(续)

条款号		条款名称	编列内容
2.2	详细评审标准	类似项目业绩	符合“申请人须知”的规定
		信誉	符合“申请人须知”的规定
		项目经理资格	符合“申请人须知”的规定
		其他要求	符合“申请人须知”的规定
		联合体申请人	符合“申请人须知”的规定
		……	……
2.3	评分标准	评分因素	评分标准
		财务状况	……
		类似项目业绩	……
		信誉	……
		认证体系	……
		……	……

有限数量制适用于潜在投标人较多时,或使用国有资金投资、国有资金占控股或主导地位的有特殊要求或总投资在一定规模以上的工程项目,有利于降低招标投标活动的社会综合成本,提高投标的针对性和积极性。

3. 方法要求

资格审查时,招标人不得以不合理的条件限制、排斥潜在投标人或者投标人,不得对潜在投标人或者投标人实行歧视待遇。任何单位和个人不得以行政手段或者其他不合理方式限制投标人的数量。

在满足招标项目要求的前提下,投标人资格条件要使尽可能多的投标人符合条件参与投标竞争。因此,招标人在设置资格条件时,应注意以下几点。

(1)规定投标人应具备的资质和资格条件,必须符合国家相关规定,同时也是招标项目特点及其合同履行所必需和合理的条件。一般情况下,不应当要求投标人具有不必要的资格条件,也不应将与招标项目无关的资格证书作为招标项目投标人必须具备的资格条件。

(2)规定投标人必须具有某种资格、资质证书时,应该明确颁发相应证书的机关名称和资格、资质的级别及有效范围。

(3)国家已经暂停和停止实施或已经废止的资格、资质不应该作为投标人应该具备的资格条件。

(4)国家行政机关根据行政许可设置和颁发的资格、资质和认证可以作为投标人必须具备的资格条件。例如,国家和地方药监部门颁发的药品生产许可证、建设部门颁发的各类建筑业企业资质、国家相关认证机构颁发的 CCC 认证(China Compulsory Certification,中国强制性产品认证),国家有关行政部门颁发的建造师、监理工程师职业资格、招标师职业水平证书等,都可以作为相关招标项目投标人或其从业人员的资格能力条件。

(5)国际公认的标准和认证,如 FDA(Food and Drug Administration,美国食品药品管理局)认证、CE(Conformite Europeenne,欧洲统一)认证、ISO 9000质量管理体系认证、ISO 14000环境管理体系认证、OHSAS18001职业健康安全管理体系认证、CMMI(Capability Maturity Model Integration,信息软件开发集成能力成熟度)认证等认证证书,可以根据招标项目的具体特点和实际需要,选择性地作为投标人的资格条件,但应保证投标人的足够数量,以避免造成不公平的竞争。

(6)投标人的资格条件应该准确、清晰、无歧义,避免提出概念含混、模棱两可、无法衡量的要求。

(二)资格预审程序

资格预审程序包括组建资格审查委员会、初步审查、详细审查、资格预审文件的澄清、评审和编写资格审查评审报告、预审结果通知与确认等程序。

1. 组建资格审查委员会

国有资金占控股或者主导地位依法必须进行招标的项目,招标人应当组建资格审查委员会审查资格预审申请文件。资格审查委员会及其成员组成应当遵守《招标投标法》和《招标投标法实施条例》中关于评标委员会及其成员的规定,即由招标人的代表和有关技术、经济等方面的专家组成,成员人数为五人以上单数,其中技术、经济等方面的专家不得少于成员总数的三分之二。其他项目由招标人自行组织资格审查。

招标人或招标代理公司在组织资格审查会议之前,在规定时间之内须向当地行政主管部门招标投标管理办公室申请预约资格预审评审室,同时在评审之前一日到招标投标管理办公室抽取评审专家,并办理相关手续。包括资格预审评审专家抽取申请表加盖公章、招标人拟派资格预审评审代表资格条件登记表加盖公章、拟派评审代表劳动合同、社保证明、建筑业相关专业高级职称证书、身份证应出示原件并提供复印件加盖公章等。

2. 初步审查

初步审查的要素主要有:申请人名称、申请函签字盖章、申请文件格式、联合体申请人等内容。

初步审查一般包括审查申请人名称与营业执照、资质证书、安全生产许可证是否一致;资格预审申请文件是否经法定代表人或其委托代理人签字或加盖单位印章;申请文件是否按照资格预审文件中规定的内容格式编写;联合体申请人是否提交联合体协议书,并明确联合体责任分工等。上述因素只要有一项不合格,就不能通过初步审查。

3. 详细审查

详细审查是资格审查委员会对通过初步审查的申请人的资格预审申请文件进行进一步审查。

第一,审查营业执照的营业范围是否与招标项目一致,执证期限是否有效。包括:公司名称、营业范围、有效期(应覆盖投标有效期)、法定代表人、注册资本。

第二,审查企业资质中的专业范围和等级是否满足资格条件要求。

第三,审查安全生产许可范围是否与招标项目一致,执证期限是否有效。

第四,审查质量管理、职业健康安全管理和环境管理体系认证证书中认证范围是否与招标项目一致,执证期限在招标期间是否有效。

第五,审查财务状况,包括申请人的资产规模、营业收入、资产负债率及偿债能力等抵御财务风险的能力是否达到资格审查的标准要求。

第六,审查类似项目业绩。申请人应提供招标人约定年限内完成的类似项目情况,应附中标通知书或合同协议书、工程接收证书(工程竣工验收证书)的复印件等证明材料,正在施工或生产和新承接的项目情况应附中标通知书或合同协议书的复印件等证明材料。根据申请人完成类似项目业绩的数量、质量、规模、运行情况,评审其已有类似项目的施工或生产经验的程度。

第七,审查申请人信誉情况。申请人近年来发生的诉讼或仲裁情况、质量和安全事故、合同履约情况、银行资信情况等是否满足资格预审文件规定的条件要求。

第八,审查项目经理和技术负责人的资格,包括审核项目经理和其他技术管理人员的履历、任职、类似业绩、技术职称、职业资格等证明材料,评定其是否符合资格预审文件规定的资格、能力要求。

第九,审查联合体协议中联合体牵头人与其他成员的责任分工是否明确;联合体的资质等级是否符合要求;联合体各方有无单独或参加其他联合体对同一标段的投标。

第十,审核资格预审申请文件是否满足资格预审文件规定的其他要求,特别注意是否存在投标人的限制情形。

在审查过程中,审查委员会可以书面形式,要求申请人对所提交的资格预审申请文件中不明确的内容进行必要的澄清或说明。申请人的澄清或说明采用书面形式,并不得改变资格预审申请文件的实质性内容。申请人的澄清和说明内容属于资格预审申请文件的组成部分。审查委员会不得暗示或者诱导申请人作出澄清、说明。招标人和审查委员会不接受申请人主动提出的澄清或说明。

4. 资格预审文件的澄清

招标人可以对已发出的资格预审文件或者招标文件进行必要的澄清或者修改。澄清或者修改的内容可能影响资格预审申请文件编制的,招标人应当在提交资格预审申请文件截止时间至少三日前,以书面形式通知所有获取资格预审文件的潜在投标人;不足三日的,招标人应当顺延提交资格预审申请文件的截止时间。

5. 评审和编写资格审查评审报告

招标人或资格审查委员会按照上述规定的程序对资格预审申请文件完成审查后,确定通过资格预审的申请人名单,并向招标人提交书面审查报告。

通过详细审查的申请人的数量不足三个的,招标人应分析具体原因,采取相应措施后,重新组织资格预审或不再组织资格预审而采用资格后审方式直接招标。

资格评审报告一般包括以下内容:(1)基本情况和数据表;(2)资格审查委员会名单;(3)澄清、说明、补正事项纪要等;(4)审查程序和时间、未通过资格审查的情况说明、通过评审的申请人名单;(5)评分比较一览表和排序;(6)其他需要说明的问题。

6. 预审结果通知与确认

招标人应当向资格预审合格的投标申请人发出资格预审合格通知书,在规定的时间内，以书面形式将资格预审结果通知申请人，告知获取招标文件的时间、地点和方法，并同时向资格预审不合格的投标申请人告知资格预审结果。投标申请人资格预审合格通知书，如表 2-6 所示。

表 2-6　投标申请人资格预审合格通知书

投标申请人资格预审合格通知书

致：______________________（预审合格的投标申请人名称）

鉴于你方参加了我方组织的编号为________的______________________（招标工程项目名称）工程________（施工、设计、监理、材料、设备）投标资格预审，并经我方审定，资格预审合格，现通知你方作为资格预审合格的投标人就上述工程施工进行密封投标。并将其他有关事宜告知如下：

1. 凭本通知书于____年____月____日至____年____月____日，每天上午____时____分至____时____分，下午____时____分至____时____分（公休日、节假日除外）到____（地址）购买招标文件，每份招标文件的购买费用为人民币____元，无论是否中标，该费用不予退还。另需交纳图纸押金人民币____元，当投标人退回图纸时，该押金将同时退还给投标人（缺损另计，不计利息）。上述资料如需邮寄，可以书面形式通知招标人，并加邮费每份人民币____元，招标人将立即以航空挂号方式向投标人寄送上述资料，但在任何情况下，如寄送的文件迟到或丢失，招标人均不对此负责。

2. 投标人应按照招标文件规定的截止时间前交纳人民币____元的投标保证金。投标保证金汇入的户名：______________，开户银行：______________，账号：______________。

3. 投标文件递交的截止时间为____年____月____日____时____分，提交地点为______________，逾期送达的或不符合规定的投标恕不接受。

4. 本招标工程项目的开标会将于上述的投标截止时间的同一时间在______________公开进行，投标人的法定代表人或其委托代理人应准时参加开标会议。

5. 有关本项目投标的其他事宜，请与招标人或招标代理机构联系。

6. 收到此通知后请以书面形式予以确认。如果你方不准备参加该投标，请尽快通知我方，谢谢合作。

招标人：　　　（盖章）	招标代理机构：　　　（盖章）
办公地址：	办公地址：
邮政编码：	邮政编码：
联系电话：	联系电话：
传真：	传真：
联系人：	联系人：

日期：　　年　　月　　日

通过资格预审的申请人收到投标邀请书后，应在申请人须知前附表规定的时间内，以书面形式明确表示是否参加投标。在申请人须知前附表规定时间内未表示是否参加投标或明确表示不参加投标的，不得再参加投标。因此造成潜在投标人数量不足三个的，招标人重新组织资格预审或不再组织资格预审而直接招标。

七、发售招标文件

招标人将招标文件、设计施工图和有关技术资料出售给通过资格预审的投标人。不进行资格预审的，出售给愿意参加投标的单位。投标人收到上述文件资料后应认真核对，核对无误后应以书面形式予以确认。招标人不得擅自变更其内容，确需进行必要的澄清、修改或补充的，应当在招标文件要求提交投标文件截止时间至少十五日前，书面通知所有获得招标文件的投标人，以便于他们修改投标书。该澄清、修改或补充的内容是招标文件的组成部分，对招标人和投标人都有约束力。

招标人应当按招标公告或者投标邀请书规定的时间、地点出售招标文件或资格预审文件。招标人出售资格预审文件、招标文件收取的费用应当限于补偿印刷、邮寄的成本支出，不得以营利为目的。自招标文件或者资格预审文件出售之日起至停止出售之日止，最短不得少于五日。

八、现场踏勘

《招标投标法实施条例》第二十八条规定，招标人不得组织单个或者部分潜在投标人踏勘项目现场。目的是不会造成投标人身份的泄露和防止串标。

招标文件规定组织踏勘现场的，招标人应按规定的时间、地点组织投标人踏勘项目现场。投标人自愿参加踏勘现场并且发生的费用自理。除招标人的原因以外，投标人自行负责在踏勘现场中所发生的人员伤亡和财产损失。招标人在踏勘现场中介绍的工程场地和相关的周边环境情况，供投标人在编制投标文件时参考，招标人不对投标人据此作出的判断决策负责。

投标人在踏勘现场中如有疑问，应在投标预备会前以书面形式向招标人提出，便于招标人对投标人的疑问予以解答。投标人在踏勘现场中的疑问，招标人可以以书面形式答复，也可以在投标预备会上答复。

现场踏勘的主要内容如下。

(1)工程场外运输条件、现场道路、临水、临电、临时设施搭设、交叉作业情况、垂直运输条件、扰民问题等。

(2)工程基层完成情况及质量状态。工程拆改项目要了解原建筑情况，样板间要进行细致的图纸对比记录等。

(3)勘察人员针对现场情况进行分析，通过现场勘察，要发现投标工作中的重点、难点和潜在风险(技术风险、工期风险、隐含的质量问题给今后商务洽谈带来的风险)，要在“现场勘察记录表”中写明。

九、投标预备会

在招标文件中规定的时间和地点，由招标人主持召开投标预备会，也称标前会议或者答疑会。投标预备会由招标人组织并主持召开，目的在于解答投标人提出的关于招标文件和踏勘现场的疑问。答疑会结束后，由招标人以书面形式将所有问题及问题的解答向获得招标文件的投标人发放。会议记录作为招标文件的组成部分，若其内容与已发放的招标文件不一致之处，以会议记录的解答为准。问题及解答纪要须同时向建设行政主管部门备案。投标预备会应注意以下几点要求。

（1）投标预备会在招标投标管理机构监督下，由招标人组织并主持召开，参加会议的人员包括招标人、投标人、代理机构、招标文件的编制人员、招标投标管理机构的管理人员等。所有参加投标预备会的投标人应签到登记，以证明其出席了投标预备会。

（2）招标人在预备会上对招标文件和现场情况作介绍或解释，并解答投标人提出的疑问，包括书面提出的和口头提出的询问，还应对施工图进行交底和解释。

（3）投标预备会结束后，由招标人整理会议记录和解答内容，报招标投标管理机构核准同意后，尽快以书面形式将问题及解答同时发送给所有获得招标文件的投标人。

（4）为了使投标人在编写投标文件时，充分考虑招标人对招标文件的修改或补充内容，以及投标预备会会议记录内容，招标人可根据情况延长投标截止时间。

十、签收投标文件

招标人收到投标文件后应当签收，未通过资格预审的申请人提交的投标文件，以及逾期送达或者不按照招标文件要求密封的投标文件，招标人应当拒收。同时，为了保护投标人的合法权益，招标人必须履行完备规范的签收手续。签收人要记录投标文件递交的日期、地点以及密封状况，签收人签名后应将所有递交的投标文件妥善保存，在招标文件规定开标时间前不得开启。

十一、开标

开标应当在招标文件规定的提交投标文件截止时间的同一时间公开进行，开标地点应当在招标文件中确定，一般应为建设工程交易中心。开标会议由招标人或招标代理人组织并主持，所有投标单位的法定代表人或委托代理人均应参加，并在招标投标管理机构的监督下进行。评标组织成员不参加开标会议。

开标会议的一般程序如下。

（1）招标人签收投标人递交的投标文件。

（2）出席开标会的投标人代表签到。投标人授权出席开标会的代表人应填写开标会签到表，招标人专人负责核对签到人身份，应与签到的内容一致。

（3）主持人宣布开标纪律。

（4）主持人介绍与会人员。

（5）确认投标人代表身份。

（6）公布在投标截止时间前接收投标文件的情况。

（7）检查投标文件的密封情况。

（8）宣布投标文件开标顺序。

（9）公布标底。

（10）唱标。

（11）确认开标记录。

（12）投标文件、开标会记录等送封闭评标区封存。

（13）主持人宣布开标会结束。

招标人应在招标公告中规定开标程序中投标文件密封情况，检查和确定开标顺序的具体做法。开标时，由投标人或者其推选的代表检查投标文件的密封情况，也可以由招标人委托的公证机构检查并公证等；可以按照投标文件递交的先后顺序开标，也可以采用其他方式确定开标顺序。

十二、评标

在招标管理机构的监督下，按相关规定成立的评标委员会依据评标原则、评标方法对各投标单位递交的投标文件进行综合评价，公正合理，择优向招标人推荐中标单位。

（一）组建评标委员会

1. 评标委员会

评标委员会成员名单一般应于开标前确定。评标委员会成员名单在中标结果确定前应当保密。评标委员会由招标人或其委托的招标代理机构熟悉相关业务的代表，以及有关技术、经济等方面的专家组成，成员人数为五人以上单数，其中技术、经济等方面的专家不得少于成员总数的三分之二。

评标委员会的专家成员应当采取从依法组建的专家库里随机抽取或者直接确定的方式确定。一般项目，可以采取随机抽取的方式；技术复杂、专业性强或者国家有特殊要求的招标项目，采取随机抽取方式确定的专家难以保证胜任的，可以由招标人直接确定。

2. 评标专家应满足的条件

评标专家应从事相关专业领域工作满八年并具有高级职称或者同等专业水平，并且熟悉有关招标投标的法律法规，具有与招标项目相关的实践经验，能够认真、公正、诚实、廉洁地履行职责。

3. 专家回避

评标委员会成员有下列情形之一的，应当回避：

（1）投标人或者投标人主要负责人的近亲属；

（2）项目主管部门或者行政监督部门的人员；

（3）与投标人有经济利益关系，可能影响投标公正评审的；

（4）曾因在招标、评标以及其他与招标投标有关的活动中从事违法行为而受过行政处罚或刑事处罚的。

（二）否决投标情形

《招标投标法》规定，有下列情形之一的，评标委员会应当否决其投标：

（1）投标文件未经投标单位盖章和单位负责人签字；

（2）投标联合体没有提交共同投标协议；

（3）投标人不符合国家或者招标文件规定的资格条件；

（4）同一投标人提交两个以上不同的投标文件或者投标报价，但招标文件要求提交备选投标的除外；

（5）投标报价低于成本或者高于招标文件设定的最高投标限价；

(6)投标文件没有对招标文件的实质性要求和条件作出响应;

(7)投标人有串通投标、弄虚作假、行贿等违法行为。

十三、定标

中标候选单位确定后,招标人可对其进行必要的询标,然后根据情况最终确定中标单位。但在确定中标人之前,招标人不得与投标人就投标价格、投标方案等实质性内容进行谈判。同时,依法必须招标的项目,招标人应当确定排名第一的中标候选人为中标人。排名第一的中标候选人放弃中标、因不可抗力提出不能履行合同,或者招标文件规定应当提交履约保证金而在规定的期限内未能提交的,招标人可以确定排名第二的中标候选人为中标人。

十四、发出中标通知书

经评标确定中标人后,招标人应当向中标人发出中标通知书,并同时将中标结果通知所有未中标的投标人,退还未中标投标人的投标保证金。在实践中,招标人发出中标通知书(表 2-7),通常是与招标投标管理机构联合发出或经招标投标管理机构核准后发出的。中标通知书对招标人和中标人具有法律效力。发出中标通知书后,招标人改变中标结果的,或者中标人放弃中标项目的,应承担法律责任。

表 2-7　中标通知书

中标通知书

____________________(中标人名称):

你方于________________(投标日期)所递交的____________________(项目名称)施工投标文件已被我方接收,被确定为中标人。

中标价:________元。

工期:________日历天。

工程质量:符合________标准。

项目经理:________(姓名)。

请你方在接到本通知书后的________日内到________(指定地点)与我方签订施工承包合同,在此之前按招标文件“投标人须知”规定向我方提交履约担保。

特此通知。

招标人:________________(盖单位章)

法定代表人:________________(签字)

____年____月____日

十五、签订合同

招标人和中标人应当自中标通知书发出之日起三十日内,在中标通知书规定的时间、地点，按照招标文件和中标人的投标文件订立书面合同。合同的标的、价款、质量、履行期限等主要条款应当与招标文件和中标人的投标文件的内容一致。招标人和中标人不得再行订立背离合同实质性内容的其他协议。

招标人最迟应当在书面合同签订后五日内向中标人和未中标的投标人退还投标保证金及银行同期存款利息。

招标文件要求中标人提交履约保证金的，中标人应当在合同签字前或合同生效前提交。履约保证金不得超过中标合同金额的10%，采用经评审的最低投标价法中标的招标工程，担保金额不得低于工程合同价格的15%。合同订立后，招标人应及时通知其他未中标的投标人，按要求退回招标文件、图纸和有关技术资料，同时退还投标保证金。

工程项目招标过程中《招标投标法》和《招标投标法实施条例》对相关的时间要求作了规定。以资格预审为例，主要工作的具体要求如表2-8所示。

表2-8　招标过程计划时间要求（资格预审）

序号	项目	时间要求	备注
1	发布资格预审公告，投标人报名、领取资格预审文件	上网公布次日起不少于五日，报名领取资格预审文件与公告同步进行，公告发布日期截止，即截止报名	招标办负责上传到网上，上传当日不算
2	投标申请人对资格预审文件提出质疑	投标申请人对资格预审文件有异议的，在提交资格预审申请文件截止时间两日前提出	—
3	招标人对资格预审文件发布澄清或修改	招标人在提交资格预审申请文件截止时间至少三日前通知所有获取资格预审文件投标申请人，不足三日的，顺延提交资格预审申请文件截止时间	—
4	提交资格预审申请文件	报名时间截止后至少五日	即提交资格预审申请文件截止时间
5	资格审查会	—	一般在资格预审申请文件递交后第二天进行
6	发布资格预审结果通知	—	—
7	发售招标文件	招标文件从发售到停售时间至少为五日	发布资格审查结果通知书后一至三日
8	现场勘察	现场勘察一般安排在投标预备会的前一至二日	—
9	投标预备会	一般为发出招标文件后七至二十八日	—
10	投标申请人对招标文件提出质疑	在投标截止时间（即提交投标文件截止时间）十日前提出	招标人自收到异议之日起三日内作出答复，其间应当暂停招标投标活动

表 2-8(续)

序号	项目	时间要求	备注
11	招标人对招标文件进行必要的澄清或修改	招标人应当在投标截止时间至少十五日前,以书面形式通知所有获取招标文件的潜在投标人	不足十五日的,招标人应当顺延提交投标文件的截止时间
12	递交投标文件	截止时间自招标文件发售之日起不得少于二十日	—
13	开标	提交投标文件时间截止的同一时间	—
14	评标,提交评标报告,推荐中标候选人	开标后即进行	时间根据项目具体情况而定
15	中标公示	自收到评标报告之日起三日内网上公示中标候选人,公示期不得少于三日	网上公示当天不算
16	中标通知	中标公示结束后次日	—
17	签订合同	自中标通知发出之日起三十日内	合同签订后五日内退还投标保证金

第三节 建设工程招标公告、资格预审公告及投标邀请书的编制

本节微课

一、招标公告内容及格式

招标公告应当载明的内容如下:

(1)招标人名称、地址,联系人姓名、电话;委托代理机构进行招标的,还应注明该机构的名称和地址;

(2)工程情况简介,包括项目名称、建设规模、工程地点、结构类型、装修标准、质量要求、工期要求等;

(3)承包方式,材料、设备供应方式;

(4)对投标人资质的要求及应提供的有关文件;

(5)招标日程安排;

(6)招标文件的获取办法,包括发售招标文件的地点、文件的售价及开始和截止出售的时间;

(7)其他要说明的问题。

《中华人民共和国房屋建筑和市政工程标准施工招标文件》(以下简称《标准施工招标文件》)中规定招标公告的一般格式如表 2-9 所示。

表 2-9　招标公告(未进行资格预审)

招标公告(未进行资格预审)

________(项目名称)　　________标段施工招标公告

1. 招标条件

本招标项目________(项目名称)已由________(项目审批、核准或备案机关名称)以________(批文名称及编号)批准建设,招标人(项目业主)为________,建设资金来自________(资金来源),项目出资比例为________。项目已具备招标条件,现对该项目的施工进行公开招标。

2. 项目概况与招标范围

____________________[说明本招标项目的建设地点、规模、合同估算价、计划工期、招标范围、标段划分(如果有)等]。

3. 投标人资格要求

3.1　本次招标要求投标人须具备________资质,________(类似项目描述)业绩,并在人员、设备、资金等方面具有相应的施工能力,其中,投标人拟派项目经理须具备________专业________级注册建造师执业资格,具备有效的安全生产考核合格证书,且未担任其他在施建设工程项目的项目经理。

3.2　本次招标________(接受或不接受)联合体投标。联合体投标的,应满足下列要求:________。

3.3　各投标人均可就本招标项目上述标段中的________(具体数量)个标段投标,但最多允许中标________(具体数量)个标段(适用于分标段的招标项目)。

4. 投标报名

凡有意参加投标者,请于____年____月____日至____年____月____日(法定公休日、法定节假日除外),每日上午____时至____时,下午____时至____时(北京时间,下同),在________(有形建筑市场/交易中心名称及地址)报名。

5. 招标文件的获取

5.1　凡通过上述报名者,请于____年____月____日至____年____月____日(法定公休日、法定节假日除外),每日上午____时至____时,下午____时至____时,在________(详细地址)持单位介绍信购买招标文件。

5.2　招标文件每套售价________元,售后不退。图纸押金________元,在退还图纸时退还(不计利息)。

5.3　邮购招标文件的,需另加手续费(含邮费)________元。招标人在收到单位介绍信和邮购款(含手续费)后________日内寄送。

6. 投标文件的递交

6.1　投标文件递交的截止时间(投标截止时间,下同)为____年____月____日____时____分,地点为________________(有形建筑市场交易中心名称及地址)。

6.2　逾期送达的或者未送达指定地点的投标文件,招标人不予受理。

7. 发布公告的媒介

本次招标公告同时在____________________(发布公告的媒介名称)上发布。

8. 联系方式

招 标 人:____________	招标代理机构:____________
地　　址:____________	地　　址:____________
邮　　编:____________	邮　　编:____________
联 系 人:____________	联 系 人:____________

表 2-9(续)

电　　话:__________	电　　话:__________
传　　真:__________	传　　真:__________
电子邮件:__________	电子邮件:__________
网　　址:__________	网　　址:__________
开户银行:__________	开户银行:__________
账　　号:__________	账　　号:__________
	____年____月____日

二、资格预审公告的内容及格式

资格预审文件和招标文件编制完成后,要报招标投标管理机构审查,审查同意后方可刊登资格预审(投标报名)通告。资格预审公告格式如表 2-10 所示。

表 2-10　资格预审公告

资格预审公告

________(项目名称)　________标段施工招标公告

1. 招标条件

1.1　本招标项目________(项目名称)已由________(项目审批、核准或备案机关名称)以________(批文名称及编号)批准建设,项目业主为________,建设资金来自________(资金来源),项目出资比例为________,招标人为________。项目已具备招标条件,现进行公开招标,特邀请有兴趣的潜在投标人(以下简称申请人)提出资格预审申请。

1.2　本招标项目为________(项目概况),________(核准机关名称)核准(招标事项核准文号为________)的招标。组织形式为________(□自行招标;□委托招标)。招标人选择[本招标项目在________(招标投标管理机构)指定比选网站上的项目编号为________]的招标代理机构是________。

2. 项目概况与招标范围

____

____

(说明本次招标项目的建设地点、规模、计划工期、招标范围、标段划分等)

3. 申请人资格要求

3.1　本次资格预审要求申请人具备________资质,________的类似项目业绩,并在人员、设备、资金等方面具有相应的施工能力。

3.2　本次资格预审________(□接受;□不接受)联合体资格预审申请。联合体申请资格预审的,应满足下列要求:____。

3.3　各申请人均可就上述标段提出资格预审申请,并参加通过了资格预审标段的投标,但可以中标的合同数量不超过________(具体数量)个标段。

表 2-10(续)

4. 资格预审方法

本次资格预审采用________(合格制;有限数量制)。

5. 资格预审文件的获取

5.1　请申请人于____年____月____日至____年____月____日(法定公休日、法定节假日除外),每日上午____时至____时,下午____时至____时(北京时间,下同),在________________________________(详细地址)持单位介绍信及下列证件(证明、证书)购买资格预审文件:

(1)购买人有效身份证及单位介绍信;

(2)注册于中华人民共和国的企业法人营业执照副本;

(3)资质证书副本;

(4)安全生产许可证副本(园林绿化、电梯安装除外)。

5.2　资格预审文件每套售价________元,售后不退。

5.3　招标人________(提供;不提供)邮购资格预审文件服务。邮购资格预审文件的,需另加手续费(含邮费)________元。招标人在收到5.1款要求的证件(证明、证书)和邮购款(含手续费)后____日内寄送。

6. 资格预审申请文件的递交

6.1　递交资格预审申请文件截止时间(申请截止时间,下同)为____年____月____日____时____分,地点为________________。

6.2　逾期送达的或者未送达指定地点的资格预审申请文件,招标人不予受理。

7. 发布公告的媒介

本次资格预审公告在________________(发布资格预审公告的所有媒介名称)上发布。

8. 联系方式

招 标 人:____________	招标代理机构:____________
地　　址:____________	地　　址:____________
邮　　编:____________	邮　　编:____________
联 系 人:____________	联 系 人:____________
电　　话:____________	电　　话:____________
传　　真:____________	传　　真:____________
电子邮件:____________	电子邮件:____________
网　　址:____________	网　　址:____________
开户银行:____________	开户银行:____________
账　　号:____________	账　　号:____________

____年____月____日

三、投标邀请书的内容及格式

按照《招标投标法》第十七条规定,招标人采用邀请招标方式的,应当向三个以上具备承担招标项目的能力、资信良好的特定的法人或者其他组织发出投标邀请书。投标邀请书的内容和招标公告的内容基本一致,只需增加要求潜在投标人"确认"是否收到了投标邀请书的内容。《标准施工招标文件》中规定投标邀请书的一般格式有两种。

第一种:适用于邀请招标的投标邀请书的一般格式,如表 2-11 所示。

表 2-11　投标邀请书(适用于邀请招标)

投标邀请书(适用于邀请招标)

________(项目名称)　________标段施工招标公告

____________________(被邀请单位名称):

1. 招标条件

本招标项目________(项目名称)已由________(项目审批、核准或备案机关名称)以________(批文名称及编号)批准建设,招标人(项目业主)为________,建设资金来自________(资金来源),出资比例为________。项目已具备招标条件,现邀请你单位参加________(项目名称)________标段施工投标。

2. 项目概况与招标范围

____________________[说明本招标项目的建设地点、规模、合同估算价、计划工期、招标范围、标段划分(如果有)等]。

3. 投标人资格要求

3.1　本次招标要求投标人具备________资质,________(类似项目描述)业绩,并在人员、设备、资金等方面具有相应的施工能力。

3.2　你单位________(可以或不可以)组成联合体投标。联合体投标的,应满足下列要求:______。

3.3　本次招标要求投标人拟派项目经理具备________专业________级注册建造师执业资格,具备有效的安全生产考核合格证书,且未担任其他在施建设工程项目的项目经理。

4. 招标文件的获取

4.1　请于____年____月____日至____年____月____日(法定公休日、法定节假日除外),每日上午____时至____时,下午____时至____时(北京时间,下同),在________(详细地址)持本投标邀请书购买招标文件。

4.2　招标文件每套售价________元,售后不退。图纸押金________元,在退还图纸时退还(不计利息)。

4.3　邮购招标文件的,需另加手续费(含邮费)________元。招标人在收到邮购款(含手续费)后________日内寄送。

5. 投标文件的递交

5.1　投标文件递交的截止时间(投票截止时间,下同)为____年____月____日____时____分,地点为____________________(有形建筑市场/交易中心名称及地址)。

5.2　逾期送达的或者未送达指定地点的投标文件,招标人不予受理。

6. 确认

你单位收到本投标邀请书后,请于________(具体时间)前以传真或快递方式予以确认。

7. 联系方式

招 标 人:____________	招标代理机构:____________
地　　址:____________	地　　址:____________
邮　　编:____________	邮　　编:____________
联 系 人:____________	联 系 人:____________
电　　话:____________	电　　话:____________

表 2-11(续)

传　　真:__________	传　　真:__________
电子邮件:__________	电子邮件:__________
网　　址:__________	网　　址:__________
开户银行:__________	开户银行:__________
账　　号:__________	账　　号:__________
	____年____月____日

第二种:适用于代资格预审通过通知书的投标邀请书的一般格式如表 2-12 所示。

表 2-12　投标邀请书(代资格预审通过通知书)

投标邀请书(代资格预审通过通知书)

________(项目名称)　________标段施工招标公告

________________________(被邀请单位名称):

你单位已通过资格预审,现邀请你单位按招标文件规定的内容,参加________(项目名称)________标段施工投标。

请你单位于____年____月____日至____年____月____日(法定公休日、法定节假日除外),每日上午____时至____时,下午____时至____时(北京时间,下同),在________(详细地址)持本投标邀请书购买招标文件。

招标文件每套售价为________元,售后不退。图纸押金________元,在退还图纸时退还(不计利息)。邮购招标文件的,需另加手续费(含邮费)________元。招标人在收到邮购款(含手续费)后________日内寄送。

递交投标文件的截止时间(投标截止时间,下同)为____年____月____日____时____分,地点为__________________(有形建筑市场/交易中心名称及地址)。

逾期送达的或者未送达指定地点的投标文件,招标人不予受理。

你单位收到本投标邀请书后,请于____________(具体时间)前以传真或快递方式予以确认。

招 标 人:__________	招标代理机构:__________
地　　址:__________	地　　址:__________
邮　　编:__________	邮　　编:__________
联 系 人:__________	联 系 人:__________
电　　话:__________	电　　话:__________
传　　真:__________	传　　真:__________
电子邮件:__________	电子邮件:__________
网　　址:__________	网　　址:__________
开户银行:__________	开户银行:__________
账　　号:__________	账　　号:__________

____年____月____日

第四节　建设工程资格预审文件的编制

根据《中华人民共和国标准施工招标资格预审文件》(以下简称《标准资格预审文件》)和《中华人民共和国房屋建筑和市政工程标准施工招标资格预审文件》的内容,资格预审文件主要包括:资格预审公告、申请人须知、资格审查办法、资格预审申请文件格式、项目建设概况五个部分。其中申请人须知、资格审查办法不允许修改,其前附表除外。

本节微课

一、资格预审公告

发出资格预审公告通常有两种做法:一是在招标公告中写明将进行投标资格预审,并通知领取或购买投标资格预审文件的时间、地点;二是在媒体上刊登资格预审公告,不再公开发布招标公告。招标人按照《标准资格预审文件》第一章“资格预审公告”的格式发布资格预审公告后,将实际发布的资格预审公告编入出售的资格预审文件中,作为资格预审邀请。资格预审公告应同时注明发布所在的所有媒介名称。

《中华人民共和国房屋建筑和市政工程标准施工招标资格预审文件》

二、申请人须知

申请人须知包括总则,资格预审文件,资格预审申请文件的编制,资格预审申请文件的递交,资格预审申请文件的审查,资格预审申请文件的通知和确认,申请人的资格改变,纪律与监督,需要补充的其他内容九个部分。其中,“总则”应说明项目概况、资金来源和落实情况、招标范围、计划工期、质量要求、申请人资格要求、语言文字、费用承担等内容。

资格预审申请文件的范本

三、资格审查办法

《标准资格预审文件》第三章“资格审查办法”分别规定合格制和有限数量制两种审查办法,供招标人根据招标项目具体特点和实际需要选择适用。如无特殊情况,应鼓励招标人采用合格制。前附表应按规定要求列明全部审查因素和审查标准,并在附表及正文中标明申请人不满足其要求即不能通过资格预审的全部条款。

四、资格预审申请文件格式

资格预审申请文件格式包括资格预审申请函、法定代表人身份证明、授权委托书联合体协议书、申请人基本情况表、近年财务状况表、近年完成的类似项目情况表、正在施工的和新承接的项目情况表、近年发生的诉讼及仲裁情况、其他材料(包括其他企业信誉情况表、拟投入主要施工机械设备情况表、拟投入项目管理人员情况表等)。

五、项目建设概况

项目建设概况包括项目说明、建设条件、建设要求、其他需要说明的情况。

第五节　建设工程招标文件的编制

招标文件是指由招标人或招标代理机构编制并向潜在投标人发售的明确资格条件、合同条款、评标方法和投标文件相应格式的文件。

本节微课

《招标投标法实施条例》中规定，编制依法必须进行招标的项目的资格预审文件和招标文件，应当使用国家发展和改革委员会会同有关行政监督部门制定的标准文本。其中，建设工程施工招标文件，是建设工程招标单位单方面阐述自己的招标条件和具体要求的意思表示，是招标单位确定、修改和解释有关招标事项的书面表达形式的统称。

一、招标文件的意义

建设工程招标文件的意义主要体现在以下三个方面。

（一）建设工程招标文件是投标的主要依据和信息源

招标文件是提供给投标单位的投标依据，是投标单位获取招标单位意图和工程招标各方面信息的主要途径。投标单位只有认真研读招标文件，领会其精神实质，掌握其各项具体要求和界限，才能保证投标文件对招标文件的实质性响应，顺利通过对投标文件的符合性鉴定。

（二）建设工程招标文件是合同签订的基础

招标文件是一种要约邀请，其目的在于引出潜在投标单位的要约（即投标文件），并据以对要约进行比较、评价（即评标），作出承诺（即定标）。因而，招标文件是工程招标中要约和承诺的基础。在招标投标过程中，无论是招标单位还是投标单位，都可能对招标文件提出这样或那样的修改和补充的意见或建议，但不管怎样修改和补充，其基本的内容和要求通常是不会变的，也是不能变的，所以，招标文件的绝大部分内容，事实上都将会变成合同的内容。招标文件是招标单位和中标人签订合同的基础。

（三）建设工程招标文件是政府监督的对象

招标文件既是招标投标管理机构的审查对象，同时也是招标投标管理机构对招标投标活动进行监督的一个重要依据。即招标投标管理机构对招标投标活动的监督，在很大程度上就是监督招标投标活动是否符合经审定的招标文件的规定。

二、招标文件的编制原则

招标文件的编制必须遵守国家有关招标投标的法律法规和部门规章的规定，还应遵循下列原则和要求。

(1)招标文件必须遵循公开、公平、公正的原则,不得以不合理的条件限制或者排斥潜在投标人,不得对潜在投标人实行歧视待遇。

(2)招标文件必须遵循诚实信用的原则,招标人向投标人提供的工程情况,特别是工程项目的审批、资金来源和落实等情况,都要确保真实和可靠。

(3)招标文件介绍的工程情况和提出的要求,必须与资格预审文件的内容相一致。

(4)招标文件的内容要能清楚地反映工程的规模、性质、商务和技术要求等,设计图纸应与技术规范或技术要求相一致,使招标文件系统、完整、准确。

(5)招标文件规定的各项技术标准应符合国家强制性标准。

(6)招标文件应当明确规定所有评标因素,并对评标因素进行量化或者据此进行评估。

(7)招标文件不得要求或者标明特定的专利、商标、名称、设计、原产地或建筑材料构配件等生产供应者,以及含有倾向或者排斥投标申请人的其他内容。如果必须引用某一生产供应者的技术标准才能准确或清楚地说明拟招标项目的技术标准时,则应当在参照后面加上"或相当于"的字样。

(8)招标人应当在招标文件中规定实质性要求和条件,并用醒目的方式标明。

(9)国家对投标人的资格条件有规定的,招标文件中载明的投标人资格条件应当符合国家规定的条件。

(10)招标项目需要划分标段、确定工期的,招标人应当合理划分标段,确定工期,并在招标文件中载明。

三、招标文件的编制工作

招标文件应当依照《招标投标法》和相关法律法规和规章要求,并根据项目特点和需要进行编制。不仅要抓住重点,根据不同需求合理确定对投标人资格审查的标准、投标报价要求、评标标准、评标方法、标段、工期和拟签订合同的主要条款等实质性内容,而且应当做到符合法规要求,内容完整、无遗漏,文字严密、表述准确。无论招标项目有多么复杂,招标文件在编制过程中都应当做到、做好以下工作。

(一)依法编制招标文件,满足招标人使用要求

招标文件编制应当依照和遵守《招标投标法》的规定,应当符合国家相关法律法规,文件的各项技术标准应符合国家强制性标准,满足招标人要求。

(二)合理划分标段

按照《工程建设项目施工招标投标办法》第二十七条规定,施工招标项目需要划分标段、确定工期的,招标人应当合理划分标段、确定工期,并在招标文件中予以载明。对工程技术上紧密相连、不可分割的单位工程不得分割标段。招标人不得以不合理的标段或工期限制或者排斥潜在投标人或者投标人。

(三)明确规定具体而详细的使用与技术要求

按照《工程建设项目施工招标投标办法》第二十六条规定,招标文件规定的各项技术标准应符合国家强制性标准。招标文件中规定的各项技术标准均不得要求或标明某一特定

的专利、商标、名称、设计、原产地或生产供应者，不得含有倾向或者排斥潜在投标人的其他内容。如果必须引用某一生产供应者的技术标准才能准确或清楚地说明拟招标项目的技术标准时，则应当在参照后面加上“或相当于”的字样。

(四)规定的实质性要求和条件用醒目的方式标明

按照《工程建设项目施工招标投标办法》第二十四条的规定，招标人应当在招标文件中规定实质性要求和条件，并用醒目的方式标明。

(五)规定的评标标准和评标方法不得改变，并且应当公开规定评标时所有评标因素

按照《工程建设项目施工招标投标办法》第二十八条的规定，招标文件应当明确规定所有评标因素，以及如何将这些因素量化或者据以进行评估。在评标过程中，不得改变招标文件中规定的评标标准、方法和中标条件。

(六)明确投标人是否可以提交备选投标方案以及对备选投标方案的处理办法

按照《工程建设项目施工招标投标办法》第二十五条的规定，招标人可以要求投标人在提交符合招标文件规定要求的投标文件外，提交备选投标方案，但应当在招标文件中作出说明，并提出相应的评审和比较办法。

(七)规定投标人编制投标文件所需的合理时间，载明招标文件最短发售期

按照《招标投标法》第二十四条规定，招标人应当确定投标人编制投标文件所需要的合理时间；但是，依法必须进行招标的项目，自招标文件开始发出之日起至投标人提交投标文件截止之日止，最短不得少于二十日。

(八)招标文件需要载明踏勘现场的时间和地点

按照《工程建设项目施工招标投标办法》第三十二条规定，招标人根据招标项目的具体情况，可以组织潜在投标人踏勘项目现场，向其介绍工程场地和相关环境的有关情况。潜在投标人依据招标人介绍情况作出的判断和决策，由投标人自行负责。招标人不得单独或者分别组织任何一个投标人进行现场踏勘。

(九)电子招标文件

按照《工程建设项目施工招标投标办法》第十五条规定，招标人可以通过信息网络或者其他媒介发布招标文件，通过信息网络或者其他媒介发布的招标文件与书面招标文件具有同等法律效力，出现不一致时以书面招标文件为准，国家另有规定的除外。

(十)招标文件的售价

按照《工程建设项目施工招标投标办法》第十五条规定，对招标文件或者资格预审文件的收费应当限于补偿印刷、邮寄的成本支出，不得以营利为目的。对于所附的设计文件，招标人可以向投标人酌收押金；对于开标后投标人退还设计文件的，招标人应当向投标人退

还押金。招标文件或者资格预审文件售出后，不予退还。除不可抗力原因外，招标人在发布招标公告、发出投标邀请书后或者售出招标文件或资格预审文件后不得终止招标。

（十一）充分利用和发挥招标文件范本的作用

为了规范招标文件的编制活动和提高招标文件质量，国务院有关部委组织专家和有经验的招标投标工作者编制了一系列招标文件范本。在编制招标文件过程中，应当充分利用和发挥招标文件范本的积极作用，按规定执行（或参照执行）范本编制招标文件，保证和提高招标文件的质量。

四、招标文件的审核或备案

按照《房屋建筑和市政基础设施工程施工招标投标管理办法》第十八条规定，依法必须进行施工招标的工程，招标人应当在招标文件发出的同时，将招标文件报工程所在地的县级以上地方人民政府建设行政主管部门备案，但实施电子招标投标的项目除外。建设行政主管部门发现招标文件有违反法律、法规内容的，应当责令招标人改正。

五、招标文件的澄清与修改

按照《招标投标法》第二十三条规定，招标人对已发出的招标文件进行必要的澄清或者修改的，应当在招标文件要求提交投标文件截止时间至少十五日前，以书面形式通知所有招标文件收受人。该澄清或者修改的内容为招标文件的组成部分。这里的“澄清”是指招标人对招标文件的遗漏、词义表述不清或对比较复杂事项进行的补充说明和回答投标人提出的问题。这里的“修改”是指招标人对招标文件中出现的遗漏、差错、表述不清等问题认为必须进行的修订。

六、招标文件的内容

《标准施工招标文件》共包含封面格式和四卷八章的内容，第一卷包括第一章至第五章，涉及“招标公告”“投标邀请书”“投标人须知”“评标办法”“合同条款及格式”“工程量清单”等内容，其中，第一章和第三章并列列举出了不同情况，由招标人根据招标项目特点和需要分别选择；第二卷由第六章“图纸”组成；第三卷由第七章“技术标准和要求”组成；第四卷由第八章“投标文件格式”组成。

《中华人民共和国房屋建筑和市政工程标准施工招标文件》

（一）封面格式

《标准施工招标文件》封面格式包括下列内容：项目名称、标段名称（如有）、标识出“招标文件”这 4 个字、招标人名称和单位印章、时间。

建设工程招标文件的编制步骤

（二）招标公告或投标邀请书

招标公告或投标邀请书是《标准施工招标文件》的第一章。对于未进行资格预审项目的公开招标项目，招标文件应包括招标公告；对于邀请招标项目，招标文件应包括投标邀请书；对于已经进行资格预审的项目，招标文件也应包括投标邀请书。

（三）投标人须知

投标人须知是招标投标活动应遵循的程序规则和对投标的要求。但投标人须知不是合同文件的组成部分，有合同约束力的内容应在构成合同文件组成部分的合同条款、技术标准与要求等文件中界定。

投标人须知包括投标人须知前附表、正文和附表格式等内容。

1. 投标人须知前附表

投标人须知前附表的主要作用有两个，一是将投标人须知中的关键内容和数据摘要列表，起到强调和提醒的作用，为投标人迅速掌握投标人须知内容提供方便，但必须与招标文件相关章节内容衔接一致；二是对投标人须知正文中应由前附表明确的内容给予具体约定。

2. 总则

（1）项目概况。应说明项目已具备的招标条件、项目招标人、招标代理机构、项目名称、建设地点等。

（2）资金来源和落实情况。应说明项目的资金来源、出资比例、资金落实情况等。

（3）招标范围、计划工期和质量要求。应说明招标范围、计划工期和质量要求等。对于招标范围，应采用工程专业术语填写；对于计划工期，由招标人根据项目建设计划来判断填写；对于质量要求，根据现行国家、行业颁布的建设工程施工质量验收统一标准来填写，注意不要与各种质量奖项混淆。

（4）投标人资格要求。对于已进行资格预审的，投标人应是符合资格预审条件，并且收到招标人发出投标邀请书的单位；对于未进行资格预审的，应在此按照招标公告规定投标人资格要求。

（5）保密。要求参加招标投标活动的各方应对招标文件和投标文件中的商务和技术等秘密保密。

（6）语言文字。可要求除专用术语外均使用中文。

（7）计量单位。所有计量单位均采用中华人民共和国法定计量单位。

（8）踏勘现场。招标人根据项目的具体情况可以组织潜在投标人踏勘项目现场，向其介绍工程场地和相关环境的有关情况。

（9）投标预备会。是否召开投标预备会，以及何时召开，由招标人根据项目具体需要和招标进程安排确定。

（10）分包。由招标人根据项目具体特点来判断是否允许分包。如果允许分包，可进一步明确分包内容的名称或要求，以及分包项目金额和资质条件等方面的限制。

（11）偏离。偏离即《评标委员会和评标方法暂行规定》中招标人根据项目的具体特点来设定非实质性要求和条件允许偏离的范围和幅度。

3. 招标文件

招标文件是对招标投标活动具有法律约束力的最主要文件。

(1)投标人须知应该阐明招标文件的组成、招标文件的澄清和修改。投标人须知中没有载明具体内容的,不构成招标文件的组成部分,对招标人和投标人没有约束力。

(2)招标文件的组成内容包括:招标公告(或投标邀请书,视情况而定)、投标人须知、评标办法、合同条件及格式、工程量清单、图纸、技术标准和要求、投标文件格式、投标人须知前附表规定的其他材料。招标人根据项目具体特点来判定投标人须知前附表中载明需要补充的其他材料,如地质勘查报告等。

(3)招标文件的澄清与修改。当投标人对招标文件有疑问时,可以要求招标人对招标文件予以澄清;招标人可以主动修改招标文件。招标人对已发出的招标文件进行必要的澄清或修改时,应当在招标文件要求提交投标文件的截止时间至少十五日前,以书面形式通知所有招标文件接受人,但不指明澄清问题的来源。

4. 投标文件

投标文件是投标人响应和依据招标文件向招标人发出的要约文件。

(1)招标人在投标人须知中对投标文件的组成、投标报价、投标有效期、投标保证金资格审查资料、备选方案和投标文件的编制和递交提出明确要求。

(2) 投标文件的组成内容有:投标函及投标函附录、法定代表人身份证明或附有法定代表人身份证明的授权委托书、联合体协议书(如果有)、投标保证金、报价工程量清单、施工组织设计、项目管理机构、拟分包项目情况表、资格审查资料、投标人须知前附表规定的其他材料。其中,“施工组织设计”一般归类为技术文件,其余归类为商务文件。

(3)投标有效期。投标有效期从投标截止时间起开始计算,主要用来满足组织并完成开标、评标、定标以及签订合同等工作所需要的时间。因此,关于投标有效期通常需要在招标文件中作出规定。

(4)投标人在投标有效期内不得要求撤销或修改其投标文件。

(5)投标有效期延长。必要时,招标人可以书面通知投标人延长投标有效期。此时,投标人可以有两种选择:同意延长,并相应延长投标保证金有效期,但不得要求被允许修改或撤销其投标文件;拒绝延长,投标文件失效,但有权收回其投标保证金。

(6)投标保证金。投标保证金是在招标投标活动中投标人随投标文件一同递交给招标人的一定形式、一定金额的投标责任担保,主要目的一是担保投标人在招标人定标前不得撤销其投标;二是担保投标人在被招标人宣布为中标人后即受合同的约束,不得反悔或者改变其投标文件中的实质性内容,否则其投标保证金将被招标人没收。

(7)招标文件中一般应对投标保证金作出下列规定。

投标保证金的形式、数额、期限。投标保证金的形式一般有:银行电汇、银行汇票、银行保函、信用证、支票、现金或招标文件中规定的其他形式。投标保证金的数额也应当符合有关规定。

关于投标保证金的退还通常考虑下列因素:合同协议书是否签订;履约保证金是否提交;投标保证金有效期是否期满。《标准施工招标文件》规定,招标人与中标人签订合同后五个工作日内,向未中标的投标人和中标人退还投标保证金及同期银行存款利息。出现下列两种情形之一的,投标保证金将不予退还:①投标人在规定的投标有效期内撤销或修改其投标文件;②中标人在收到中标通知书后,无正当理由拒签合同协议或未按招标文件规定提交履约担保。

(8)资格审查资料。资格审查资料可根据是否已经组织资格预审提出相应的要求。已经组织资格预审的资格审查资料分为两种情况。当评标办法对投标人资格条件不进行评价时,投标人资格预审阶段的资格审查资料没有变化的,可不再重复提交;资格预审阶段的资格资料有变化的,按新情况更新或补充,当评标办法对资格条件进行综合评价或者评分时,按招标文件要求提交资格审查资料。未组织资格预审或约定要求递交资格审查资料的,一般包括如下内容:①投标人基本情况;②近年财务状况;③近年完成的类似项目情况;④在施工和新承接的项目情况;⑤信誉资料,如近年发生的诉讼及仲裁情况;⑥允许联合体投标的资料。

(9)备选方案。如果招标文件允许投标人提交备选标或者备选投标方案,则投标人除编制提交满足招标文件要求的投标方案外,可另行编制提交备选投标方案或者备选标。利用投标备选方案,可以充分发挥投标人的竞争潜力,使项目的实施方案更具科学性、合理性和可操作性,并弥补招标人在编制招标文件乃至在项目策划或者设计阶段的经验不足和考虑欠佳。被选用的备选方案一般能够带来"双赢"的局面,根据《工程建设项目施工招标投标办法》第五十四条的规定,符合招标文件的基本技术要求且评标价最低或综合评分最高的投标人,其所提交的备选方案方可予以考虑。

(10)投标文件的编制。投标文件的编制可作如下要求。①语言要求。投标文件所使用的语言应符合招标文件的规定。②格式要求。投标文件应按照招标文件规定的格式编写。③实质性响应。《招标投标法》第二十七条规定,投标文件应当对招标文件提出的实质性要求和条件作出响应。例如,投标文件应当对有关工期、投标有效期、质量要求、主要技术标准和要求、招标范围等实质性内容作出响应。④打印要求。例如,要求使用不褪色的材料书写或打印。⑤错误修改要求。例如,要求改动之处应加盖单位章或由投标人的法定代表人或其授权的代理人签字确认。⑥签署要求。例如,要求投标文件由投标人的法定代表人或其委托代理人签字并加盖单位公章。委托代理人签字的,投标文件应附法定代表人签署的授权委托书。⑦份数要求。例如,规定正本一份,副本两份。⑧装订要求。例如,规定正本和副本应分别装订。

5. 投标

投标包括投标文件的密封和标识、投标文件的递交时间和地点、投标文件的修改和撤回等规定。

6. 开标

开标包括开标时间、地点和开标程序等规定。

7. 评标

评标包括评标委员会、评标原则和评标方法等规定。

8. 合同授予

合同授予包括定标方式、中标通知、履约担保和签订合同。

(1)定标方式。定标方式通常有两种:一种是招标人授予评标委员会直接确定中标人;另一种是评标委员会推荐1~3名中标候选人,由招标人依法确定中标人。

(2)中标通知。确定中标人后,招标人应当向中标人发出中标通知书,并同时将中标结果通知所有未中标的投标人。

(3) 履约担保。签订合同前,中标人应按照招标文件规定的担保形式、金额和履约担保格式向招标人提交履约担保。履约担保的主要目的有两个:担保中标人按照合同约定正常履约,在中标人未能圆满实施合同时,招标人有权得到资金赔偿;约束招标人按照合同约定正常履约。

招标人应在招标文件中对履约担保作出如下规定。

①履约担保的金额。一般约定履约担保的金额为签约合同价的 5%~10%。

②履约担保的形式。履约担保的形式一般有银行保函、非银行保函、保兑支票、银行汇票、现金和现金支票等。

③履约担保格式。通常招标人会规定履约担保格式,为了方便投标人,招标人也可以在招标文件履约担保格式中说明投标人可以提供招标人可接受的其他履约担保格式。

④未提交履约担保的后果。如果中标人不能按要求提交履约担保,视为放弃中标,投标保证金不予退还,给招标人造成的损失超过投标保证金数额的,中标人还应当对超过部分予以赔偿。

(4)签订合同。在投标人须知中应就签订合同作出如下规定。

①签订时限。招标人和中标人应当自中标通知书发出之日起三十日内,按照中标通知书、招标文件和中标人的投标文件订立书面合同。

②未签订合同的后果。中标人无正当理由拒签合同的,招标人将取消其中标资格,其投标保证金不予退还;给招标人造成的损失超过投标保证金数额的,中标人还应当对超过部分予以赔偿。发出中标通知书后,招标人无正当理由拒签合同的,招标人向中标人退还投标保证金;给中标人造成损失的,还应当赔偿损失。

9. 重新招标和不再招标

(1)重新招标。根据《评标委员会和评标方法暂行规定》第二十七条的规定,投标人少于三个或者所有投标被否决的,招标人应当依法重新招标。评标委员会否决所有投标包含了两层意思:所有投标均被否决或有效投标不足三个。评标委员会经过评审后认为投标明显缺乏竞争,从而否决全部投标。

(2)不再招标。重新招标后投标人仍少于三个或者所有标被否决的,属于必须审批或核准的工程建设项目,经原审批和核准部门批准后不再进行招标。

10. 纪律和监督

纪律和监督可分别包括对招标人、投标人、评标委员会、与评标活动有关的工作人员的纪律要求以及投诉监督。

11. 附表格式

附表格式包括了招标活动中需要使用的表格文件格式,通常有开标记录表、问题澄清通知、问题的澄清、中标通知书、中标结果通知书、确认通知书等。

(四)评标办法

招标文件中的评标办法主要包括选择评标方法、确定评审因素和标准以及确定评标程序三方面内容。

(1)选择评标方法。评标方法一般包括经评审的最低投标价法、综合评估法和法律、行政法规允许的其他评标方法。

(2)评审因素和标准。招标文件应针对初步评审和详细评审分别制定相应的评审因素和标准。

(3)评标程序。评标工作一般包括初步评审、详细评审、投标文件的澄清和补正,以及评标结果等具体程序。

①初步评审。按照初步评审因素和标准评审投标文件,进行废标认定和投标报价算术错误修正。

②详细评审。按照详细评审因素和标准分析、评定投标文件。

③投标文件的澄清和补正。初步评审和详细评审阶段,评标委员会可以书面形式要求投标人对投标文件中不明确的内容进行书面澄清和说明,或者对细微偏差进行补正。

④评标结果。对于最低投标法,评标委员会按照经评审的评标价格由低到高的顺序推荐中标候选人;对于综合评估法,评标委员会按照得分由高到低的顺序推荐中标候选人。评标委员会按照招标人授权,可以直接确定中标人。评标委员会完成评标后,应当向招标人提交书面评标报告。

(五)合同条款及格式

施工合同的内容包括工程范围、建设工期、中间交工工程的开工和竣工时间、工程质量、工程造价、技术资料交付时间、材料和设备供应责任、拨款和结算、竣工验收、质量保修范围和质量保证期、双方相互协作等条款。为了提高效率,招标人可以采用《标准施工招标文件》,或者结合行业合同示范文本的合同条款编制招标项目的合同条款。

《标准施工招标文件》的合同条款包括了一般约定,发包人义务,有关监理单位的约定,有关承包人义务的约定,材料和工程设备,施工设备和临时设施,交通运输,测量放线、施工安全、治安保卫和环境保护,进度计划,开工和竣工,暂停施工,工程质量,试验和检验变更与变更的估价原则,价格调整原则,计量与支付,竣工验收,缺陷责任与保修责任,保险,不可抗力,违约,索赔,争议的解决等。合同附件格式包括了合同协议书、履约担保书、预付款担保书、质量保修书等格式文件。

(六)工程量清单

1. 工程量清单的概念

工程量清单是载明建设工程分部分项工程项目、措施项目、其他项目的名称和相应数量,以及规费、税金项目等内容的明细清单。

2. 工程量清单包含的内容

(1)工程量清单内容:招标工程量清单封面、招标工程量清单扉页、工程计价总说明、分部分项工程和措施项目计价表、总价措施项目清单与计价表、其他项目计价表(工程量清单中此表不含索赔与现场签证计价汇总表、费用索赔申请表及现场签证表等三个表格)、规费税金项目计价表、主要材料工程设备一览表等表格内容。

（2）总说明内容：工程概况，包括建设规模、工程特征、计划工期、施工现场实际情况、自然地理条件、环境保护要求等；工程招标和专业工程发包范围；工程量清单编制依据；工程质量、材料、施工等的特殊要求；其他需要说明的问题。

（七）图纸

图纸是合同文件的重要组成部分，是编制工程量清单以及投标报价的重要依据，也是进行施工及验收的依据。通常招标时的图纸并不是工程所需的全部图纸，在投标人中标后还会陆续颁发新的图纸以及对招标时的图纸进行修改。因此，在招标文件中，除了附上招标图纸外，还应该列明图纸目录。图纸目录一般包括序号、图名、图号、版本、出图日期等。

（八）技术标准和要求

技术标准和要求也是构成合同文件的组成部分。技术标准的内容主要包括各项工艺指标、施工要求、材料检验标准，以及各分部分项工程施工成型后的检验手段和验收标准等。

（九）投标文件格式

投标文件格式的主要作用是为投标人编制投标文件提供固定的格式和编排顺序，以规范投标文件的编制，同时便于评标委员会评标。

七、招标文件编制的注意事项

施工招标文件作为招标投标活动乃至投资建设项目施工过程的纲领性文件，既是各施工承包合同管理的依据，又是实施规范投资建设项目的行动指南。在施工招标过程中我们要注意以下事项。

1. 及时办理招标方案核准和施工招标文件备案

招标方案（招标范围、招标方式和招标组织形式）核准和施工招标备案是开展施工招标投标活动必须完成的两项最基本的工作。国家设置招标方案核准的目的是确保依法应该公开招标的项目实行公开招标。招标备案的目的是便于开展招标投标活动的行政监管。

2. 将法定时限和关键工作时间醒目地写入施工招标文件中

施工招标的法定时限有下列几种。

（1）招标文件或者资格预审文件发售时间不少于五个工作日。

（2）最短投标截止时间或者最短开标时间不少于二十日。

（3）招标人澄清或者修改招标文件的截止时间至少在投标截止时间十五日以前。

（4）投标保证金有效期应超出投标有效期三十日。

（5）招标人最迟确定中标人（定标）的时间在投标有效期结束日前三十个工作日。

（6）最迟向项目所属产业的招标投标活动监管部门提交招标投标情况书面报告（施工招标情况的备案）的时间不大于自确定中标人（定标）起以后十五日。

（7）最迟订立施工合同的时间不大于自中标通知书发出之日起以后三十日。

（8）最迟向中标人和未中标人退还投标保证金的时间不大于自订立施工合同之日起以

后五个工作日。

3. 招标文件中要注意考察施工投标人项目履约能力资格和信誉

施工投标人项目履约能力资格应根据招标项目的具体特点和实际需要设定。其中主要包含对投标人拟派往施工现场的项目负责人(项目经理)、技术负责人和关键岗位专职管理人员以及关键施工岗位技术工人的职业素质要求,对投标人拟投入现场施工装备和质量检测设备的要求,对投标人拟提供施工现场流动资金的要求。

项目经理职业素质的基本条件如下:必须有与招标项目施工内容和规模相符合专业与级别的注册建造师和专业技术职称证书并且取得安全生产考核合格证书;与投标人有合法的劳动人事关系证明(以劳动合同、社会统筹养老保险缴费凭证为准);类似工程业绩(以承包合同和单位工程质量竣工验收记录表为准)。

技术负责人和关键岗位专职管理人员职业素质的基本条件如下:与招标项目施工内容和规模相符合专业与级别的专业技术职称证书;与投标人有合法的劳动关系证明;类似工程业绩(技术负责人以承包合同和施工组织设计为准);专职安全管理员必须取得安全生产考核合格证书。

垂直运输机械作业人员、安装拆卸工、爆破作业人员、起重信号工、登高架设作业人员等关键施工岗位技术工人(包括电工、架子工等)必须与投标人订立劳动合同,必须经过建设主管部门的安全作业培训,并取得特种作业操作岗位资格证书。

根据招标项目的施工技术和确保项目建设质量、进度、投资效益等目标实现以及满足安全、环保、节能、效率等功能需要,对主要或专用施工装备和质量检测设备可以设定具体的要求。例如,施工投标人拟投入施工现场的自购、租赁的安全防护用具、机械设备施工机具及配件,必须具有生产许可证、产品合格证。施工起重机械必须具备由特种设备安全监督管理部门核准的检验检测机构出具的安全性能检测合格证明文件,以及安全技术档案具有符合开展主体结构工程质量现场物理力学性能检测工作所需的仪器和设备;其中,使用属于强制检定的计量器具必须具备专门的检验检测机构出具的有效期限内计量检定合格证明文件。

为了确保按期、足额发放派往施工现场人员的工资和采购建筑材料与构件等,可以要求施工投标人用于施工现场的流动资金不低于本招标项目的投标报价或者拦标价一定比例的银行授信额度(以投标人出具银行的资信证明为准)。

财务状况由投标人提交的经国家注册会计师审计的财务报表分析计算,判断投标人发生严重违约及重大工程质量、安全问题的履约赔偿能力和偿债能力以及施工承包竞标实力(施工承包收入占营业总收入的比例)。

技术实力是指投标人是否具有自主创新的专有施工技术和自主知识产权的施工办法。所获奖项是指投标人是否获得类似招标项目的国家科学技术进步奖、中国建设工程鲁班奖和项目所在地省优质工程奖。

管理制度和管理体系可以由施工投标人是否具有企业质量管理体系(ISO 9000 质量管理体系标准)、环境管理体系(ISO 14000 环境管理体系标准)和职业健康安全管理体系(ISO 18000 职业健康安全管理体系标准)等第三方认证证书来判断确定。因为,凡经过第三方对企业质量管理体系、环境管理体系和职业健康安全管理体系认证的承包商,都有完善的质量与安全管理工作手册和程序文件,并且建立了保证质量与安全管理体系有效实施的内部和外部(第三方)审核制度。

目前,我国已建立建筑市场信用体系管理信息系统(四库一平台)。各级政府有关产业行政主管部门分别设立了所监管的建筑市场交易各方主体犯法、违规和不良行为记录公告平台。例如,在住房和城乡建设部官方网站“诚信体系”栏目中,可以查阅住房和城乡建设部所监管的建筑市场交易各方主体在建设程序、招标发包、质量安全和拖欠工程款等行为方面犯法、违规与不良行为记录。可以设定在最近三年内,因骗取中标和发生严重违约及重大工程质量、安全问题而被法律制裁和行政处罚(处于被责令停业、投标资格被取消、财产被接管冻结、破产状态)的潜在投标人不能投标。

如果在招标文件编制环节上不认真贯彻国家相关法律、法规和政策,容易引发招标投标争议、创造恶意投诉机会,导致招标活动难以实施;甚至陷入不良招标人代表设置的圈套,给招标代理企业造成无法挽回的损失。因此,在招标文件编制的这一环节上,准确把握投资建设项目管理程序和招标投标活动的相关法律、法规和政策,是优秀的招标代理人员必须具备的业务素质和能力。

第六节　建设工程招标标底及控制价的编制

一、建设工程招标标底的编制

本节微课

在建设工程招标投标活动中,标底的编制是工程招标中重要的环节之一,是评标、定标的重要依据,且工作时间紧、保密性强,是一项比较繁重的工作。标底的编制一般是招标单位委托由建设行政主管部门批准具有与建设工程相应造价资质的中介机构代理编制,标底应客观、公正地反映建设工程的预期价格,这是招标单位掌握工程造价的重要依据,使标底在招标过程中显示出其重要的作用。因此,标底编制的合理性、准确性直接影响工程造价。

(一)建设工程招标标底的概念

建设工程招标标底从广义上是指建设工程招标人对招标工程项目在方案、质量、期限、价格、方法、措施等方面的理想控制目标和预期要求。从这个意义上讲,建设工程的勘察设计招标、施工招标、监理招标、物资采购招标等都应根据其不同特点,设置相应的标底。考虑到某些指标,特别是某些定性指标比较抽象且难以衡量,常以价格或费用来反映标底。建设工程招标标底从狭义上讲,是指招标人根据招标项目的整体情况编制的完成招标项目所需要的全部费用,是依据国家规定的计价依据和计价办法计算出来的工程造价,是招标人对建设工程的期望价格。标底由成本、利润、税金等组成,一般应控制在批准的总概算及投资概算限额内。

我国《建筑工程施工发包与承包计价管理办法》第六条规定,国有资金投资的建筑工程招标的,应当设有最高投标限价:非国有资金投资的建筑工程招标的,可以设有最高投标限价或者招标标底。

招标项目设有标底的,招标人应当在开标时公布,标底只能作为评标的参考,不得以投标报价是否接近标底作为中标条件,也不得以投标报价超过标底上下浮动的范围作为否决投标的条件。

(二)建设工程招标标底的作用

建设工程招标标底的作用主要体现在以下几个方面。

(1)标底是招标人发包工程的期望值,是确定工程合同价格的参考依据。

(2)可以用来协助分析发现不平衡、不合理,甚至串通的报价。

(3)可以作为评标委员会评标的参考值,是衡量评审投标人投标报价是否合理的尺度和依据。

(三)建设工程招标标底的原则

工程招标标底的编制原则,与编制的依据密切相关。从有关建设工程招标标底编制的规定和实践来看,建设工程招标标底的编制原则主要有以下几项。

1. 标底价格应尽量与市场的实际变化相吻合

标底价格作为建设单位的预期控制价格,应反映和体现市场的实际变化,尽量与市场的实际变化相吻合,要有利于开展竞争和保证工程质量,让承包商有利可图。标底中的市场价格可参考有关建设工程价格信息服务机构向社会发布的价格行情。在标底编制实践中,把握这一原则须注意以下几点。

(1)要根据设计图纸及有关资料、招标文件,参照政府或政府有关部门规定的技术、经济标准、定额及规范,确定工程量和编制标底。

(2)标底价格应由成本、利润、税金等组成,一般应控制在批准的总概算或修正、调整概算及投资包干的限额内。

(3)标底价格应考虑人工、材料、设备、机械台班等价格变动因素,还应包括不可预见费(特殊情况)、预算包干费、赶工措施费、施工技术措施费、现场因素费、保险以及采用固定价格的工程的风险金等,工程要求优良的还应增加相应的优质价的费用。

2. 按工程项目类别计价

为了保证不同所有制的投标人享有同等待遇,开展平等竞争,标底的计价方法不能按所有制而应统一按工程类别计价。

3. 一个招标项目只编制一个标底

在工程招标中,一个招标项目只准编制一个标底。对群体建设工程、工业基建工程、大型装饰工程,可分别按招标项目编制标底。

4. 编审分离和回避

承接标底编制业务的单位及其标底编制人员,不得参与标底审定工作;负责审定标底的单位及其人员,也不得参与标底编制业务。受委托编制标底的单位,不得同时承接投标人的投标文件编制业务。

(四)建设工程招标标底的编制依据

(1)国家的有关法律、法规以及国务院和省、自治区、直辖市人民政府建设行政主管部门制定的有关工程造价的文件、规定。

(2)工程招标文件中确定的计价依据和计价办法,招标文件的商务条款,包括合同条件中规定由工程承包方应承担义务而可能发生的费用,以及招标文件的澄清、答疑等补充文件和资料。

(3)工程设计文件、图纸、技术说明及招标时的设计交底,按设计图纸确定的或招标人提供的工程量清单等相关基础资料。

(4)国家、行业、地方的工程建设标准,包括建设工程施工必须执行的建设技术标准、规范和规程。

(5)采用的施工组织设计、施工方案、施工技术措施等。

(6)工程施工现场地质、水文勘探资料,现场环境和条件及反映相应情况的有关资料。

(7)招标时的人工、材料、设备及施工机械台班等的市场要素价格信息,以及国家或地方有关政策性调价文件的规定。

(五)建设工程招标标底的编制内容

建设工程项目施工招标标底文件,由标底报审表和标底正文两部分组成。

1. 标底报审表

标底报审表是招标文件和标底正文内容的综合摘要,通常包括以下主要内容。

(1)招标工程综合说明。包括招标工程的名称、建设地点、工程现场情况、设计概算或修正概算总金额、施工质量要求、定额工期、计划工期、计划开工竣工时间等,必要时要附上招标工程(单项工程、单位工程等)一览表。

(2)标底价格。包括招标工程的总造价、单方造价,钢材、木材、水泥等主要材料的总用量及其单方用量。

(3)招标工程总造价中各项费用的说明。包括对包干系数、不可预见费用、工程特殊技术措施费等的说明,以及对增加或减少的项目的审定意见和说明。

2. 标底正文

标底正文是详细反映招标人对工程价格、工期等的预期控制数据和具体要求的部分。一般包括以下内容。

(1)总则。主要说明标底编制单位的名称、持有的标底编制资质等级证书,标底编制的人员及其执业资格证书,标底具备条件、编制标底的原则和方法,标底的审定机构,对标底的封存、保密要求等内容。

(2)标底各方面的要求及其编制说明。主要说明招标人在方案、质量、期限、价金、方法、措施等各方面的综合性预期控制指标或要求,并阐释其依据、包括和不包括的内容各有关费用的计算方式等。

在标底各方面的要求中,要注明各工程的名称、方案重点、质量、工期、单方造价(或技术经济指标)以及总造价,明确装饰装修材料的总用量及单方用量,甲方供应的设备、构件与特殊材料的用量，明确分部、分项直接费，其他直接费，工资及主材的调价，企业经营费，利税取费等。在标底编制说明中，要特别注意对标底价格的计算说明。

（3）标底价格计算用表。建设工程标底价格采用工料单价和综合单价两种计价方法，二者的标底价格计算用表有所不同。

采用工料单价的标底价格计算用表，主要有标底价格汇总表，工程量清单汇总及取费表，工程量清单表，材料清单及材料差价表，设备清单及价格表，现场因素、施工技术措施及赶工措施费用表等。采用综合单价的标底价格计算用表，主要有标底价格汇总表，工程量清单表，设备清单及价格表，现场因素、施工技术措施及赶工措施费用表，材料清单及材料差价表，人工工日及人工费用表，机械台班及机械费用表等。

（4）施工方案及现场条件。主要说明施工方法给定条件、工程建设地点现场条件、临时设施布置及临时用地情况等。

（六）建设工程招标标底的编制方法

目前，我国建设工程施工招标标底主要采用工料单价法和综合单价法来编制。

1. 工料单价法

首先，根据施工图纸及技术说明并按照定额规定的分部分项工程子目，逐项计算出工程量；其次，套用相应项目定额单价（或单位估价表单价）确定定额直接费；再次，按规定的费用定额确定其他直接费、现场经费、间接费、计划利润和税金；最后，加上材料调价系数和适当的不可预见费，汇总后得到的结果即可作为工程标底的基础。

2. 综合单价法

首先，按照计量规范中工程量计算规则，计算出工程量；其次，确定其各分部分项工程的综合单价，该单价应包括人工费、材料费、机械费，管理费、材料调价、利润及风险金等；再次，综合单价确定后，将其与各分部分项工程量相乘汇总；最后，将总结果与设备总价、现场发生费、措施费、规定费用和税金等相加，可得到标底价格。如发包人要求增报保险费和暂定金额的，标底中应包含这些费用。

（七）建设工程招标标底的编制步骤

1. 准备资料，熟悉图纸

编制标底前，针对要编制的工程内容搜集资料，包括熟悉并掌握定额的使用范围、具体内容，工程量计算规则和计算方法。编制前，要对施工图纸进行一次全面检查，检查施工图纸是否完整，图面意图是否明确，尺寸是否清楚整齐，有无施工说明等。

2. 计算工程量

计算工程量是编制标底的一项重要工作。实际上，编制标底的大部分时间花在看图和计算工程量上。在确定采用何种定额后，按定额子目划分工程细目。如果没有相应的定额子目，则应标记下来，以便编制定额生项。为了准确地计算工程量，要注意工程细目的工作内容和范围，必须与定额相应的子目一致，计量单位一致，工程量计算规则也必须与定额中规定的工程量计算规则一致。一般的工程量计算方法，按施工程序进行，先地下、后地上；

先基层、后高层;先主要、后次要。大型工程和复杂工程应先划分成区域,编成区号,分区计算,既免遗漏,也免多算。

3. 套定额

工程量计算完毕,经检查无误,而且采用的计量单位与定额要求一致,就可以进行套定额单价的工作。套定额单价时,应仔细核对工程内容与单位估价表规定的内容是否一致。如果某项的材料品种、规格或配合比与规定不同,而在定额中可以换算的,要换算。如有生项,要编制定额生项,并把有关生项的资料作为附件,并送审。

4. 计算各项费用和汇总造价

根据工程量套单位估价表计算的费用,仅为工程的主要直接费。还需要根据规定的费率和本工程的实际情况计算其他直接费、施工管理费、其他间接费、计划利润、营业税等费用,最后汇总出该单位工程的预算造价。

5. 复核

复核是为了及时发现差错,提高准确性。在复核中,应对项目填列、工程量计算公式、计算结果、套用的单价、采用的各项取费的费率等全面复核。

6. 编写说明,填写封面,装订成册

(八)标底编制的注意事项

当前招标工作的标底大多数是在施工图预算基础上确定的,但它不完全等同于施工图预算。因为要编制一个合理的标底,还必须在此基础上注意以下问题。

(1)标底必须符合目标工期的要求,对提前工期所采取的措施因素应按提前工期的天数给出必要的赶工费,并列入标底。

(2)标底必须保证满足招标方的质量要求,对高于国家施工验收规范的质量因素应有所反映。

(3)标底要适应建筑材料市场价格的变化因素,可列出清单,随同招标文件供投标时参考,并在编制标底时考虑材料价差方面的因素。

(4)标底应合理考虑招标工程的自然地理条件等因素,将因自然条件导致施工不利因素而增加的费用计入标底价格内。

(5)选择先进的施工方案计算标底价格,并应根据招标文件规定的工程发承包模式,确定相应的计价方式,考虑相应的风险费用。

二、建设工程招标控制价的编制

(一)招标控制价的概念

招标控制价是指由招标单位或其委托的具有编制能力的中介机构编制的完成招标项目所需的全部费用。招标控制价也是根据国家规定的计价依据和计价方法计算出来的一种工程造价形式,是招标人的一种预期价格。

在建设工程招标投标活动中,招标控制价的编制是工程招标中一个重要的环节。招标控制价应由具有编制能力的招标人,或受其委托具有相应资质的工程造价咨询人编制。

(二)招标控制价的作用

(1)招标人有效控制项目投资,防止恶性投标带来的投资风险。

(2)增强招标过程的透明度,有利于正常评标。

(3)有利于引导投标方投标报价,避免投标方在无标底情况下的无序竞争。

(4)招标控制价反映的是社会平均水平,为招标人判断最低投标价是否低于成本提供参考依据。

(5)可为工程变更新增项目确定单价提供计算依据。

(6)作为评标的参考依据,避免出现较大偏离。

(7)投标人根据自己的企业实力、施工方案等报价,不必揣测招标人的标底,提高了市场交易效率。

(8)减少了投标人的交易成本,使投标人不必花费人力、财力去套取招标人的标底。

(9)招标人把工程投资控制在招标控制价范围内,提高了交易成功的可能性。

(三)招标控制价的编制原则

《建设工程工程量清单计价规范》(GB 50500—2013)中规定了国有资金投资的建设工程项目编制和使用招标控制价的原则。

(1)国有资金投资的建设工程在进行招标时,根据《招标投标法》第二十二条第二款的规定,招标人设有标底的,标底必须保密。但实行工程量清单招标后,由于招标方式的改变,标底保密这一法律规定已不能起到有效遏止哄抬标价的作用。我国有的地区和部门已经发生了在招标项目上所有投标人的报价均高于标底的现象,致使中标人的中标价高于招标人的预算,给招标工程项目的业主带来了困扰。因此,为有利于客观、合理地评审投标报价和避免哄抬标价,造成国有资产流失,招标人应编制招标控制价,作为招标人能够接受的最高交易价格。

(2)在工程招标发包时,当编制的招标控制价超过批准的概算,招标人应当将其报原概算审批部门重新审核。

(3)在国有资金投资工程的招标投标活动中,投标人的投标报价不能超过招标控制价,否则,其投标将被拒绝。

(4)招标控制价应由招标人负责编制,但当招标人不具备编制招标控制价的能力时,则应委托具有相应工程造价咨询资质的工程造价咨询单位编制。

(四)招标控制价的编制依据

(1)《建设工程工程量清单计价规范》(GB 50500—2013)。

(2)国家或省级、行业建设主管部门颁发的计价定额和计价办法。

(3)建设工程设计文件及相关资料。

(4)招标文件中的工程量清单及有关要求。

(5)与建设项目相关的标准、规范、技术资料。

(6)工程造价管理机构发布的工程造价信息,工程造价信息中没有发布的参照市场价。

(7)其他相关资料,主要指施工现场情况、工程特点及常规施工方案等。

按上述依据进行招标控制价编制,应注意以下事项。

(1)使用的计价标准、计价政策应是国家或省级、行业建设主管部门颁布的计价定额和相关政策规定。

(2)采用的材料价格应是工程造价管理机构通过工程造价信息发布的材料单价,工程造价信息未发布材料单价的,其材料价格应通过市场调查确定。

(3)国家或省级、行业建设主管部门对工程造价计价中费用或费用标准有规定的,应按规定执行。

(五)招标控制价的编制内容

采用工程量清单计价时的招标控制价,应包括分部分项工程费、措施项目费、其他项目费、规费和税金等。

《建设工程招标控制价编审规程》(CECA/GC 6—2011)

(1)分部分项工程和措施项目中的单价项目,应根据拟定的招标文件和招标工程量清单项目中的特征描述及有关要求,按招标控制价的编制依据计算综合单价。综合单价应当包括招标文件中招标人要求投标人所承担的风险内容及其范围(幅度)产生的风险费用。招标文件提供的暂估单价的材料、工程设备应按招标工程量清单中的暂估单价计入综合单价。

(2)措施项目中的总价项目,应根据拟定的招标文件和常规施工方案采用综合单价形式进行计算,措施项目费中的安全文明施工费应当按照国家或省级、行业建设主管部门的规定标准计算,不得作为竞争性费用。

(3)其他项目费中的暂列金额应按招标工程量清单中列出的金额填写。为保证工程施工建设的顺利实施,应对施工过程中可能出现的各种不确定因素对工程造价的影响,在招标控制价中需要估算一笔暂列金额。暂列金额可以根据工程的复杂程度、设计深度、工程环境条件(包括地质水文、气候条件等)进行估算,一般可按分部分项工程费的10%~15%作为参考。

(4)其他项目费中的暂估价包括材料(工程设备)暂估价和专业工程暂估价。编制招标控制价时,材料暂估单价应按工程造价管理机构发布的工程造价信息中的材料单价计算,工程造价信息未发布的材料单价,其单价参考市场价格估算。专业工程暂估价应分不同的专业,按有关计价规定进行估算。

(5)其他项目费中的计日工。计日工包括人工、材料和施工机械。在编制招标控制价时,对计日工中的人工单价和施工机械台班单价应按省级、行业建设主管部门或其授权的工程造价管理机构公布的单价计算;材料应按工程造价管理机构发布的工程造价信息中的材料单价计算,工程造价信息未发布材料单价的材料,其价格应按市场调查确定的单价计算。

(6)其他项目费中的总承包服务费。编制招标控制价时,总承包服务费应按照省级或行业建设主管部门的规定计算,如无规定可参考下列标准计算。

①招标人仅要求对分包的专业工程进行总承包管理和协调时,按分包的专业工程估算造价的1.5%计算。

②招标人要求对分包的专业工程进行总承包管理和协调,并同时要求提供配合服务

时，根据招标文件列出的配合服务内容和提出的要求，按分包的专业工程估算造价的3%~5%计算。

③招标人自行供应材料的，按招标人供应材料价值的1%计算。规费和税金应按国家或省级、行业建设主管部门规定的标准计算。

（六）招标控制价与标底的区别

《建设工程工程量清单计价规范》（GB 50500—2013）提出招标控制价以来，社会各方对其褒贬不一，一般认为招标控制价的实质就是通常所称的标底。但招标控制价与标底是有明显的区别。

（1）招标控制价是事先公布的最高限价，投标价不会高于它；标底是密封的，开标唱标后公布，不是最高限价，投标价和中标价都有可能超过标底。

（2）招标控制价只起到了最高限价的作用，投标人的报价都要低于该价，而且招标控制价不参与评分，也不在评标中占有权重，只是作为一个对具体建设项目工程造价的参考。但标底在评标过程中一般参与评标，在评标中占有权重。

（3）可使各投标人自主报价、公平竞争，符合市场规律。投标人自主报价，不受标底左右。

（4）评标时，投标报价不能超过招标控制价，否则废标。标底是招标人期望的中标价，投标价格越接近这个价格越容易中标。

公开招标控制价使投标人只需要根据自己的企业实力、施工方案等报价，不必与招标人进行心理较量，揣测招标人的标底，提高了市场交易效率。招标控制价的公布，减少了投标人的交易成本，使投标人不必花费人力财力套取招标人的标底。从招标人角度看，可以将工程投资控制在招标控制价范围内，提高了交易成功的可能性。因而，公开招标控制价无论是从招标人还是投标人角度都是有利的。

本章小结

本章按照建设工程招标的先后顺序，分别介绍了建设工程中的招标原则、招标种类、招标范围、招标条件、招标方式、招标组织形式、招标流程、招标公告的编制、资格预审公告的编制、投标邀请书的编制、招标文件的编制、招标标底的编制以及招标控制价的编制等相关内容。本章附有用于实际工作的相关表格，读者可以根据自己的学习、工作需要，参考引用。

知识巩固

第二章课后习题答案

一、单选题

1. 在电子招标文件编制工具中，可以生成________种资格预审文件。（　　）

A. 1种　　B. 2种　　C. 3种　　D. 4种

2. 资格审查原则中，不包括________。（ ）

A. 科学原则　B. 先进原则

C. 合格原则　D. 适用原则

3. 不属于建筑业企业资质序列的是________。（ ）

A. 施工总承包　B. 专业承包　C. 专业分包　D. 施工劳务

4. 以下________不是招标阶段的程序。（ ）

A. 投标文件编制　B. 现场踏勘　C. 发售招标文件　D. 预约评标专家

5.《中华人民共和国房屋建筑和市政工程标准施工招标文件》分为________。（ ）

A. 四卷七章　B. 四卷八章　C. 五卷八章　D. 五卷七章

二、多选题

1. 以下哪些属于资格预审申请文件的主要内容？（ ）

A. 资格预审申请函　B. 法定代表人身份证明

C. 履约保证金　D. 申请人基本情况表

2. 以下哪些属于合格制的优点？（ ）

A. 可减少投标和评标工作量

B. 有利于获得更多、更好的投标人和投标方案

C. 对满足资格条件的所有申请人公平、公正

D. 投标竞争性强

3. 其他项目费包括________。（ ）

A. 暂列金额　B. 准备金

C. 暂估价　D. 计日工

4. 招标控制价与标底有哪些区别？（ ）

A. 价格不同　B. 编制主体不同

C. 保密要求不同　D. 编制作用不同

三、判断题

1. 招标人可以根据实际情况更改招标公告。（ ）

2. 资格预审申请文件在递交时，只递交正本一份即可。（ ）

3. 资格审查办法分为合格制和有限数量制。（ ）

4. 通过详细审查申请人的数量不足三个的，招标人应分析具体原因，采取相应措施后，重新组织资格预审或不再组织资格预审而采用资格后审方式直接招标。（ ）

5. 建设工程企业资质证书的有效期为六年。（ ）

6. 在开标的同一天到建设工程招标投标管理办公室抽取评审专家，并办理相关手续。（ ）

7. 自招标文件出售之日起至停止出售之日止，最短不得少于三日。（ ）

8. 招标控制价应在招标时公布，可以进行5%的上调或下浮。（ ）

9. 目前常用的施工招标评标方法是综合评估法、经评审的最低投标价法两大类。（ ）

10. 投标有效期最长期限为九十天。　　　　　　　　　　　　　　　　　　　　（　　）

11. 承包人可以将其承包的全部工程肢解后以分包的名义转包给第三人。　　　（　　）

四、简答题

1. 建设工程招标的种类有哪些？
2. 建设工程招标的范围有哪些？
3. 建设工程招标的方式有哪些，区别是什么？
4. 建设工程招标的程序是什么？

能 力 提 升

1. 进入当地建设工程交易中心网站，选择一个招标项目，完成投标须知的编制工作。
2. 教师可围绕本学校已建或在建项目，指定完成某项目招标文件的审定工作。

第三章 建设工程投标

知识目标

1. 理解投标有效期、投标规则
2. 掌握建设工程投标程序
3. 熟悉建设工程投标决策
4. 掌握资格预审申请文件的编制内容及要求
5. 熟悉投标报价的内容组成
6. 掌握投标文件的编制内容及要求

技能目标

1. 能够运用相关法律法规知识进行项目投标工作

2. 能够根据《中华人民共和国房屋建筑和市政工程标准施工招标资格预审文件》编制建设工程资格预审申请文件

3. 能够根据《中华人民共和国房屋建筑和市政工程标准施工投标文件》编制建设工程投标文件

素质目标

1. 树立严谨、细致的工匠精神
2. 提升发现问题、分析问题、解决问题的职业能力
3. 培养遵纪守法的职业素养

思政元素

1. 法治意识
2. 团队合作
3. 职业精神
4. 诚信意识

【案例导入】

某依法必须招标的修缮工程施工项目招标公告规定：投标人资质具有公路工程施工承包一级和隧道工程施工专业承包一级；组成联合体投标，联合体牵头人五年间必须具有五项类似工程施工业绩，在提交投标保证金后才能购买招标文件。招标公告发布了四天，仅一家施工企业购买了招标文件。招标人经分析后认为："五项类似工程施工业绩"的资格条

件可能过高而影响潜在投标人参与竞争，于是决定将其修改为“两项类似工程施工业绩”。由于项目建设工期紧迫，招标人决定在招标文件中直接对上述资格条件进行调整，并按调整后的资格条件发售招标文件，同时在开标日十五日前书面通知了购买招标文件的潜在投标人。最终共有九家投标人参加投标。为确保招标顺利进行，招标人要求各投标人放弃“因招标文件调整资格条件而影响其中标”的投诉权利，各投标人均按要求递交了书面承诺。

联合体投标人 A 由 B 公司、C 公司、D 公司组成，其签订的联合体协议约定公路工程施工由 B 公司承担，隧道工程施工由 C 公司、D 公司承担(双方各承担 50%的工作量)。B 公司具有公路工程施工总承包一级和隧道工程施工专业承包二级资质，C 公司具有公路工程施工总承包二级和隧道工程施工专业承包一级资质，D 公司具有隧道工程施工专业承包一级资质。联合体投标人 E 由 G、H、I 三家公司组成，其中 H 公司为联合体投标人 E 的牵头人，G 公司以自己的名义又单独提交了一份投标文件。其他投标人均为独立投标人。

经评审，投标人 E 为第一中标候选人。招标人确定 E 为中标人并与牵头人 H 公司订立了合同。因 E 仅具有两项类似工程施工业绩，具有五项类似业绩的第二中标候选人，以 E 不具备招标公告规定的资格条件为由向行政监督部门投诉，要求确认 E 的中标无效。

【问题】

1. 确定联合体投标人 A 的施工资质等级，并简要说明理由。该联合体投标人是否满足公告的施工资质要求？

2. 联合体投标人 E 与 G 公司能否同时参加投标？说明理由。

3. 逐一指出上述招标投标过程中的不妥之处，并说明理由。

【案例分析】

1. 联合体投标人 A 的施工资质等级为公路工程施工总承包二级和隧道工程施工专业承包二级资质。投标人不满足公告的施工资质要求依据：《招标投标法》第三十一条规定，两个以上法人或者其他组织可以组成一个联合体，以一个投标人的身份共同投标。联合体各方均应当具备承担招标项目的相应能力；国家有关规定或者招标文件对投标人资格条件有规定的，联合体各方均应当具备规定的相应资格条件。由同一专业的单位组成的联合体，按照资质等级较低的单位确定资质等级。

2. 联合体投标人 E 与 G 公司不能同时参加投标。《工程建设项目施工招标投标办法》第四十二条规定，联合体各方签订共同投标协议后，不得再以自己名义单独投标，也不得组成新的联合体或参加其他联合体在同一项目中投标。

3. 在招标投标过程中的不妥之处及其理由如下。

不妥之处之一——“按调整后的资格条件发售招标文件”。应该重新组织招标，招标公告属于订立合同过程中的要约邀请，招标文件属于在招标公告基础上的细化和补充，但不能修改招标公告中已经明确的实质性内容，如本案中的资格条件等。所以，本案应重新发布招标公告，对资格条件进行调整，同时通知已经购买了招标文件的潜在投标人免费更换招标文件。

不妥之处之二——“在开标日十五日前书面通知了购买招标文件的潜在投标人”。给投标人编制投标文件的时间太短,至少应是二十天。依据《招标投标法》第二十四条规定,依法必须进行招标的项目,自招标文件开始发出之日起至投标人提交投标文件截止之日止,最短不得少于二十日。

不妥之处之三——招标人“与牵头人H公司订立了合同”。招标人应与各方都签订合同。《招标投标法》第三十一条规定,联合体中标的,联合体各方应当共同与招标人签订合同,就中标项目向招标人承担连带责任。

第一节　建设工程投标概述

本节微课

一、建设工程投标含义

建设工程投标是投标单位针对招标单位的要约邀请,以明确的价格、期限、质量等具体条件,向招标单位发出要约,通过竞争获得经营业务的活动。投标人在响应招标文件的前提下,对项目提出报价,填制投标函,在规定的期限内报送招标单位,参与该项工程的竞争并争取中标。投标前应当进行大量的准备工作,应对承包市场进行详尽的调查研究,广泛收集有关项目及投标方面的信息,并进行认真的分析。工程项目投标中需要掌握的信息内容有招标信息、投标信息、投标的历史资料。获取信息的渠道有以下几种,通过报刊、信息网络或其他媒介;发挥公共关系的作用;对于国际工程项目,可通过驻外使馆和其他有关驻外机构及国外驻我国机构获取信息。

二、投标人与投标

《招标投标法》第二十五条、第二十六条规定,投标人是响应招标,参加投标竞争的法人或者其他组织。投标人应当具备承担招标项目的能力;国家有关规定对投标人资格条件或者招标条件对投标人资格条件有规定的,投标人应当具备规定的条件。

投标人应具备的条件如下:

(1)应满足招标工程所需要的资质条件,未取得相应的资质条件,不得承揽工程,也不能越级施工或者挂靠承包工程;

(2)应具备与招标工程相适应的工程项目管理人员与工程技术人员,具有类似工程丰富的经验与项目施工管理业绩。

《招标投标法实施条例》第三十四条规定,与招标人存在利害关系可能影响招标公正性的法人、其他组织或者个人,不得参加投标。单位负责人为同一人或者存在控股、管理关系的不同单位,不得参加同一标段投标或者未划分标段的同一招标项目投标。违反前两款规定的,投标无效。

三、联合体投标

联合体投标一般适用于大型的或结构复杂的建设项目。《招标投标法》第三十一条规定,两个以上法人或者其他组织可以组成一个联合体,以一个投标人的身份共同投标。联合体各方均应具备承担招标项目的相应能力;国家有关规定或者招标文件对投标人资格条件有规定的,联合体各方均应当具备规定的相应资格条件。由同一个专业组成的联合体,按照资质等级较低的单位确定资质等级。

联合体各方应当签订共同投标协议,明确约定各方拟承担的工作和责任,并将共同投标协议连同投标文件一并提交招标人。联合体中标的,联合体各方应当共同与招标人签订合同,就中标项目向招标人承担连带责任。招标人不得强制投标人组成联合体共同投标,不得限制投标人之间的竞争。

《招标投标法实施条例》第三十七条进一步规定,招标人应当在资格预审公告、招标公告或者投标邀请书中载明是否接受联合体投标。招标人接受联合体投标并进行资格预审的,联合体应当在提交资格预审申请文件前组成。资格预审后联合体增减、更换成员的,其投标无效。联合体各方在同一招标项目中以自己名义单独投标或者参加其他联合体投标的,相关投标均无效。

四、投标保证金

(一)投标保证金的概念

投标保证金是投标人按照招标文件规定的形式和金额向招标人递交的,约束投标人履行其投标义务的担保。

(二)投标保证金缴纳的数额与形式

《工程建设项目施工招标投标办法》第三十七条规定,招标人在招标文件中要求投标人提交投标保证金的,投标保证金不得超过招标项目估算价的2%,最高不得超过八十万元。投标保证金有效期应当与投标有效期一致。依法必须进行招标的项目的境内投标单位,以现金或者支票形式提交的投标保证金应当从其基本账户转出。招标人不得挪用投标保证金。

第五十七条规定,招标人最迟应当在书面合同签订后5日内向中标人和未中标的投标人退还投标保证金及银行同期存款利息。

(三)投标保证金不予退还的情形

(1)中标人拒绝按招标文件、投标文件及中标通知书要求与招标人签订合同。

(2)中标人或投标人要求修改、补充和撤销投标文件的实质性内容或要求更改招标文件和中标通知书的实质性内容。

(3)中标人拒绝按招标文件规定时间、金额、形式提交履约保证金。

(4)法律法规和招标文件规定的其他情形。

发生以上情形给招标人造成的损失超过投标保证金额的,招标人可要求赔偿超过部分的损失。当然,投标人按照招标文件规定没有提交投标保证金的,也就不存在投标保证金的退还问题。

五、撤回或撤销投标文件

投标人撤回已提交的投标文件,应当在投标截止时间前书面通知招标人。招标人已收取投标保证金的,应当自收到投标人书面撤回通知之日起五日内退还。

投标截止后投标人撤销投标文件的,招标人可以不退还投标保证金。

六、投标有效期

(一)投标有效期的概念

投标有效期是投标文件保持有效的期限,投标文件是投标人根据招标文件向招标人发出的要约,投标有效期为招标人对投标人发出的要约作出承诺的期限,也是投标人就其提交的投标文件承担相关义务的期限。

(二)投标有效期的计算

招标人应当在招标文件中载明投标有效期。投标有效期从提交投标文件的截止之日计算。合理的投标有效期不但要考虑开标、评标、定标和签订合同所需时间,而且要综合考虑招标项目的具体情况、潜在投标人的信用状况以及招标人自身的决策机制。

七、投标人应遵守的基本规则

(1)投标人应当按照招标文件的要求编制投标文件。投标文件应当对招标文件提出的实质性要求和条件作出响应。招标项目属于建设施工的,投标文件的内容应当包括拟派出的项目负责人与主要技术人员的简历、业绩和拟用于完成招标项目的机械设备等。

(2)投标人在招标文件要求提交投标文件的截止时间前,可以补充、修改或者撤回已提交的投标文件,并书面通知招标人。补充、修改的内容为投标文件的组成部分。

(3)投标人根据招标文件载明的项目实际情况,拟在中标后将中标项目的部分非主体、非关键性工作进行分包的,应当在投标文件中载明。

(4)投标人不得相互串通投标报价,不得排挤其他投标人的公平竞争,损害招标人或者其他投标人的合法权益。

(5)投标人不得与招标人串通投标,损害国家利益、社会公共利益或者他人的合法权益,禁止投标人以向招标人或者评标委员会成员行贿的手段谋取中标。

(6)投标人不得以低于成本的报价竞标,也不得以他人名义投标或者以其他方式弄虚作假,骗取中标。

第二节　建设工程投标程序

本节微课

建设工程投标程序的流程,如图 3-1 所示。

一、获取招标信息

招标投标信息是招标公告、招标预告、中标公示、招标变更等公开招标投标行为的总称。招标信息主要指招标人或招标代理机构发布在报纸、电台、电视广播和网络媒体的项目公开招标投标信息,主要是为了说明招标的工程、货物、服务的范围、标段划分、数量、投标人的资格要求等;邀请特定或不特定的投标人在规定的时间、地点按照一定的程序进行投标的行为。各省市的建设工程信息网、政府采购网、招标投标监管网均发布有大量的招标投标信息。

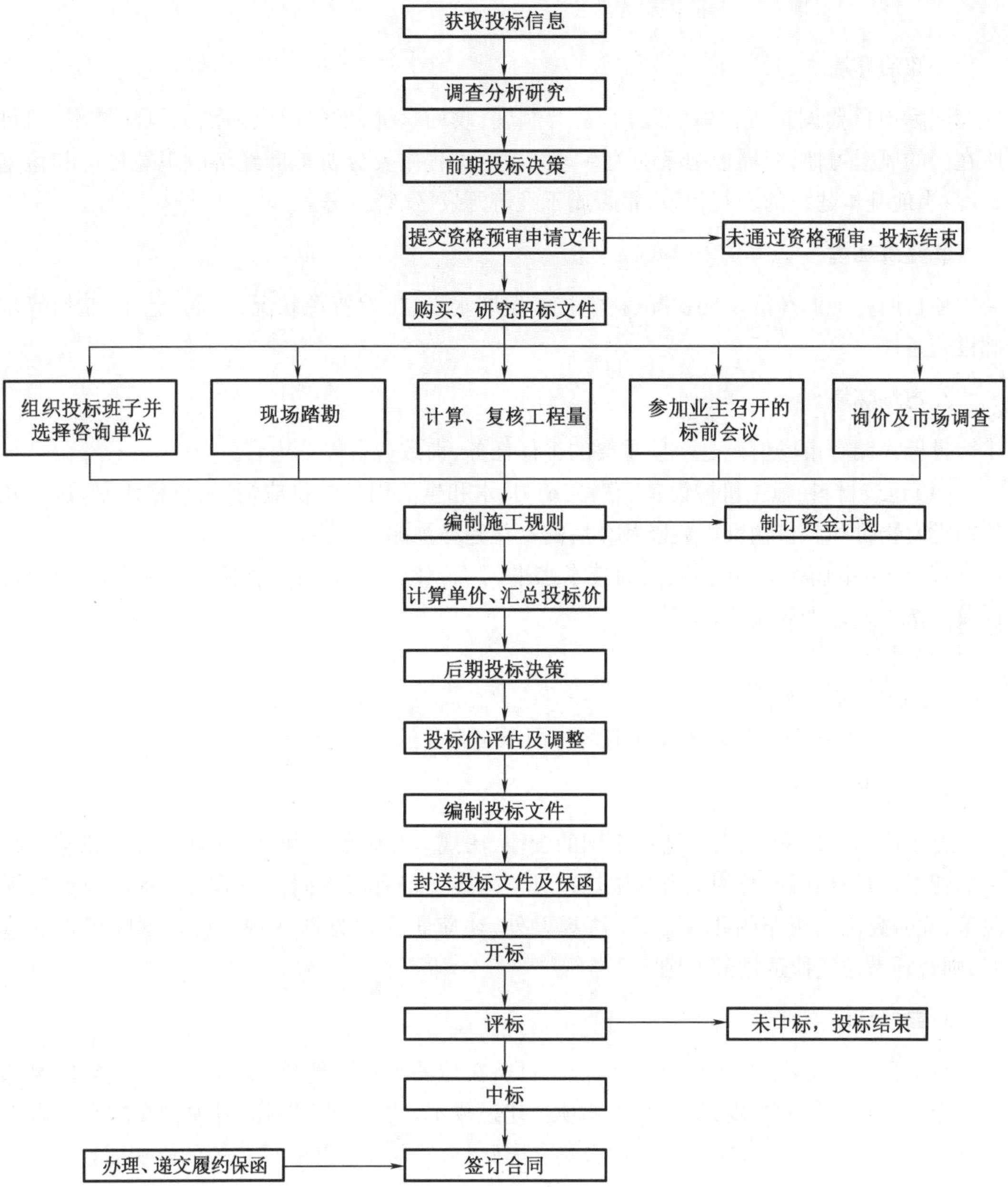

图 3-1　工程投标程序

二、调查分析研究

投标人要认真研究获取的投标信息，对建设工程项目是否具备招标条件及项目业主的资信情况、偿付能力进行必要的调查研究，确认其信息的可靠性。可以通过与招标单位直接面谈、电话沟通，查阅招标项目的立项批准文件、招标审批文件等方法来查询招标信息的可靠性。

另外，投标人还需对该项目的一些外部情况和项目内部情况进行调查，以便为后期投标决策做准备，具体可从以下几方面着手调查分析。

（一）投标项目的外部环境因素

1. 政治环境

国际项目要调查所在地的政治、社会制度；政局状况，发生政变内乱的风险概率；项目所在国的风俗习惯，与周边国家的关系等。国内工程主要分析地区经济政策宽松度和稳定程度；当地基本建设的宏观政策，是否属于经济开发区、特区等。

2. 经济环境

项目所在地的经济发展状况、科学技术发展水平、自然资源状况，交通、运输、通信等基础设施条件。

3. 市场环境

投标人调查市场情况是一项重要的工作任务，大致包含以下内容。

（1）建筑材料、施工机械设备、燃料、动力、水和生活用品的供应情况，价格水平，过去几年的批发物价和零售物价指数以及今后的变化趋势预测。

（2）劳务市场状况，包括工人的技术水平、工资水平，有关劳动保险和福利待遇的规定以及外籍工人是否被允许入境等。

（3）外汇汇率。

（4）银行信贷利率。

（5）工程所在国承包企业和注册的外国承包企业的经营情况。

4. 法律环境

对于国内工程承包，自然适用本国的法律、法规。我国的法律、法规具有统一或基本统一的特点，但投标所涉及的地方性法规在具体内容上仍有所不同。因而对外地项目的投标决策，除研究国家颁布的相关法律、法规以外，还应研究地方性法规。进行国际工程承包时，则必须考虑法律适用的原则。

5. 自然环境

自然环境包括：项目所在地的环境；项目所在地的交通。地质、地貌、水文、气象情况部分决定了项目实施的难度，从而会影响项目建设成本。交通状况不但对项目实施方案有影响，而且对项目的建设成本也有一定影响。因此，自然环境也是投标决策的影响因素。

（二）投标项目的内部环境因素

1. 建设单位情况

建设单位情况包括：建设单位的合法地位；支付能力和履约信誉等。建设单位的支付能力差、履约信誉不好都将损害承包商的利益，因此在投标决策时应予以重视。

2. 竞争对手情况

竞争对手情况包括：竞争对手的数量；竞争对手的实力；竞争对手的优势因素等。因为这些情况直接决定了竞争的激烈程度。竞争越激烈，中标概率越小，投标的费用、风险越大，一般来说中标价也越低，对承包商的经济效益影响越大。因此，竞争对手情况是对投标决策影响最大的因素之一。

3. 项目自身情况

项目自身特征决定了项目的建设难度，也部分决定了项目获利的丰厚程度，因此是投标决策的影响因素。主要包括：项目规模、标段划分、发包范围；工程技术难度；施工场地地形、地质、地下水位；工程项目资金来源、工程价款支付方式；监理方的工作业绩、工作作风等。

有关投标环境的调查资料，可通过多种途径获得，包括查阅官方出版的统计资料、学术机构发表的研究报告和专业团体出版的刊物以及当地的主要报纸等。有些资料可请我国驻外代表机构帮助搜集，或请工程所在国驻我国的代表机构提供，也可从互联网上获得有关信息，必要时可派专人进行实地考察，并通过代理人了解各种情况。

三、前期投标决策

投标策略是指在市场竞争的环境下，投标人为解决企业在投标过程中的对策问题，从而争取获得中标所采取的一系列措施。投标策略的确定应当全面考虑工程项目和市场供求的实际情况，并在做好投标管理工作的基础上进行。投标策略运用的恰当与否，对投标人在投标中能否中标以及是否盈利具有决定性的影响。

投标策略的基本原则是使投标决策能够达到经济性和有效性。所谓经济性，是指投标人能合理运用自身有限资源，发挥自身优势，积极承揽工程，使其实际能力与工程项目任务平衡，获得经济效益。所谓有效性，是指投标人综合考虑了投标的多种因素，能保证自身目标可以实现的基础，所采取的决策方案是合理可行的。

四、提交资格预审申请文件

投标人在获取招标信息，有意向参加该工程的投标时，首先要根据招标公告的要求，在规定的时间和地点，携带法人授权委托书及本人身份证、营业执照、组织机构代码证、资质等级证书、税务登记证等资质材料，向招标人报名申请参加资格预审，领取资格预审文件并应在招标人提供的“资格预审文件领取签收表”上签字。

投标申请人领取资格预审文件后，应仔细检查资格预审文件的所有内容，如有残缺应在领到资格预审文件后及时且在递交资格预审申请文件截止日前24小时向招标人提出，否则由此引起的损失自负；投标申请人同时应认真审阅资格预审文件中所有的事项、格式、条款要求等，如果投标申请人的资格预审申请文件没有按照资格预审文件要求提交全部资料或者资格预审申请文件没有对资格预审文件作出实质性响应，其风险应由投标申请人自行承担，且根据有关条款规定，其申请有可能被拒绝。

投标申请人应按照资格预审文件要求的格式编制资格预审申请文件。编制完成后，须由投标人的法定代表人签字并加盖投标人公章、法定代表人印鉴。资格预审申请文件编制完成后，须按规定进行密封，在要求的时间内报送招标人。

五、购买、研究招标文件

(一)购买招标文件

招标文件是招标人向投标申请人发出的,意在向其提供编写投标文件所需的资料并向其通报招标投标的依据、规则和程序等项目内容的书面文件。其为招标投标过程中最重要的文件之一。通过资格审查的投标人在规定的时间(一般为五天)内到招标公告规定的地点购买招标文件。投标人获得招标文件、图纸和有关资料后,应认真核对无误后,以书面形式予以确认。

(二)研究招标文件

购买到招标文件之后,投标人应认真阅读招标文件中的所有条款。招标文件是投标和报价的重要依据,对其理解的深度将直接影响投标结果,因此,应组织有力的设计、施工、商务、估价等专业人员仔细分析研究。

(1)投标人购买招标文件后,首先要检查上述文件是否齐全。按目录检查是否有缺页、缺图表,有无字迹不清的页、段,有无翻译错误、含糊不清、前后矛盾之处,如发现有上述现象的,应立即向招标部门交涉,令其补齐或修改。

(2)在检查后,组织投标班子的全体人员从头至尾认真阅读一遍。负责技术部分的专业人员重点阅读技术卷、图纸,商务、估价人员精读投标须知和报价部分。

(3)认真研读完招标文件后,全体人员相互讨论、解答招标文件中存在的问题、做好备忘录,等待现场踏勘,或在答疑会上以书面形式提出质询,要求招标人澄清,投标人可以从以下三个方面做好备忘录。

①属于招标文件本身的问题,如图纸的尺寸与说明不一致、工程量清单上的错漏、技术要求不明、文字含糊不清、合同条款中的一些数据缺漏,可以在投标截止期前十天内,以书面形式向招标人提出质疑,要求给予澄清。

②与项目施工现场有关的问题,拟出调查提纲,确定重点要解决的问题,通过现场踏勘了解,如果考察后仍有疑问,也可以向招标人提出问题要求澄清。

③如果发现的问题对投标人有利,可以在投标时加以利用或在以后提出索赔要求,这类问题投标人一般在投标时是不提的,待中标后情势有利时提出获取索赔。

(4)研究招标文件的要求,掌握招标范围,熟悉图纸、技术规范工程量清单,熟悉投标书的格式、签署方式、密封方法和标志,掌握投标截止日期,以免错失投标机会。

(5)研究评标办法,分析评标办法和合同授予标准,我国常用的评标标准有两种方式,即综合评议法和经评审的最低投标报价法。

(6)研究合同协议书、通用条款和专用条款,合同形式是总价合同还是单价合同,价格是否可以调整。分析拖延工期的罚款,保修期的长短和保证金的额度,研究付款方式、违约责任等。根据权利义务关系分析风险,将风险考虑到报价中。

六、组织投标班子

投标过程竞争十分激烈,需要有专门的机构和人员对投标全过程加以组织与管理,以提高工作效率和中标的可能性。组建一个强有力的、内行的投标班子是投标获得成功的根本保证。

在工程承包招标投标竞争中,对业主来说,招标就是择优。不同的工程项目,由于其规模、性质等不同,建设单位一般主要考虑较低的价格、优良的质量和较短的工期,因而在确定投标班子人选及制定投标方案时必须充分考虑。

为迎接技术和管理方面的挑战,在竞争中取胜,投标人的投标班子应该由以下三种类型的人才组成。

(一)经营管理类人才

经营管理类人才指专门从事工程承包经营管理、制定和贯彻经营方针与规划,负责工作的全面筹划和安排,具有决策水平的人才。这类人才应具备以下基本条件。

(1)知识渊博、视野广阔。经营管理类人员必须在经营管理领域有一定的造诣,对其他相关学科也有相应的知识水平,只有这样,才能全面、系统地观察和分析问题。

(2)具备较强的法律知识和实际工作经验。该类人员应了解我国,乃至国际上有关的法律和国际惯例,并熟悉开展投标业务所应遵循的各项规章制度。同时,丰富的阅历和实际工作经验,可以使投标人员具有较强的风险预测能力和应变能力,对可能出现的各种问题进行预测并采取相应的措施。

(3)必须勇于开拓,具有较强的思维能力和社会活动能力。渊博的知识和丰富的经验只有和较强的思维能力结合,才能保证经营管理人员对各种问题进行认真的分析、归纳,并作出正确的判断和决策。此外,该类人员还应具备较强的社会活动能力,积极参加有关的社会活动,扩大人脉和信息交流,不断吸收投标业务工作所必需的新知识、新内容和新情报。

(4)掌握一套科学的研究方法和手段,比如科学的调查、统计、分析、预测的方法。

(二)技术专业类人才

技术专业类人才指工程施工中的各类技术人员,比如建筑师、建造师、造价工程师、监理工程师、电气工程师和机械工程师等各类专业技术人员。他们应拥有本学科最新的专业知识,具备熟练的实际操作能力,以便在投标时能从本公司的实际技术水平出发,考虑各项专业实施方案。

(三)商务金融类人才

商务金融类人才指具有金融、贸易、税法、保险、采购、保函、索赔等专业知识的人才。财务人员要懂税收、保险、涉外财会、外汇管理和结算等方面的知识。

以上是对投标工作小组三类人员个体素质的基本要求。一个投标工作小组仅仅做到个体素质良好往往是不够的,还需要各方的共同参与、协同作战,充分发挥团队协作的力量。

除上述关于投标工作小组的组成和要求以外,一个公司还需注意保持投标工作小组成员的相对稳定,不断提高其素质和水平,这对于提高投标的竞争力至关重要。同时,逐步采用或开发有关投标报价的软件,使投标报价工作更加快速、准确。如果有国际工程(包含境内涉外工程)投标,则应配备懂得专业知识和合同管理的外语翻译人员。

七、选择咨询单位

如果投标人没有专门的投标班子或有了投标班子还不满足投标工作需要,就应该考虑雇佣投标代理人,即在工程所在区找一个能代表自己利益而开展某些投标活动的咨询中介机构。投标代理人的一般职责主要有以下几项。

(1)向投标人传递并帮助分析招标信息,协助投标人办理招标文件所要求的资格审查。

(2)以投标人名义参加招标人组织的有关活动,传递投标人与招标人之间的对话。

(3)提供当地物资、劳动力、市场行情及商业活动经验,提供当地有关政策法规咨询服务,协助投标人做好投标书的编制工作,帮助递交投标文件。

(4)在投标人中标时,协助投标人办理各种证件申领手续,做好有关承包工程的准备工作。

(5)按照协议的约定收取代理费用。

八、现场踏勘

勘察施工现场主要是指去工地现场进行勘察,招标单位一般在招标文件中会注明现场勘察的时间和地点,在文件发出去后安排投标者进行现场勘察的准备工作。

施工现场勘察是投标者必须经过的投标程序。按照国际惯例,投标者提出的报价单一般被认为是在现场勘察的基础上编制报价的,因此,投标者在报价以前必须全面仔细地调查了解工地及其周围的政治、经济、地理等情况。一旦报价单提出之后,投标者就无权因为现场勘察不周、情况了解不细或因素考虑不全面而提出修改投标、调整报价或提出补偿等要求。在现场勘察之前,应先仔细研究招标文件,特别是文件中的工作范围专用条款以及设计图纸和说明,然后拟定出调研提纲,确定重点解决的问题,做到事先有准备。现场勘察费用均由投标者自行承担。现场勘察一般包括以下几个方面。

(一)自然地理条件

自然地理条件包括施工现场的地理位置,地形、地貌,用地范围气象、水文情况,地质情况,地震及设防烈度,洪水、台风及其他自然灾害情况等。这些条件有的直接涉及风险费用的预算,有的则涉及施工方案的选择,并从而直接涉及工程费用的估算。

(二)市场情况

市场情况包括建筑材料和设备、施工机械设备、燃料、动力和生活用品的供应状况、价格水平与变动趋势,劳务市场状况,银行利率和外汇汇率等情况。不同建设地点由于地理环境和交通条件的差异,价格变化会很大。因此,要准确估算工程造价,就必须对这些情况进行详细调查。

(三)施工条件

施工条件包括临时设施、生活用地位置和大小,供排水、供电、进场道路、通信设施现状,引接供排水线路、电源、通信线路和道路的条件和距离,附近现有建(构)筑物、地下和空中管线情况，环境对施工的限制等。

这些条件有的直接关系到临时设施费支出的多少，有的则因与施工工期、施工方案有关，或涉及技术措施费，从而直接或间接影响工程造价。

（四）其他条件

其他条件包括交通运输条件、其他承包商或分包商的情况、工地现场附近的治安情况等。交通条件直接关系到材料和设备的到场价格，对工程造价影响十分显著。治安状况则关系到材料的非生产性损耗，因而也会影响工程成本。

九、计算、复核工程量

现阶段我国进行工程施工投标时，工程量有以下两种情况。

（1）招标文件编制时，招标人给出具体的招标工程量清单，供投标人报价时使用。这种情况下，投标人在进行投标时，应根据图纸等资料对给定工程量的准确性进行复核，为投标报价提供依据。在工程量复核过程中，如果发现某些工程量有较大的出入或遗漏，应向招标人提出，要求招标人更正或补充，如果招标人不做更正或补充，投标人投标时应注意调整单价以减少实际实施过程中由于工程量调整带来的风险。

（2）招标人不给出具体的工程量清单，只给相应工程的施工图纸，这种情况下，投标报价应根据给定的施工图纸，结合工程量计算规则自行计算工程量。自行计算工程量时，应严格按照工程量计算规则的规定进行，不能漏项，不能少算或多算。

十、参加业主召开的标前会议

标前会议一般是现场踏勘后，为解答投标人疑问而召开的会议，也可单独召开，由招标人或代理公司主持。通过标前答疑会，能够确保技术参数和商务条款设定的科学、合理，消除歧视性和排他性因素，减少质疑、投诉案件，加大监督力度，充分体现竞争与公平，增加公正透明度。在具体的实践中应注意的事项有以下几点。

（1）召开的时间应在招标文件规定的供应商领取招标文件截止时间后（可提出疑问或咨询截止时间之后），招标文件澄清或修改截止时间前。

（2）招标采购单位可通知所有接受招标文件的供应商参加标前集体答疑活动，也可在招标文件注明集体答疑的时间。

（3）包含的人员应是所有不确定的潜在投标供应商，主要指已取得招标文件的供应商。

（4）负责答复的一方包括咨询专家、采购人代表和代理机构项目负责人。

（5）对于重大采购项目，招标采购单位可邀请监督人员和公证员参加答疑活动，由专人负责记录。

（6）会议沟通方式无论是供应商提出疑问，还是招标方答复问题，均应以书面形式。

（7）投标人在参加标前会议之前应把招标文件中存在的问题整理为书面文件，传真、邮寄或送到招标文件中指定的地址。

（8）招标人收到各个投标人的问题后，可随时予以解答，也可能在标前会上集中解答，但不应搞点对点式的答疑对，某一供应商某一问题的解答应让所有参加答疑的供应商都知晓。

(9)允许投标人在标前会现场口头提问,但招标人的解答一定要以书面内容为准,不能仅凭招标人的口头解答编制报价和方案。

(10)重大调整事项涉及需对招标文件作出澄清或修改的,招标采购单位应发布变更公告并将调整事项以书面形式通知到已领取招标文件的供应商。

(11)负责答疑的专家不得参与评审工作,涉及其他供应商商业秘密的事项不予答复。

(12)答疑活动形成的材料和记录应整理成档案资料保管。

十一、编制施工规划

投标过程中必须编制全面的施工规划,但其深度和广度都比不上施工组织设计。施工规划的内容包括施工方案,施工进度计划,施工机械、材料、设备、劳动力计划。制定施工规划的主要依据为施工图纸,编制的原则是在保证工程质量和工期的前提下,使成本最低、利润最大。

(一)编制施工规划的目的

(1)招标单位可以通过施工规划具体了解投标人的施工技术、管理水平以及机械设备、材料、人力的情况,使其对所投的标有信心。当前某些大城市和大型工程的招标文件规定:投标文件须全部由计算机打印,施工进度计划要用电算方法绘制网络计划,否则不予接受。这也是考验投标人水平的一种手段。

(2)投标人可以通过施工规划改进施工方案、施工方法与施工机械的选用,降低报价缩短工期,从而中标。

例如,深圳市国贸大厦工程在投标的过程中,某建筑公司在按原来招标文件支模现浇的施工方案报价的同时,又拟采用公司擅长的滑模工艺施工该项目的钢筋混凝土结构,并预购置 2 台混凝土泵运送混凝土。公司在此新施工工艺的基础上提交了一个“备选报价”,结果中标,并创造了三天一层的“深圳速度”。这个例子充分说明招标投标制可通过竞争提高建筑业施工水平。

(二)编制施工规划的内容

(1)选择和确定施工方法。根据工程类型可以采用的施工方法,对于一般的土方工程、混凝土工程、房建工程、灌溉工程等比较简单的工程,可结合已有施工机械及工人技术水平来选定施工方法,努力做到节约开支、加快进度。

(2)对于复杂的大型工程,则要考虑几种施工方案,进行综合比较。如水利工程中的施工导流方式对工程造价及工期均有很大影响,投标人应结合施工进度计划及能力研究确定。又如地下工程(开挖隧道或洞室)要进行地质资料分析,确定开挖方法(使用掘进机还是钻孔爆破法等),确定支洞、斜井、竖井数量和位置以及出渣方法、通风方式等。

(3)选择施工设备和施工设施,一般与研究施工方法同时进行。在工程估价的过程中还要不断比较施工设备和施工设施,确定利用旧设备还是采购新设备,在国内采购还是在国外采购。需对设备的型号、配套、数量(包括使用数量和备用数量)进行比较,还应研究哪些类型的机械可以租赁使用。对于特殊的、专用的设备折旧率需单独考虑。订货设备清单中还应考虑辅助和修配机械、备用零件,尤其是订购外国机械时,应特别注意这一点。如我国某公司在国外承包某拦河闸时,由于施工机械订购得当而取得了显著的经济效益。

(4)编制施工进度计划。编制施工进度计划应紧密结合施工方法和施工设备,需提出各时段应完成的工程量及限定日期。施工进度计划采用网络进度计划还是线条进度计划,应根据招标文件的要求确定。目前国内大型工程招标多要求用电算方法绘制网络计划,这也体现了21世纪对建筑施工管理的新要求。

十二、计算单价、汇总投标价

投标报价是投标人承包项目工程的总报价。对一般项目合同而言,在能够满足招标文件实质性要求的前提下,招标人以投标人报价作为主要标准来选择中标人。所以,投标成败的关键就是确定一个合适的投标报价。

为了规范建设工程投标报价的计价行为,统一建设工程工程量清单的编制和计价方法,维护招标人(业主)和投标人(承包商)的合法权益,促进建筑市场的市场化进,根据《招标投标法》《建筑工程施工发包与承包计价管理办法》《建设工程工程量清单计价规范》等规定,我国建设工程招标投标中的投标报价活动,全面推进建设工程工程量清单计价的报价方法。

招标人(业主)必须按照计价规范的规定编制建设工程工程量清单,并列入招标文件中提供给投标人(承包商);投标人(承包商)必须按照规范的要求填报工程量清单计价表并据此进行投标报价,投标报价文件(即工程量清单计价表)的填报编制是以招标文件、合同条件、工程量清单、施工设计图纸、国家技术和经济规范及标准、投标人确定的施工组织设计或施工方案为依据,根据省、区、市等现行的建筑工程消耗量定额、企业定额及市场信息价格,并结合企业的技术水平和管理水平等自主确定。

十三、编制投标文件

投标文件是招标工作时当事人双方均要遵守的具有法律效力的文件,因此逻辑性要强,不能前后矛盾,模棱两可,用语要精练、简短、明确。特别是对政策法规的准确理解与执行有利于标书制作者剔除歧视性条款。

编制投标文件是整个招标投标过程中最重要的一环。投标文件是工程中标、工程项目管理及工程结算的灵魂。投标文件必须表达出投标单位的全部意愿,不能有疏漏;投标文件必须对招标文件内容进行实质性的响应,否则被判定为无效标(按废标处理)。

(一)投标文件的分类

(1)按投标的范围分类。按投标的范围可分为国际投标书和国内投标书。

(2)按招标的标的物分类。按招标的标的物划分可分为三大类:货物、工程、服务。根据具体标的物的不同还可以进一步细分,如工程类可进一步分为施工工程、装饰工程、水利工程、道路工程、化学工程等。每一种具体工程的投标书内容差异较大。

(二)投标文件的组成

投标文件一般分为投标函部分、商务部分和技术部分三大部分,具体有投标函、投标书附录、投标保证金、法定代表人资格证明书、授权委托书、工程量清单与报价表(包含价格)、辅助资料表、资格审查表等。投标文件中的这些内容通常都在招标文件中提供统一的格式，投标单位须按招标文件的统一规定和要求认真进行填报。

全套投标文件应无涂改和行间插字，若有涂改或行间插字处，应由投标文件签字人签字并加盖印鉴。

十四、封送投标文件

（一）投标文件的签字、盖章、装订、密封

投标文件应用不褪色的材料书写或打印，并由投标人的法定代表人（或其委托代理人）签字或盖单位章。委托代理人签字的，投标文件应附法定代表人签署的授权委托书。投标文件应尽量避免涂改、行间插字或删除。如果出现上述情况，改动之处应加盖单位章或由投标人的法定代表人或其授权的代理人签字确认。

投标文件正本一份，副本份数见投标人须知前附表。正本和副本的封面上应清楚地标记"正本"或"副本"的字样。当副本和正本不一致时，以正本为准。

投标文件的正本与副本应分别装订成册，并编制目录。投标文件的正本与副本应分开包装，加贴封条，并在封套的封口处加盖投标人单位章。

投标文件的封套上应清楚地标记"正本"或"副本"字样，封套上应写明的其他内容见投标人须知前附表。

若未按要求密封和加写标记的投标文件，招标人不予受理。

（二）投标文件的提交、修改与撤回

投标人应在规定的投标截止时间前递交投标文件。招标人收到投标文件后，应当签收保存，不得开启。在招标文件要求提交投标文件的截止时间后送达的投标文件，招标人应当拒收。

投标人递交投标文件的地点见投标人须知前附表。递交投标文件的最佳方式是直接或委托代理人送达，以便获得招标代理机构已收到投标文件的回执。如果以邮寄方式送达，投标人必须留出邮寄的时间，保证投标文件能够在截止日之前送达招标人指定地点。投标单位递交投标文件不宜太早，一般在招标文件规定的截止日期前一两天内密封并送交指定地点比较好。

除投标人须知前附表另有规定外，投标人所递交的投标文件不予退还。

逾期送达的或者未送达指定地点的投标文件，招标人不予受理。

在规定的投标截止时间前，投标人可以修改或撤回已递交的投标文件，但应以书面形式通知招标人。在投标截止日期以后，不能更改投标文件。投标单位的补充、修改或撤回通知，应按招标文件中投标须知的规定编制、密封、加写标志和递交，并在内层包封标明补充、修改的内容为投标文件的组成部分。根据投标须知的规定，在投标截止时间与招标文件中规定的投标有效期终止日之间的这段时间内，投标单位不能撤回投标文件，否则其投标保证金将不予退还。

投标人修改或撤回已递交投标文件的书面通知应按照要求签字或盖章。招标人收到书面通知后，向投标人出具签收凭证。签收人要记录投标文件递交的日期和地点以及密封状况，签收人签名后应将所有递交的投标文件妥善保存。

投标文件有效期为开标之日至招标文件所写明的时间期限内，在此期限内，所有投标文件均有效，招标人须在投标文件有效期截止前完成评标，向中标单位发出中标通知书以及签订合同协议书。特殊情况下，如招标人在原定投标文件有效期内可根据需要向投标人提出延长投标文件有效期的要求，投标人应立即以传真等书面形式对此向招标人作出答复，投标人可以拒绝招标人的要求，而不会因此被没收投标担保（保证金）。同意延期的投标人应相应的延长投标保证金的有效期，但不得因此而提出修改投标文件的要求。如果投标人在投标文件有效期内撤回投标文件，其投标担保（保证金）将被没收。

第三节　建设工程投标决策

本节微课

一、投标决策含义

承包商通过投标获得工程项目是市场经济的必然要求。对于承包商而言，经过前期的调查研究后，应针对实际情况作出决策。首先，要针对项目基本情况确定是否投标。其次，如果确定投标，投什么性质的标，是要选择盈利还是保本量后，要根据确定的投标策略选择恰当的投标报价方法。

二、投标决策阶段的划分

投标决策可以分为两个阶段进行，即投标的前期决策和投标的后期决策。

（一）投标的前期决策

投标的前期决策必须在投标人参加投标资格预审前后完成。决策的主要依据是招标公告，以及公司对招标工程、业主情况的调研和了解的程度。如果是国际工程，还包括对工程所在国和工程所在地的调研和了解程度。前期阶段必须对是否投标作出论证。

（二）投标的后期决策

如果决定投标，即进入投标的后期决策阶段，它是指从申报投标资格预审资料至投标报价期间完成的决策研究阶段。主要研究投标是投什么性质的标，以及在投标中采取的策略问题。

三、投标决策的分类

（一）按性质分类：投标分为风险标和保险标两种

风险标：投标人通过前期的研究，明知工程承包难度大、风险大，且技术、设备、资金上都有未解决的问题，但由于本企业任务不足、处于窝工状态，或因为工程盈利丰厚，或为了开拓市场而决定参加投标，同时设法解决存在的问题，即风险标。投标后，如问题解决得好，可取得较好的经济效益，也可锻炼出一支好的施工队伍，使企业更上一层楼。解决得不好，企业的信誉就会受到损害，严重者可能导致企业亏损。因此，投风险标必须审慎决策。

保险标：投标人对可以预见的情况，从技术、设备、资金等重大问题都有解决的对策之后再投标，称为投保险标。企业经济实力较弱，经不起失误的打击，则往往投保险标。当前我国施工企业多数都愿意投保险标,特别是在国际工程承包市场。

(二)按效益分类:投标分为盈利标和保本标两种

盈利标:投标人如果认为招标工程是本企业的强项,是竞争对手的弱项,或建设单位意向明确,或本企业虽任务饱满,但此投标项目利润丰厚,考虑让企业超负荷运转时,在这些情况下的投标,称为投盈利标。

保本标:当企业无后继工程,或已经出现部分窝工时,必须争取中标,但招标的工程项目本企业无优势可言,竞争对手又多,此时就应该投保本标,至多投薄利标。

四、影响投标决策的因素

投标人在投标准备阶段已经对投标项目的外在因素和内部因素做了充分的调查和研究。因此,在投标决策阶段还要对投标决策的主、客观因素做进一步的分析研究,以便作出更科学合理的决策。

(一)影响投标决策的主观因素

投标人自己的条件,是投标决策的决定性因素,主要从技术、经济、管理、企业信誉等方面去衡量,是否达到招标文件的要求,能否在竞争中取胜。

1. 技术实力

投标人的技术条件主要应考虑下列因素。

(1)拥有的精通业务的各种专业人才的情况。

(2)拥有的设计、施工及解决技术难题的能力。

(3)拥有的与招标工程相类似工程的施工经验。

(4)拥有的固定资产和机具设备的情况。

(5)拥有一定技术实力的合作伙伴的情况。

技术实力不但决定了承包商能承揽工程的技术难度和规模,而且是实现较低的成本、较短的工期、优良的工程质量的保证,直接关系到承包商在投标中的竞争能力。

2. 经济实力

投标人的经济实力主要应考虑下列因素。

(1)是否具有融资的实力。

(2)自有资金是否能够满足生产需要。

(3)是否具有办理各种担保和承担不可抗力风险的实力。

经济实力决定了承包商承揽工程规模的大小,因此在投标决策时应充分考虑这一因素。

3. 管理实力

投标人的管理实力主要应考虑下列因素。

(1)成本管理、质量管理、进度控制的水平。

(2)材料资源及供应情况。

(3)合同管理及施工索赔的水平。

4. 信誉实力

投标人的信誉实力主要应考虑下列因素。

(1)企业的履约情况。

(2)获奖情况。

(3)资信情况和经营作风。

承包商的信誉是其无形的资产,这是企业竞争力的一项重要内容。因此投标决策时应正确评价自身的信誉实力。

(二)影响投标决策的客观因素

(1)发包人和监理工程师的情况。发包人的合法民事主体资格、支付能力、履约信誉、工作方式监理工程师在以往的工程中处理问题的公正性和合理性等。

(2)竞争对手和竞争形势。投标与否,要注意竞争对手的实力、优势、历年来的报价水平、在建工程情况等。竞争对手的在建工程也十分重要。如果竞争对手的在建工程即将完工,可能急于获得新承包项目,投标报价不会很高;如果竞争对手在建工程规模大、时间长,如仍参加投标,则投标报价可能很高。从竞争形势来看,投标人要善于预测竞争形势,推测投标竞争的激烈程度,认清主要的竞争对手。例如,大中型复杂项目的投标以大型承包公司为主,这类企业技术能力强,适应性强,中小型承包公司主要选择中小型项目作为投标对象,具有熟悉当地材料、劳动力供应渠道,管理人员比较少、有自己惯用的特殊施工方法等优势。

(3)风险因素。国内工程承包风险相对较少,主要是自然风险、技术风险和经济风险,这些风险可以通过采取相应的措施进行防范。

(4)法律、法规情况。

五、投标决策方法

一般来说,投标项目的选择决策方法分为两种,即定性决策方法和定量决策方法。

(一)定性决策方法

定性选择投标项目,主要依靠企业投标决策人员,也可以聘请有关专家,按确定的投标标准,根据个人经验和科学的分析研究方法选择投标项目。这种方法虽然有一定的局限性,但操作简单,应用较为广泛。

投标决策工作应建立在掌握大量信息的基础上,从影响投标决策的主观因素出发,根据项目特点,结合本企业的经营状况,充分预测对手的投标策略,全面分析考虑选标投标对象。

1. 承包商应选择下列工程投标

(1)与本企业的业务范围相适应,特别是能够发挥企业优势的项目。

(2)工期适当、建设资金落实、承包条件合理、风险较小,本企业有实力竞争取胜的项目。

(3)有助于本企业创名牌和提高社会信誉的项目。

(4)虽有风险,但属于本企业要开拓的新技术、新业务领域,能提高企业知名度的工程项目。

(5)企业开拓新的市场时,对于有把握做好的项目,都应参加投标。

(6)本企业的市场占有份额受威胁的情况下,应采用保本策略参加投标。

(7)业主与本企业有长期合作关系的。

2. 对于下列工程，承包商应主动放弃投标

(1)对工程规模、技术要求超过本企业技术等级的项目。

(2)本企业业务范围和经营能力之外的项目。

(3)本企业生产任务饱满，招标工程的获利水平较低或风险较大的项目。

(4)本企业资质等级、信誉、施工水平明显不如竞争对手的项目。

(二)定量决策的方法

决策理论和方法也可以用在投标项目选择决策上，包括权数计分评价法、决策树法、线性规划法和概率分析法等。这里介绍权数计分评价法和决策树法。

1. 权数计分评价法

权数计分评价法就是对影响决策的不同因素设定权重，对不同投标工程的这些因素评分，最后加权平均得出总分，选择得分最高者。通过权数计分评价法，可以对某一投标招标项目投标机会作出评价，即利用本公司过去的经验确定一个 $\sum W \times C$ 值，例如，0.6 以上即可投标；还可以利用该表，同时对若干个项目进行评分，对可以考虑投标的项目，选择 $\sum W \times C$ 值最高的项目作为重点，投入足够的投标资源。注意，选择投标项目时不能单纯看 $\sum W \times C$ 值，还要分析权数大的指标有几个，分析重要指标的等级，如果太低，则不宜投标。如表 3-1 所示。

表 3-1　权数计分评价法选择投标项目表

投标考虑的指标	权数/W	等级/C					指标得分/(W×C)
		好	较好	一般	较差	差	
管理条件	0.15		0.8				0.12
技术水平	0.15	1.0					0.15
机械设备实力	0.05	1.0					0.05
对风险的控制能力	0.15			0.6			0.09
实现工期的可能性	0.10			0.6			0.06
资金支付条件	0.10		0.8				0.08
与竞争对手实力比较	0.10				0.4		0.04
与竞争对手投标积极性比较	0.10		0.8				0.08
今后的机会	0.05				0.4		0.02
劳务和材料条件	0.05	1.0					0.05
$\sum W \times C$							0.74

2. 决策树法

决策树法是决策者构建出问题的结构，将决策过程中可能出现的状态及其概率和产生的结果用树枝状的图形表示出来，便于分析、对比和选择。决策树是以方框和圆圈为节点，方框节点代表决策点，圆圈节点代表状态点，也可称之为方案节点，是用直线连接而成的一种树状结构图，每条树枝代表方案可能的一种状态及其发生概率的大小。决策树的绘制从左到右，最左边的机会点中，概率和最大的机会点所代表的方案为最佳方案。

六、投标策略分析

通常情况下，投标策略有以下几种。

(1)靠经营管理水平高取胜。这主要靠做好施工组织设计，用合理的施工技术和施工机械，精心采购材料、设备，选择可靠的分包单位，安排紧凑的施工进度，力求节省管理费用等，从而有效降低工程成本而获得较高的利润。

(2)靠改进设计取胜。即仔细研究原设计图纸，发现有不合理之处，提出能降低造价的方案。

(3)靠缩短建设工期取胜。即采取有效措施，在招标文件要求的工期基础上，再提出若干个月或若干天完工，从而使工程早投产、早收益。这也是吸引业主的一种策略。

(4)低利政策。主要适用于承包商任务不足时，与其坐吃山空，不如以低利承包到一些工程，这还是有利的。另外，承包商初到一个新的地区，为了打入这个地区的承包市场建立信誉，也往往采用这种策略。

(5)报价虽低，却着眼于施工索赔，从而得到高额利润。有的承包商会利用图纸、技术说明书与合同条款中不明确之处寻找索赔机会，一般索赔金额可达标价的10%～20%。但是这种策略并不是所有工程均适用的。

(6)着眼发展，为争取将来的优势，宁愿目前少赚钱。承包商为了掌握某些有发展前途的工程施工技术(如建造核电站的反应堆或海洋工程等)，就可能采用这种有远见的策略。

以上各种策略不是互相排斥的，需要根据具体情况，综合、灵活运用。作为投标决策者，要对各种投标信息，包括主观因素和客观因素进行认真、科学的综合分析，在此基础上选择投标对象，确定投标策略。总的来说，要选择与企业的装备条件和管理水平相适应，技术先进，业主的资信条件及合作关系较好，施工所需的材料、劳动力、水电供应等有保障，盈利可能性大的工程项目去参加竞标。

第四节　建设工程资格预审申请文件的编制

本节微课

一、资格预审申请文件的内容

(1)资格预审申请函。

(2)法定代表人身份证明。

(3)授权委托书。

(4)联合体协议书(如有)。

(5)申请人基本情况表。

(6)近年财务状况表。

(7)近年完成的类似项目情况表。

资格预审申请文件范本

(8)正在施工的和新承接的项目情况表。

(9)近年发生的诉讼和仲裁情况。

(10)其他材料。

建设工程资格预审申请文件的编制步骤

二、资格预审申请文件的格式

资格预审文件一般包括:资格预审公告;申请人(响应资格预审,提出资格预审申请的法人、其他组织或自然人)须知;资格审查办法;资格预审申请文件格式;招标项目概况。

第五节 建设工程投标报价的编制

本节微课

一、投标报价的编制原则和依据

工程报价是投标的关键性工作,也是整个投标工作的核心。它不仅是能否中标的关键,而且对中标后的盈利多少在很大程度上起着决定性的作用。

(一)投标报价的编制原则

(1)投标报价要遵循《建设工程工程量清单计价规范》的强制性规定,由投保人自主确定或委托具有相应资质的工程造价咨询单位编制。

(2)投标报价不得低于成本。《招标投标法》第四十一条规定,中标人的投标应当符合下列条件之一:

①能够最大限度地满足招标文件中规定的各项综合评价标准;

②能够满足招标文件的实质性要求,并且经评审的投标价格最低;但是投标价格低于成本的除外。

(3)投标报价要以招标文件中设定的发承包双方责任划分,作为考虑投标报价费用项目和费用计算的基础,发包、承包双方的责任划分不同,会导致合同风险不同的分摊,从而导致投标人选择不同的报价;应根据工程发承包模式考虑投标报价的费用项目和计算深度。

(4)投标报价应以施工方案、技术措施等作为投标报价计算的基本条件,应以反映企业技术和管理水平的企业定额作为计算人工、材料和机械台班消耗量的基本依据,应充分利用现场考察、调研成果、市场价格信息和行情资料来编制基础报价。

(5)投标报价计算方法应科学严谨、简明适用。

(二)投标报价的编制依据

(1)现行国家标准《建设工程工程量清单计价规范》。

(2)国家或省级、行业建设主管部门颁发的计价办法。

(3)企业定额,国家或省级、行业建设主管部门办法的计价定额和计价办法。

(4)招标文件、工程量清单及其补充通知、答疑纪要。

(5)建设工程设计文件及相关资料。

(6)施工现场情况、工程特点及投标时拟定的施工组织设计或施工方案。

(7)与建设项目相关的标准、规范、技术资料。

(8)工程造价管理机构发布的工程造价信息;没有发布工程造价信息的,参照市场价格。

(9)其他的相关资料。

二、投标报价的内容组成

建设工程投标报价的费用也称为建筑安装工程费,简称建安费。

(一)按照费用构成要素划分

建筑安装工程费按照费用构成要素划分,由人工费、材料费、施工机具使用费、企业管理费、利润、规费和税金组成。

(二)按照工程造价形成过程

建筑安装工程费按照工程造价形成过程,由分部分项工程费、措施项目费、其他项目费、规费税金组成。

投标报价的内容组成　　投标报价使用表格　　投标报价的复核

三、工程量清单计价模式下的投标报价

投标报价的计算方法包括:定额计价法和工程量清单计价法。本书主要讲解工程造价形成过程中的工程量清单计价模式下的投标报价计算方法。

工程量清单计价包括分部分项工程费、措施项目费、其他项目费以及规费和税金。工程量清单中分部分项工程量清单为不可调整的闭口清单,投标人对招标人提供的分部分项工程量必须逐一计价,对清单所列内容不允许作任何变动。投标人如果认为清单内容有不妥或遗漏,只能通过质疑的方式由清单编制人作统一的修改更正,并将修改后的工程量清单发往所有投标人。措施项目清单为可调整清单,投标人对招标文件中所列项目可根据企业自己的情况做适当的调整。投标人要对拟建工程可能发生的措施费通盘考虑。清单一经报出,即被认为是包括了所有应该发生的措施项目的全部费用。其他项目清单由招标人部分和投标人部分组成。当投标人认为招标人列项不全时,投标人可自行增加列项。

工程量清单应采用综合单价计价。综合单价是指完成一个规定计量单位的工程所需的人工费、材料费、机械使用费、管理费和利润,并考虑风险因素。

(1)分部分项工程和措施项目中的单价项目,应根据招标文件和招标工程量清单项目中的特征描述确定综合单价。招标工程量清单的项目特征描述是确定分部分项工程和措

施项目中的单价的重要依据之一，投标人投标报价时应依据招标工程量清单项目的特征描述确定清单项目的综合单价。在招标投标过程中，当出现招标工程量清单项目特征描述与设计图纸不符时，投标人应以招标工程量清单的项目特征描述为准，确定投标报价的综合单价当施工中施工图纸或设计变更与招标工程量清单的项目特征描述不一致时，发、承包双方应按实际施工的项目特征，依据合同约定重新确定综合单价。

招标文件中提供了暂估单价的材料，应按暂估的单价计入综合单价；综合单价中应考虑招标文件中要求投标人承担的风险内容及其范围（幅度）产生的风险费用。在施工过程中当出现的风险内容及其范围（幅度）在合同约定的范围内时，工程价款不做调整。

（2）措施项目费是指为完成工程项目施工，发生于该工程施工前和施工过程中的技术生活、安全等方面的非工程实体项目所需的费用。投标人可根据工程实际情况并结合施工组织设计，对招标人所列的措施项目进行增补。由于各投标人拥有的施工装备、技术水平和采用的施工方法有所差异，招标人提出的措施项目清单是根据一般情况确定的，没有考虑不同投标人的“个性”，投标人投标时应根据自身编制的投标施工组织设计或施工方案确定措施项目，对招标人提供的措施项目进行调整。投标人根据投标施工组织设计或施工方案调整和确定的措施项目应通过评标委员会的评审。

措施项目中的总价项目应采用综合单价计价。其中安全文明施工费应按国家或省级、行业建设主管部门的规定确定，且不得作为竞争性费用。

（3）其他项目费是指分部分项工程费和措施项目费以外的在工程项目施工过程中可能发生的费用。其他项目应按下列规定报价：

①暂列金额应按招标工程量清单中列出的金额填写，不得变动；

②材料、工程设备暂估价应按招标工程量清单中列出的单价计入综合单价，不得变动和更改；

③专业工程暂估价应按招标工程量清单中列出的金额填写，不得变动和更改；

④计日工应按招标工程量清单中列出的项目和数量，自主确定综合单价并计算计日工金额；

⑤总承包服务费应依据招标工程量清单中列出的专业工程暂估价内容和供应材料、设备情况，按照招标人提出的协调、配合与服务要求和施工现场管理需要自主确定。

（4）规费和税金应按国家或省级、行业建设主管部门的规定计算，不得作为竞争性费用。规费和税金的计取标准是依据有关法律、法规和政策规定制定的，具有强制性。投标人是法律、法规和政策的执行者，不能改变，更不能制定规费和税金的计取标准，而必须按照法律、法规和政策的有关规定执行。

（5）招标工程量清单与计价表中列明的所有需要填写单价和合价的项目，投标人均应填写且只允许有一个报价。未填写单价和合价的项目，可视为此项费用已包含在已标价工程量清单中其他项目的单价和合价之中。当竣工结算时，此项目不得重新组价予以调整。

（6）实行工程量清单招标，投标人的投标总价应当与组成已标价工程量清单的分部分项工程费、措施项目费、其他项目费和规费、税金的合计金额相一致，即投标人在投标报价时，不能进行投标总价优惠（或降价、让利），投标人对招标人的任何优惠（或降价、让利）均应反映在相应清单项目的综合单价中。

四、影响投标报价的因素

(一)工程量

工程量是计算报价的重要依据。多数招标单位在招标文件中均附有工程实物量。因此,必须进行全面或者重点的复核工作,核对项目是否齐全、工程做法及用料是否与图纸相符,重点核对工程量是否正确,以求工程量数字的准确性和可靠性,在此基础上再进行套价计算。另一种情况就是标书中根本没有工程量数字,在这种情况下就要组织人员进行详细的工程量计算工作,否则影响编制报价。

(二)单价

工程单价是计算报价的又一个重要依据,同时又是构成报价的第二个重要因素。单价的正确与否,直接关系到报价的高低。因此,必须十分重视工程单价的制定或套用。制定的根据:一是国家或地方规定的预算定额、单位估价表及设备价格等;二是人工、材料、机械使用费的市场价格。

(三)其他各类费用的计算

其他各类费用是构成报价的第三个主要因素。这个因素占总报价的比重是很大的,少者占 20%~30%,多者占 40%~50%。因此,应重视其计算。为了简化计算、提高工效,可以把各种费用都折算成一定的系数计入报价中去计算出直接费后再乘以这个系数,就可以得出总报价了。

工程报价计算出来以后,可用多种方法进行复核与综合分析。然后,认真、详细地分析风险、利润、报价让步的最大限度。最后,参照各种信息资料以及预测的竞争对手情况最终确定实际报价。

五、投标报价策略

投标报价策略是指承包商在投标竞争中的指导思想、系统工作部署及其参与投标竞争的方式和手段。承包商参加投标竞争,能否战胜对手而获得施工合同,在很大程度上取决于自身能否运用正确、灵活的投标策略来指导投标全过程的活动。

投标报价的技巧

施工企业在参加工程投标前,应根据招标工程情况和企业自身的实力,组织有关投标人员进行投标策略分析,其中包括企业目前经营状况和自身实力分析、对手分析和机会利益分析等。

投标报价决策是投标活动的首要环节,科学的投标决策是承包商战胜竞争对手,并取得较好的经济效益与社会效益的前提。

通常情况下,投标报价策略有以下几种。

(一)靠经营管理水平高取胜

靠经营管理水平高取胜主要是做好施工组织设计,采取合理的施工技术和施工机械,精心采购材料、设备，选择可靠的分包单位，安排紧凑的施工进度，力求节省管理费用等，从而有效地降低工程成本而获得较高的利润。

（二）靠改进设计取胜

靠改进设计取胜即仔细研究原设计图纸，发现有不合理之处，提出能降低造价的措施。

（三）靠缩短建设工期取胜

靠缩短建设工期取胜即采取有效措施，在招标文件要求的工期基础上，再提出若干个月或若干天完工，从而使工程早投产、早收益。这也是吸引业主的一种策略。

（四）低利政策

低利政策主要适用于承包商任务不足时，与其坐吃山空，不如以低利承包到一些工程，这还是有利的。另外，承包商初到一个新的地区，为了在这个地区的承包市场建立信誉，也往往采用这种策略。

（五）虽报价低，却着眼于施工索赔，从而得到高额利润

有的承包商利用图纸、技术说明书与合同条款中不明确之处寻找索赔机会，一般索赔金额可达标价的 10%~20%。但是这种策略并不是所有工程均适用的。

（六）着眼发展，为争取将来的优势，宁愿目前少赚钱

有的承包商为了掌握某些有发展前途的工程施工技术（如建造核电站的反应堆或海洋工程等），就可能采用这种有远见的策略。

投标报价策略不是互相排斥的，需要根据具体情况，综合、灵活运用。作为投标决策者，要对各种投标信息，包括主观因素和客观因素，进行认真、科学的综合分析，在此基础上选择投标对象，确定投标策略。总的来说，要选择与企业的装备条件和管理水平相适应，技术先进，业主的资信条件及合作关系较好，施工所需的材料、劳动力、水电供应等有保障，盈利可能性大的工程项目去参加竞标。

第六节　建设工程投标文件的编制

本节微课

建设工程投标文件是招标人判断投标人是否愿意参加投标的依据，也是评标委员会进行评审和比较的对象。中标的投标文件和招标文件一起成为招标人和中标人订立合同的法定依据。因此，投标人必须高度重视建设工程投标文件的编制和提交工作。

建设工程投标文件是工程投标人单方面阐述自己响应招标文件要求，旨在向招标人提出愿意订立合同的意思表示，是投标人确定、修改和解释有关投标事项的各种书面表达形式的统称。投标人在投标文件中必须明确向招标人表示愿以招标文件的内容订立合同的意思；必须对招标文件提出的实质性要求和条件作出响应，不得以低于成本的报价竞标；必须由有资格的投标人编制；必须按照规定的时间、地点递交给招标人。否则，该投标文件将

被招标人拒绝。

一、投标文件的编制原则

(1)严格保证所有定额、费率、单价和工程量的准确性。

(2)不同的承包方式采用相应的单位计算标价,如按建筑工程的单位面积单价承包、按工程图纸及说明资料总价承包等。

(3)规范与标准统一,文字与图纸统一。

(4)投标书中各条款具有法律效力,是合同的依据,一经报出即不能撤回,故文字表述要力求准确、完整。

二、投标文件的编制依据

(1)《招标投标法》《招标投标法实施条例》《房屋建筑和市政工程标准施工招标文件范本》《工程建设项目施工招标投标办法》及相关的法规政策文件。

(2)招标文件、工程量清单、技术规范和标准、图集等。

(3)现行《建设工程工程量清单计价规范》、行业工程工程量计算规范、工程消耗量定额取费标准、政策性调价文件、市场价格信息。

(4)工程设计文件。

(5)施工现场条件。

三、投标文件的编制要求

(1)投标文件必须采用招标文件规定的文件表格格式。填写表格应符合招标文件的要求,否则招评标时会被认为放弃此项要求。重要的项目和数字,如质量等级、价格、工期等如未能填写,也将作为无效和作废的投标文件处理。

(2)所编制的投标文件正本只有一份,副本则按照招标文件附录要求的份数提供。正本与副本若不一致,以正本为准。

(3)投标文件应打印清楚、整洁、美观。所有投标文件均应由投标人的法定代表人签署,加盖印章以及法人单位公章。

(4)应核对报价数据,消除计算错误。各分部分项工程的报价及单方造价、全员劳动生产率、单位工程一般用料、用工指标、人工费和材料费等的比例是否正常等,应根据现有指标和企业内部数据进行宏观审核,防止出现大的错误和漏项。

(5)全套投标文件应当没有涂改或行间插字。如投标人造成涂改或行间插字,所有这些地方均应由投标人签字并加盖印章。

(6)如招标文件规定投标保证金为合同总价的某一百分比时,投标人不宜过早开具投标保函,以防止泄露自己的报价。

(7)在编制投标文件的过程中,投标人必须考虑开标后如果成为评标对象而在评标过程中应采取的对策。如果情况允许,投标人也可以向业主致函,表明投送投标文件后考虑到同业主长期合作的诚意,决定降低标价几个百分点,如果投标文件中采用了代替备选方案,函中也可以阐明此方案的优点;也可在函中明确表示,将在评标时与业主招标机构讨论,使此报价更为合理等。应当指出,投标期间来往信函要写得简短、明确,措辞要委婉、有说服力。来往信函不单是招标与投标双方交换意见与澄清问题,也是使业主对致函的投标人加深了解、建立信任的主要手段。

(8)投标文件中每项要求填写的空格都必须填写,不得留空,否则被视为放弃意见;不填写重要数字,可能被作为废标处理。

(9)填报文件应反复校核,保证分项和汇总计算均准确无误。

(10)最好打印填写投标文件,或用钢笔正楷书写。

(11)所有投标文件的装帧应美观大方,投标商要在每一页上签字,较小工程可以装订成册,大、中型工程可分为下列三部分封装。

第一部分,有关投资者的资历、业绩与项目经理部的配备文件(综合标),如投标委任书、投资者资历证明、已完成工程与在建工程表、主要技术人员表、项目经理业绩、投标保函、投标人在项目所在地的注册证明、投标附加说明等。

第二部分,与报价有关的技术文件(技术标),如施工规划、施工机械设备表、施工进度表、劳动力计划表等。

第三部分,报价表(商务标),如工程量表、详细的工程预算书、单价表、总价表等。

总之,要避免因细节的疏忽和技术上的缺陷造成标书无效。

四、投标文件的内容

投标文件一般由下列内容组成。

(1)投标函及投标函附录。

(2)法定代表人身份证明。

(3)授权委托书。

(4)联合体协议书。

(5)投标保证金。

(6)已标价工程量清单。

(7)施工组织设计。

(8)项目管理机构。

(9)拟分包项目情况表。

(10)资格审查资料。

(11)招标文件规定的其他材料。

投标文件的具体内容

五、投标文件的格式

投标人必须使用招标文件提供的投标文件表格格式,但表格可以按同样的格式扩展招标文件中拟定的供投标人投标时填写的一套投标文件格式,主要有投标函及其附录、工程量清单与报价表、辅助资料表等。

房屋建筑和市政工程标准施工投标文件范本

六、投标文件编制的注意事项

(1)投标人编制投标文件必须使用招标文件提供的表格格式,不能随意更改。重要的项目或数字,如工期、质量等级、价格等未填写的,将被作为废标。

(2)编制的投标文件正本只有一份，副本则按招标文件中要求的份数提供，同时要标明“投标文件正本”和“投标文件副本”字样，当正本与副本不一致时，以正本为准。

(3)全套投标文件书写应清晰、无随意修改和行间插字，修改处应由投标文件签字人签字证明并加盖印鉴。

(4)所有投标文件的签名及印鉴要齐全，并加盖法人单位公章。

(5)填报的投标文件应反复校核，保证分项和汇总计算均无错误。同时按招标文件要求整理、装订、密封，做好保密工作。

建设工程投标文件的编制步骤

(6)如招标文件规定投标保证金为合同总价的某百分比时，开具投标保函不要太早，以防泄露报价。但有的投标人提前开出并故意加大保函金额，以麻痹竞争对手的情况也是存在的。注意依法必须进行施工招标的项目的境内投标单位，以现金或者支票形式提交的投标保证金应当从其基本账户转出。

(7)采用电子评标方式的，报送的电子书必须能够导入评标系统，否则将被视为废标。

(8)认真对待招标文件中关于废标的条件，以免被判为无效标而前功尽弃。

本章小结

本章按照建设工程投标的先后顺序，分别介绍了投标人应具备的条件、投标保证金、投标人应遵守的基本规则、建设工程投标程序、建设工程投标决策、资格预审申请文件的编制、投标报价的编制、投标文件的编制等相关内容。本项目中附有用于实际工作的相关表格，读者可以根据自己的学习、工作需要，参考引用。

知识巩固

第三章课后习题答案

一、单选题

1. 招标控制价中暂列金额规范规定为________作为参考。　(　　)

A. 5%~10%

B. 10%~15%

C. 15%~20%

D. 20%~25%

2. 投标函部分不包括下列哪项内容？　(　　)

A. 项目管理机构配备情况表

B. 法定代表人身份证明书

C. 投标保证金缴纳成功回执单

D. 联合体协议书

3. 技术标编制内容不包括________。　(　　)

A. 确保基础工程的技术、质量、安全及工期的技术组织措施

B. 各分部分项工程的主要施工方法及施工工艺

C. 资金需求计划

D. 劳动力安排计划

4. 投标保证金最高不得超过________。 (　　)

A. 50 万　　B. 80 万　　C. 100 万　　D. 120 万

5. 投标人对招标文件有异议的,应在投标截止时间________前提出。 (　　)

A. 5 日　　B. 7 日　　C. 10 日　　D. 15 日

6. 资格预审文件由几部分组成? (　　)

A. 4 部分　　B. 5 部分　　C. 6 部分　　D. 7 部分

7. 招标文件的澄清与修改应当在投标文件截止时间至少几日前,通知潜在投标人? (　　)

A. 3 日　　B. 5 日　　C. 7 日　　D. 15 日

二、多选题

1. 商务标主要包括哪些内容? (　　)

A. 已标价工程量清单　　B. 项目管理机构

C. 拟分包项目情况表　　D. 资格审查资料

2. 初步审查包括哪些内容? (　　)

A. 申请人名称　　B. 申请函签字盖章

C. 申请文件格式　　D. 联合体申请人

3. 施工组织设计分为哪三类? (　　)

A. 施工组织总设计　　B. 单项工程施工组织设计

C. 单位工程施工组织设计　　D. 施工方案

4. 投标保证金除现金外,还可以有哪些形式? (　　)

A. 银行保函　　B. 保兑支票　　C. 银行汇票　　D. 现金支票

三、判断题

1. 研究招标文件,重点应放在投标须知、合同条件、设计图纸、工程范围及工程量表上。 (　　)

2. 在开标前任何单位和个人不得开启投标文件。 (　　)

3. 在确定分部分项工程综合单价时,应以工程量为依据。 (　　)

4. 当招标文件中分部分项工程量清单特征描述与设计图纸不符时,投标人应以设计图纸为准。 (　　)

5. 当施工中施工图纸或设计变更与工程量清单项目特征描述不一致时,发、承包双方应按实际施工的项目特征。 (　　)

6. 能够早收到钱款的项目,如开办费、土方、基础等,其单价可定得高些。 (　　)

7. 招标文件可以通过两种方式获得。 (　　)

8. 书面答复与招标文件具有同等的法律效力。 (　　)

9. 在投标截止日期以后,不能更改投标文件。 (　　)

10. 综合单价中包含了投标人承担的风险费用。 (　　)

11. 安全文明施工费可以作为竞争性费用。 (　　)

12. 施工难度高，但可操控的项目，可报高价。（　　）

13. 结构简单、工程量大的项目可以报低价。（　　）

四、简答题

1. 投标保证金不予退还的情形有哪些？
2. 投标人应遵守的基本规则有哪些？
3. 简述建设工程投标程序是什么？
4. 投标报价的内容组成有哪些？
5. 投标文件的编制依据有哪些？
6. 投标文件的内容有哪些？

能 力 提 升

某高校要建设实训楼，投资约为 6 800 万人民币，建筑面积约为 18 000 平方米。你所在的企业已初步决策决定投标，任务是进行投标资料准备和编制投标文件。

第四章 建设工程开标、评标与定标

知识目标

1. 了解开标的参与人员、时间、地点
2. 掌握开标的程序及相关要求
3. 掌握评标委员会的设立要求
4. 掌握评标程序及相关要求
5. 掌握评标的两种方法
6. 熟悉定标的程序

技能目标

1. 能够根据开标会议的程序要求主持开标会议
2. 能够根据招标条件判定无效的投标文件与废标
3. 能够根据《评标委员会和评标方法暂行规定》组建评标委员会
4. 能够根据评标的相关依据进行评标
5. 能够按照相关法律、法规要求处理工程招标投标投诉

素质目标

1. 培养爱岗、敬业的职业精神
2. 培养勇于面对挫折的职业素养
3. 树立团队合作意识

思政元素

1. 规范与道德
2. 产业报国
3. 诚信意识

【案例导入】

某省中央财政投资的大型基础设施建设项目，总投资额超过 10 亿元，该项目法人委托一家符合资质条件的工程招标代理公司全程办理招标事宜。

事件一：在评标过程中，评标委员会发现投标人 D 的投标文件中没有投标人授权代表签字；投标人 H 的单价与总价不一致，单价与工程量的乘积大于投标文件（投标函）的总价，招标文件中没有约定，此类情况为重大偏差。

事件二：在评标过程中，评标委员会发现G投标人的投标报价低于原标底30%。询标时，G投标人发来书面更改函，承认原报价存在遗漏，将报价整体上调至接近于标底的99%。

事件三：在评标过程中，投标人A发来书面更改函，对施工组织设计中存在的笔误进行了勘误，同时对其投标文件中超过招标文件计划工期的投标施工期限调整为在招标文件约定计划工期的基础上提前10日竣工。

事件四：经评审，各投标人综合得分的排序依次是H、E、G、A、F、C、B、D。评标委员会李某对此结果有异议，拒绝在评标报告上签字，但又不提出书面意见。

事件五：确定中标人H后，中标人H认为工程施工合同过分袒护招标人，要求对招标文件中的合同条件进行调整，特别是当事人双方的权利与义务；招标人同时提出在中标价的基础上降低10%的要求，否则招标人不签订施工合同。

《招标投标法》《工程建设项目施工招标投标办法》和《评标委员会和评标方法暂行规定》对评标委员会评标、招标人及定标合同的签订有规定，招标人组织上述活动时必须遵守。

【问题】

1. 对事件一至事件五应如何处理？简要陈述理由。

2. 评标委员会应推荐哪三个投标人为中标候选人？

【案例分析】

《招标投标法》《工程建设项目施工招标投标办法》和《评标委员会和评标方法暂行规定》对评标委员会评标、招标人及定标合同的签订有规定，招标人组织上述活动时必须遵守。

1. 对事件一至事件五的处理方法及理由如下。

事件一：投标人D的投标文件中没有投标人授权代表签字，此类情况属于投标人对招标文件的规定要求发生了重大偏差，属于废标情况。投标人H的投标总价与其报价文件中的总价不一致，招标文件约定此类情形属于细微偏差，故应以投标函中的投标报价为其中标价。但在评标过程中，评标委员会对报价文件中的偏差应按照大写金额与小写金额不一致时以大写金额为准，总价与单价金额不一致时以单价金额为准修改总价的原则确定投标人H的评标价，进行评标。

事件二：投标人G的投标报价明显低于合理报价或标底，使得其投标报价可能低于个别成本，评标人在询标时应要求该单位作出书面说明并提供相关证明材料。投标人如果不能合理说明或不能提供相关证明材料，由评标委员会认定该投标人的投标报价低于成本报价，其投标应作为废标处理。但投标人G在应标时，不但没有提供相应的证明材料和合理说明，反而对其报价做了修改，这种做法是不可以的(相当于两次报价)。根据评标规定，投标人可以对投标文件中含义不明确、对同类问题表述不一致或文字和计算错误的内容做必要的澄清、说明或补正，但不能超出投标文件的范围或改变投标文件的实质性内容。投标人G的做法实际上是二次报价，明显改变了原投标文件的实质内容，该行为无效，投标人G的投标文件为废标。

事件三:在评标过程中,投标人 A 发来书面更改函,对施工组织设计中存在的笔误进行了勘误,同时对超过招标规定的施工期限调整至低于规定的期限。询标时,投标人 A 对施工组织设计中存在的笔误进行勘误是可行的;但提出对投标工期的修改属于对实质性内容进行修改,该行为无效。由于该投标人投标文件载明的招标项目完成期限超过了招标文件规定的期限,属于重大偏差,因而投标人 A 的投标文件为废标。

事件四:评标报告应由评标委员会全体成员签字,对评标结果持有异议的评标委员会成员可以书面方式阐述其不同意见和理由;评标委员会成员拒绝在评标报告上签字且不陈述其不同意见或理由的,视为同意评标结论。评标委员会应当对此作出书面说明并记录在案。

事件五:中标人在接到中标通知书后,应在规定的时间内按照招标文件和其投标文件与招标人签订施工承包合同。在这一过程中,招标人和中标人只能就招标投标过程中的一些细微偏差进行谈判,对招标文件中合同条款进行细化,但不得做实质性修改。中标人认为合同条件过分袒护招标人,提出修改招标文件主要合同条款的行为违反法律规定。如果中标人 H 坚持修改主要合同条款,否则不与招标人签订合同,那么招标人可以视其行为为放弃中标合同,没收其投标保证金,并申请解除与中标人 H 的合同关系,重新确定中标人。

在合同谈判过程中,招标人提出在中标价的基础上再次降价 10%的做法是不正确的,违反了法律规定。如果招标人坚持降低中标价 10%,中标人可以拒绝签订合同,并要求招标人承担由此造成的损失及其他违约责任,退还投标保证金。

2. 评标委员会应推荐 H、E、F 分别为第一、第二、第三中标候选人。评标委员会根据招标文件中的评标办法,经过对投标申请文件进行全面、认真、系统的评审、比较后,确定其能够最大限度满足招标文件的实质性要求,确定不超过三名的有排序的合格的中标候选人,供招标人最终确定中标人。

第一节　开　　标

本节微课

一、开标概述

(一)开标的概念

开标是指在规定的日期、时间、地点当众宣布所有投标人的名称和报价,使全体投标人了解各家投标价和自己在其中的顺序,是向所有投标人和公众保证其招标程序公平合理的最佳方式。

在没有特殊原因的情况下,开标应于招标文件确定的投标截止日的当天或次日举行。开标地点及时间都应在招标文件中预先确定。若变更开标日期和地点,应提前三天通知投标企业和有关单位。

(二)开标的参与人员

《招标投标法》第三十五条规定,开标由招标人主持,邀请所有投标人参加。对于开标参与人,应注意以下三个问题。

(1)开标由招标人主持,也可委托招标代理机构主持。在实际招标投标活动中,绝大多数为委托招标项目,开标都是由招标代理机构主持的。

(2)招标人邀请所有投标人参加开标是法定的义务,投标人自主决定是否参加开标会是法定的权利。但是在实施过程中要求投标人都必须携带授权证明文件参加开标会议,当场确定一些开标的重要内容,比如证件核查的结果、标书密封的检查结果、唱标记录结果等重要文件。

(3)根据项目的不同情况,招标人可以邀请投标人以外的其他方面相关人员参加开标。根据《招标投标法》第三十六条的规定,可以由招标人委托的公证机构检查并公证。在实际的招标投标活动中,招标人经常邀请行政监督部门、纪检监察部门等参加开标,对开标程序进行监督。

(三)开标的时间、地点

《招标投标法》第三十四条规定,开标应当在招标文件确定的提交投标文件截止时间的同一时间公开进行;开标地点应当为招标文件中预先确定的地点。所以,开标应当按招标文件规定的时间、地点和程序,以公开方式进行。

1. 开标的时间

开标时间应当在提供给每一个投标人的招标文件中事先确定,以使每个投标人都能事先知道开标的准确时间,以便届时参加,确保开标过程的公开、透明。开标时间应与提交投标文件的截止时间相一致,将开标时间规定为提交投标文件截止时间的同一时间,其目的是防止投标中的舞弊行为。出现以下情况时,征得建设行政主管部门的同意后,可以暂缓或者推迟开标时间。

(1)招标文件发售后对原招标文件做了更正或者补充。

(2)开标前发现有影响招标公正性的不正当行为。

(3)出现突发事件等。

2. 开标的地点

为了使所有投标人都能事先知道开标地点并按时到达,开标地点也应当在招标文件中事先确定,以便使每一个投标人都能事先为参加开标活动做好充分的准备,如根据情况选择适当的交通工具,并提前做好机票、车票的预订工作等。招标人如果确有特殊原因,需要变动开标地点,则应当按照《招标投标法》第二十三条的规定对招标文件作出修改,作为招标文件的补充文件,书面通知每一个提交投标文件的投标人。

3. 开标应当以公开方式进行

除时间、地点,开标活动应当向所有提交投标文件的投标人公开之外,开标程序也应公开。开标的公开进行,是为了保护投标人的合法权益。同时,也是为了更好地体现和维护公开、透明、公平、公正的招标投标原则。

二、开标的程序

(一)开标前的准备工作

1. 招标人签收投标人递交的投标文件

招标人应当安排专人,在招标文件指定地点接收投标人递交的投标文件(包括投标保证金),详细记录投标文件送达人、送达时间、份数、包装密封、标识等查验情况,经投标人确认后,出具投标文件和投标保证金的接收凭证。

投标文件密封不符合招标文件要求的,招标人不予受理,在截标时间前,应当允许投标人在投标文件接收场地之外自行更正修补。在投标截止时间后递交的投标文件,招标人应当拒绝接收。

至投标截止时间提交投标文件的投标人少于三家的,不得开标,招标人应将接收的投标文件原封退回投标人,并依法重新组织招标。

2. 开现场

招标人应保证受理的投标文件不丢失、不损坏、不泄密,并组织工作人员将投标截止时间前受理的投标文件运送到开标地点。

招标人应精细周全的准备好开标必备的现场条件,包括提前布置好开标会议室、准备好开标需要的设备、设施和服务等。

3. 开标资料

招标人应准备好开标资料,包括开标记录表(表 4-1)、标底文件(如有)、投标文件接收登记表、签收凭证等。招标人还应准备相关国家法律法规、招标文件及其澄清的修改内容,以备必要时使用。

表 4-1　签到及投标文件送达时间登记表

开标时间:____年____月____日____时____分

序号	投标人	投标文件送达时间	投标人法人代表签字	联系电话	备注
1					
2					
3					

4. 工作人员

招标人参与开标会议的有关工作人员应按时到达开标现场,包括主持人、开标人、唱标人、记录人、监标人及其辅助人员等。

(二)开标会程序

1. 投标人出席开标会的代表签到

投标人授权出席开标会的代表本人填写开标会签到表,招标人专人负责核对签到人身份，应与签到的内容一致。

2. 开标会主持人宣布开标会开始

主持人宣布开标人、唱标人、记录人和监督人员。主持人一般为招标人代表，也可以是招标人指定的招标代理机构的代表；开标人一般为招标人或招标代理机构的工作人员；唱标人可以是投标人的代表，也可以是招标人或招标代理机构的工作人员；记录人由招标人指派，有形建筑市场工作人员同时记录唱标内容，政府招标办公室监管人员或政府招标办公室授权的有形建筑市场工作人员进行监督。记录人按开标会记录的要求开始记录。

3. 开标会主持人介绍主要与会人员

主要与会人员包括到会的招标人代表、招标代理机构代表、各投标人代表、公证机构公证人员、见证人员及监督人员等。

4. 宣布开标会纪律

场内严禁吸烟；凡与开标无关人员不得进入开标会场；收集各种资料；参加会议的所有人员应关闭手机等，开标期间不得高声喧哗；投标人代表有疑问应举手发言；参加会议人员未经主持人同意不得在场内随意走动。

5. 核对投标人授权代表的相关资料

核对投标人授权代表的身份证件、授权委托书及出席开标会人数。

6. 主持人介绍，投标人确认

主持人主要介绍招标文件组成部分、发标时间、答疑时间、补充文件或答疑文件的组成、发放和签收情况。可以同时强调主要条款和招标文件中的实质性要求。

7. 主持人宣布投标文件截止和实际送达时间

主持人宣布招标文件规定的递交投标文件的截止时间和各投标单位实际送达时间，在截止时间后送达的投标文件应当场废标。

8. 代表共同检查各投标书密封情况

招标人和投标人的代表共同（或公证机关）检查各投标书密封情况。密封不符合招标文件要求的投标文件应当场作废，不得进入评标。密封不符合招标文件要求的，招标人应当通知政府招标办公室监管人员到场见证。

9. 主持人宣布开标和唱标次序

一般按投标书送达时间逆顺序开标、唱标。

10. 唱标人依唱标顺序依次开标并唱标

唱标内容一般包括投标报价、工期和质量标准、质量奖项等方面的承诺、替代方案报价、投标保证金、主要人员等，在递交投标文件截止时间前收到的投标人对投标文件的补充和修改也同时宣布，在递交投标文件截止时间前收到投标人撤回其投标的书面通知的，投标文件不再唱标，但须在开标会上说明。

11. 开标会记录签字确认

开标会记录应当如实记录开标过程中的重要事项，包括开标时间、开标地点、出席开标会的各单位及人员、唱标记录、开标会程序、开标过程中出现的需要评标委员会评审的情况，有公证机构出席公证的还应记录公证结果，投标人的授权代表应当在开标会记录上签字确认，投标人对开标有异议的，应当当场提出，招标人应当当场予以答复，并做好记录。投标人基于开标现场事项投诉的，应当先行提出异议。（表 4-2）

表 4-2　开标记录表

开标记录表

________（项目名称）　________标段施工开标记录表

开标时间：____年____月____日____时____分

开标地点：______________________________

（一）唱标记录

序号	投标人	密封情况	投标保证金	投标报价/元	质量目标	工期	备注	签名
投标人编制的标底（如果有）								

（二）开标过程中的其他事项记录

____

____

____

____

（三）出席开标会的单位和人员（附签到表）

招标人代表：________　记录人：________　监标人：________

____年____月____日

12. 公布标底

招标人设有标底的，标底必须公布，由唱标人公布标底。

13. 送封闭评标区封存

投标文件、开标会记录等送封闭评标区封存。

三、无效的投标文件与废标的判定

1. 弄虚作假的情况

在评标过程中，评标委员会发现投标人以他人的名义投标、串通投标，以行贿手段谋取中标或者以其他弄虚作假方式投标的，该投标人的投标应作废标处理。

2. 报价低于其个别成本的情况

在评标过程中，评标委员会发现投标人的报价明显低于其他投标报价或者在设有标底时明显低于标底，使得其投标报价可能低于其个别成本的应当要求该投标人作出书面说明并提供相关证明材料。投标人不能合理说明或者不能提供相关证明材料的，由评标委员会认定该投标人以低于成本报价竞标，其投标应作废标处理。

3. 投标人不具备资格条件或者其投标文件不符合形式要求的情况

投标人资格条件不符合国家有关规定和招标文件要求的，或者拒不按照要求对投标文件进行澄清、说明或者补正的，评标委员会可以否决其投标。

建设项目的投标有下列情况的也应当按照废标处理。

（1）未密封。

（2）无单位和法定代表人或其代理人的印鉴，或未按规定加盖印鉴。

（3）未按规定的格式填写，内容不全或关键字迹模糊、辨认不清。

（4）逾期送达。

（5）投标人未参加开标会议。

4. 投标未能在实质上响应的投标文件的情况

评标委员会应当审查每份投标文件是否对招标文件提出的所有实质性要求和条件作出响应。未能在实质上响应的投标，应作废标处理。如果投标文件与招标文件有重大偏差，也认为未能对招标文件作出实质性响应。

四、开标注意事项

1. 开标会议开始

招标人或招标代理机构应当在投标截止时间的同一时间和招标文件规定的开标地点组织公开开标。应邀请所有投标人参加开标会议，也可邀请纪律检查机关和审计部门的人员到场进行检查监督。在投标文件截止时间提交投标文件的投标人不应少于三家，如少于三家，招标人应将接收的投标文件原封不动地退回给投标人，并依法重新组织招标。

2. 签字

投标人代表在开标记录上签字确认不是强制性要求。投标人未派代表出席的，视为其认同记录内容。

3. 错误更正

在唱标过程中，如果投标文件中的报价出现算术错误，应按照以下方法更正。

(1)开标唱读内容与投标文件不一致的，均以公开唱标为准。

(2)投标文件的大小写金额不一致的，以大写金额为准。

(3)总价金额与单价汇总金额不一致的，以单价金额计算结果为准。

(4)单价金额小数点有明显错位的，应以总价为准，并修改单价。

未宣读的投标价格评标时不予承认，对不同语言文本投标文件的解释发生异议的，以中文文本为准。唱标时出现的异常情况，应交由本项目评标委员会评审。

4. 异议

投标人对开标有异议的，应当场提出，招标人应当场核实并予以答复，如发生工作人员或其他失误，应当场纠正。招标人、招标代理机构及监督机构代表等不应在开标现场对投标文件是否有效作出判断，应提交评标委员会评定。

5. 录音录像

开标会议应全程录音录像，音像资料应当清晰可辨，并存档。

第二节 评 标

本节微课

一、评标概述

(一)评标概念

评标是依据招标文件的规定和要求，对投标文件所进行的审查、评审和比较。评标应由招标代理机构、建设单位上级主管部门协商，按有关规定成立评标委员会，在招标管理机构监督下，依据评标原则、评标方法，对投标单位的报价、工期、质量、主要材料用量、施工方案或施工组织设计、以往业绩、社会信誉、优惠条件等方面进行综合评价，公正合理地择优选择中标单位。

(二)评标原则

1. 公平原则

评标委员会应当根据招标文件规定的评标标准和评标办法进行评标，对投标文件进行系统的评审和比较。没有在招标文件中规定的评标标准和办法，不得作为评标的依据。招标文件规定的评标标准和办法应当合理，不得含有倾向或者排斥潜在投标人的内容，不得妨碍或限制投标人之间的竞争。对所有投标人应一视同仁，保证投标人在平等的基础上公平竞争。

2. 公正原则

公正就是指评标成员具有公正之心，评价要客观、公正、全面，不倾向或排斥某一投标人。这就要求评标人不为私利，坚持实事求是，不唯上是从。做到评标客观、公正，必须做到以下几点。

（1）培养良好的职业道德，不为私利而违心地处理问题。

（2）要坚持实事求是的原则，不唯上级或某些方面的意见而是从。

（3）要提高综合分析的能力，不断提高自己的专业技能，熟练运用招标文件和投标文件中有关条款，以便以招标文件和投标文件为依据，客观、公正地综合评价标书。

（4）评标过程应当保密。有关标书的审查、澄清、评比和比较的有关资料，授予合同的信息等均不得向无关人员泄露。对于投标人的任何施加影响的行为，都应给予取消其投标资格的处罚。

3. 科学原则

科学原则中的"科学"是指评标工作要依据科学的方案，要运用科学的手段，要采取科学的方法。对于每一个项目的评价要有可靠的依据，一切用数据说话，作出科学、合理的综合评价。

4. 择优原则

择优就是用科学的方法与手段，从众多投标文件中选择最优的方案。评标时，评标委员会应全面分析、审查、澄清、评价和比较投标文件，防止重价格轻技术、重技术轻价格的现象出现，对商务标和技术标不可偏一。

（三）评标标准

《招标投标法》第四十条规定，评标委员会应当按照招标文件确定的评标标准和方法，对投标文件进行评审和比较。任何未在招标文件中列明的标准和方法均不得采用，对招标文件中已标明的标准和方法不得有任何改变，这是保证评标公平、公正的关键，也是国际通行的做法。

一般而言，工程评标标准包括价格标准和非价格标准。其中，非价格标准主要有工期质量、资格、信誉、施工人员和管理人员的素质、管理能力、以往的经验等。

（四）评标依据

评标委员会评标的依据主要有下列几项。

（1）招标文件。

（2）开标前会议纪要。

（3）评标定标办法及细则。

（4）标底。

（5）投标文件。

（6）其他有关资料。

二、组建评标委员会

评标组织由招标人的代表和有关经济、技术等方面的专家组成，其具体形式为评标委员会，也有的是评标小组，这与工程规模、结构、类型、招标方式等有关系。评标委员会由招标人负责组建，评标委员会成员名单一般应于开标前确定。

（一）评标委员会的设立

评标委员会的设立按《评标委员会和评标方法暂行规定》第九条规定，评标委员会由招标人或其委托的招标代理机构熟悉相关业务的代表，以及有关技术、经济等方面的专家组成，成员人数为五人以上单数，其中技术、经济等方面的专家不得少于成员总数的三分之二。

评标委员会的专家成员，应当由招标人从建设行政主管部门及其他有关政府部门确定的专家名册或者工程招标代理机构的专家库内相关专业的专家名单中确定。一般招标项目采取随机抽取的方式，特殊招标项目可以由招标人直接确定。与投标人有利害关系的人不得进入相关工程的评标委员会。评标委员会成员名单在中标结果确定前应当保密。

（二）评标委员会专家的确定

《评标委员会和评标方法暂行规定》第十一条规定，评标专家应符合下列条件：

(1)从事相关专业领域工作满八年并具有高级技术职称或同等专业水平；

(2)熟悉有关招标投标法律法规，并具有与招标项目相关的实践经验；

(3)能够认真、公正、诚实、廉洁地履行职责。

评标委员会设负责人的，评标委员会负责人由评标委员会成员推举产生或者由招标人确定。评标委员会负责人与评标委员会的其他成员有同等的表决权，负责协调、组织评标委员会成员开展评标工作。

《评标委员会和评标方法暂行规定》第十二条规定，有下列情形之一的，不得担任评标委员会成员：

(1)投标人或者投标人主要负责人的近亲属；

(2)项目主管部门或者行政监督部门的人员；

(3)与投标人有经济利益关系，可能影响对投标公正评审的；

(4)曾因在招标、评标以及其他与招标投标有关活动中从事违法行为而受过行政处罚或刑事处罚的。

（三）对评标委员会的要求

(1)评标委员会成员应当客观、公正地履行职务，遵守职业道德，对所提出的评审意见承担个人责任。

(2)评标委员会成员不得私下接触投标人，不得收受投标人的财物或者其他好处。

(3)评标委员会成员和参与评标的有关工作人员不得透露对投标文件的评审和比较、中标候选人的推荐情况以及与评标有关的其他情况。

(4)评标委员在评标活动中有徇私舞弊、显失公正行为的，应当取消其评委资格。

招标人应当采取必要的措施，保证评标在严格保密的情况下进行，任何单位和个人不得非法干预或者影响评标的过程和结果。

评标委员会可以要求投标人对投标文件中含义不明确的内容作必要的澄清或者说明，但是澄清或者说明不得超出投标文件的范围或者改变投标文件的实质性内容。评标委员会设立须知如表 4-3 所示。

表 4-3　评标委员会设立须知

相关规定		细则
评标委员会	人员组成	(1)招标人的代表或其委托的招标代理机构熟悉相关业务的代表; (2)相关技术方面的专家; (3)经济方面的专家
	成员人数	评标委员会成员人数须为五人以上单数
	专家人数	有关技术、经济等方面的专家的人数不得少于成员总数的三分之二
	专家条件	(1)从事相关专业领域工作满八年并具有高级职称或者同等专业水平; (2)熟悉有关招标投标的法律法规,并具有与招标项目相关的实践经验; (3)能够认真、公正、诚实、廉洁地履行职责
评审专家确定		(1)由招标人从国务院有关部门或者省、自治区、直辖市人民政府有关部门提供的专家名册中相关专业的专家名单中确定; (2)对于一般招标项目,可以采取随机抽取的方式确定,而对于特殊招标项目,由于其专业要求较高,技术要求复杂,则可由招标人在相关专业的专家名单中直接确定
回避制度		(1)投标人或者投标人主要负责人的近亲属; (2)项目主管部门或者行政监督部门的人员; (3)与投标人有经济利益关系,可能影响对投标公正评审的; (4)曾因在招标、评标以及其他与招标投标有关活动中从事违法行为而受过行政处罚或刑事处罚的
保密规定		评标委员会成员名单一般应于开标前确定,评标委员会成员名单在中标结果确定前应保密

(四)评标专家特征

1. 地位具有法律性

《招标投标法》第三十七条规定,评标由招标人依法组建的评标委员会负责。依法必须进行招标的项目,其评标委员会由招标人的代表和有关技术、经济等方面的专家组成,成员人数为五人以上单数,其中技术、经济等方面的专家不得少于成员总数的三分之二。这些规定既明确了专家评标是法律行为,具有相应的法律地位,又由“三分之二”的规定阐明了专家在评标中的重要性,体现了评标的专业性、公正性和权威性。

2. 权力具有独立性

《招标投标法》第三十八条规定,任何单位和个人不得非法干预、影响评标的过程和结果。这说明,评标是评标委员会的独立活动,作为参与评标的专家有独立行使权力的特征。

3. 作用具有主导性

评标是一项复杂的专业活动,唯有专家在评标中发挥主导作用,才能使评标遵循公平、公正、科学、择优的原则。可以说,主导性决定了评标的方向和质量。

4. 职能具有专业性

《招标投标法》规定了评标专家的资格条件,突出强调了专业性的特点。正是依靠这些专业人才,才构筑了招标投标市场公平竞争的平台,为推动建筑市场的发展发挥了重要作用

5. 程序具有规范性

《评标委员会和评标方法暂行规定》对评标的程序进行了严格规范,包括评标准备、初步评审、详细评审、推荐中标候选人与定标等。各地也针对使用的不同的评标标准和方法,对评标程序提出了规范性意见。这一特征反映了评标专家的评标更趋科学性和合理性,对提高评标效率、确保评标质量具有积极意义。

6. 过程具有保密性

《招标投标法》第三十七条、第三十八条规定,评标委员会成员的名单在中标结果确定前应当保密。招标人应当采取必要的措施,保证评标在严格保密的情况下进行。评标委员会成员和参加评标的有关工作人员,不得透露对投标文件的评审和比较、中标候选人的推荐情况以及与评标有关的其他情况。这说明评标的整个过程是保密的。谁违反了保密规定,还应承担相应的法律责任。

7. 身份具有特殊性

建筑市场竞争激烈,评标专家成了"香饽饽"。一方面,由于有的投标企业把他们当作"特殊人物",采取"非常手段"加以控制和利用;另一方面,个别评标专家也以"专家"自居,利用自己的"特殊身份",在评标过程中行不道德、不公正之举。特别是在县级评标专家稀缺的情况下,这种特殊性体现得更加明显。

8. 行为具有自律性

从专家库成员的构成情况看,分散性的特点比较明显,这就要求评标专家具有很强的自律性。只有用崇高的道德标准严格约束自己,才能客观公正地履行职责。但在强调自律的同时,也不能忽视他律的重要作用

9. 管理具有流动性

一方面,通过换届,一些年龄偏大、调离本地,或有违法违规行为的评标专家被解聘或清除,一些新评委要入库;另一方面,大部分评标专家既是住房和城乡建设主管部门的专家库成员,又是多个招标代理机构的专家库成员。由于对他们的管理和要求缺乏统一性,他们在交叉使用中养成了"游击"习气,这种"打一枪换一个地方"的流动评标模式,给管理增加了难度。

10. 结论具有实践性

中标人的推荐和确定,是评标委员会的最终结论。正常情况下,评标专家对这一结论的形成起着主导作用。但这一结论正确与否,还要经过建筑实践的检验。在以往发生的重大质量安全事故中,也有通过招标评标选定的施工队伍出了问题。这说明,评标专家的责

任不只限于评标阶段，整个建筑实践才是衡量他们评标结论正确与否的试金石。

（五）评标专家管理政策

评标专家的基本特征和应具备的基本素质，说明评标专家是个各方面要求很高的特殊群体，对评标专家的管理也是一项复杂系统的工程，需要住房和城乡建设主管部门或招标监督部门高度重视。在目前的情况下，应采取以下基本政策。

1. 严格选拔，确保入库质量

把好选拔关，既是加强评标专家库建设的基础性工作，也是确保评标专家认真、公正、诚实、廉洁地履行职责的前提条件。由于有些地区专家资源匮乏，特别是一些专业比较冷门，如市政工程经济类、安装工程电气、空调、智能化管理类、装饰装修类、设计类等方面满足条件的专家更是凤毛麟角，因此为避免专家被频繁抽取，有的地方行业主管部门或招标代理机构，在选拔评标专家时随意降低标准，把法律规定的“从事相关领域工作满八年并具有高级职称或者同等专业水平”，改为“从事相关领域工作满十年并具有中级职称或者同等专业水平”。虽然把“八年”改为“十年”年限长了，但“高级”变为“中级”，门槛却低了；人员数量上去了，专业水平却下来了。还有的地区在选拔专家时，只重专业水平，不重道德修养；只看人情关系，不管实际能力，结果导致有的专家或不能胜任评标工作，或因违法、违规很快便被清除出专家队伍。还有一些县级地方行业主管部门更是因为评标专家的稀缺，而不得不违反规定吸收部分在职国家公务员和行使政府职能的专业技术人员进入专家库，出现了主管部门监督评标，而部门领导就是评标专家的怪现象。发生这些问题的根本原因，就在于没有严格依法办事，随意性大。因此，坚持依法行政就显得尤为重要。

（1）严格按照《招标投标法》的规定选拔评标专家。

既不能超越法律规定随意降低标准，也不能为照顾人情关系而不讲专家质量。省级住房和城乡建设主管部门应对各地，特别是县级评标专家库的组建情况，进行全面普查，发现问题及时纠正，达到净化评标专家库的目的。

（2）住房和城乡建设主管部门应尽快组建跨部门、跨地区的综合性评标专家库。

目前，许多省级评标专家库已经建立了，但由于受异地评标食宿、差旅、报酬、安全等方面因素的制约，还没有真正发挥作用。解决这一问题的根本办法就是尽快实现网上评标，充分发挥计算机的管理优势，把评标专家的使用和管理纳入网络系统，实现由静态向动态的跨越，这样既消除了因异地评标带来的诸多不便和安全问题，又解决了各地因专家资源不足、担心反复被抽取、易被利用、随意降低选拔标准影响评标公正性等诸多问题。

（3）县级住房和城乡建设主管部门不宜组建评标专家库。主要原因是区域内专业人才缺乏，监督难度大。目前，在尚未实行网上评标的情况下，可以把县级够资格条件的专家吸收到市级评标专家库，实行统一管理。这样做既保证了入库专家的资格符合法律规定，又满足了县级地方对评标专家的需求，同时还解决了管理难的问题。

2. 加强培训，打牢素质基础

评标专家的素质基础，关系到评标的公平性、公正性和权威性。虽然入库的评标专家具备相应的资格条件，但随着招标投标市场的发展变化，工程建设项目招标范围的拓宽，信息网络技术的普及和推广，建筑市场新工艺、新材料、新技术的广泛应用，评标标准及方法的不断更新和完善，加入世界贸易组织后，国外建筑业参与国内建筑市场竞争日趋广泛的实际情况，加强对评标专家的教育和培训就显得尤其紧迫和必要。

可以采用短期轮训的办法，小批量、多批次地对评标专家进行培训，力争每年将入库专家培训一遍并形成制度。在内容设置上，一方面，针对评标专家存在的思想道德方面的倾向性问题，搞好正面教育和引导：另一方面，请大专院校的教授、法律专家和计算机专业人士，给专家们讲解相关的法律法规、计算机操作规程，组织他们学习和掌握评标的标准和方法，以及与工程建设相关的规定、标准、要求等。每次培训既要内容充实，又要便于吸收；既要有针对性，又要有实用性。在组织方法上，坚持把集中授课与参观见学相结合，把专题研讨与案例分析相结合，把专家自己讲课与大家共同讨论相结合，把成果检验与考核验收相结合，既灵活多样，又实在管用。同时，要加强素质教育和培训，以提高评标专家的政治觉悟、道德水平、评标技能等。

3. 建立制度，坚持用管并举

对评标专家监督重在制度建设。实践证明，制度才有可行性、规范性和约束力。没有以制度为载体的监督是软弱的、靠不住的监督。因此，加强制度建设，是管好、用好评标专家的重要保证。例如，可以建立建档制度、培训制度、考核制度、保密制度、评估制度、回避制度、举报制度等监管制度。制度建立后还要抓落实，既要重用，又要重管；既要有负责日常维护管理的专门机构和人员，又要建立一套完备的保障制度建设的运行机制；既要坚持以教育为主、预防为主、事前监督为主，又要严格按制度规定处理违法违规人员，以维护制度的严肃性，努力使评标专家的管理走上制度化、规范化的轨道。

4. 强化监督，保持良好形象

评标专家良好形象的形成，一靠自律，二靠他律。他律就是自律以外的规章制度、法律法规及社会舆论和主管部门的监督。从实践情况看，对评标专家的监督有一定的难度，特别是在被抽取后到达指定报到地点这一时间段和评标结束后的行为。容易发生的问题主要是主动与某些有关系的投标人取得联系，进行人情交易或权钱交易，或向利害关系人泄露评标情况等。针对上述问题，住房和城乡建设主管部门在实施监督过程中，应分段采取必要的措施。在事前阶段(评标前)，应加强过程控制，通过严格的时限要求、严密的程序，控制、削减不良行为的影响；在事中阶段(评标中)，有必要强调对细节监督的认知，对任何一个评标专家的每个细节表现，都不能轻易放过。必须实行无缝监督，并将表现情况记录在案，为实现长效管理提供参照系；在事后阶段(评标后)，要建立适时跟踪体系，通过不定期的调查、及时受理群众举报、对违法违规行为进行查处等方式，全面掌握和了解评标专家的思想动态和行为表现，发现问题依法依纪作出严肃处理。这样做可形成完整的监督链，达到多层次、高密度、全方位、全过程监督的目的，从而确保评标专家队伍的纯洁和良好形象的树立。

(六)评标委员会的注意事项

(1)评标委员会的职责是依据招标文件确定的评标标准和方法，对进入开标程序的投标文件进行系统评审和比较，评标委员会无权修改招标文件中已经公布的评标标准和方法。

(2)评标委员会对招标文件中评标标准和方法产生疑义时,招标人或其委托的招标代理机构要进行解释。

(3)招标人接收评标报告时,应该对评标委员会是否遵守招标文件确定的评标标准和方法、评标报告是否有算术性错误、签字是否齐全等问题要求评标委员会及时更正。

(4)评标委员会成员及招标人或其委托的招标代理机构参与评标的人员应该严格保密,不得泄露任何信息。评标结束后,招标人应将评标的各种文件资料、记录表、草稿纸收回归档。

三、评标程序

(一)评标准备

1. 场所

要确保评标场所独立、封闭、保密、整洁、有足够的空间,有条件的话,应尽量采用套房式评标室。如无特殊情况,中途不得更换评标场所。

2. 时间

一是一般应当在开标后随即进行评标,如有推迟应提前向监管部门报备并对外说明,同时要做好投标文件封存保管保密工作;二是应留出充分的评标时间,不得限时;三是复杂项目需要连续长时间评标的,应当允许中途休息,不得仓促赶时间。

3. 工作人员

代理机构在安排评标主持组织人员时,一是要注意人员回避问题,有回避情况的应自行申请回避或由代理机构指令其回避:二是要注意分工制约,标书制作人员一般不被安排参与评标会;三是根据项目情况决定安排一名或是两名以上人员参与评标,组织指派两名工作人员时,应明确主办和协办。

4. 参会人员

代理机构要提前落实参加评标会的人员出席情况。一是按规定组建评标委员会,并准确告知具体时间和场所;二是落实拟参与评标会的人员情况,应说服劝导其减少人员以减少不必要的评标干扰;三是提前联系相关监督部门、人员,如财政部门、特邀监察员等,确认其是否到场监督以及人员数量;四是项目有申请公证的,应及时落实公证人员出席情况。

5. 评标组织工作方案

要提前制定评标组织工作方案,明确工作目标、工作计划、工作内容、工作要求、人员分工、组织程序、注意事项等内容。

6. 应急处理预案

为应付评标过程中可能出现的诸如评标争议分歧、异常中止、供应商闹事等突发、紧急情况,应当事先制定应急处理预案,明确应急处理适用范围、原则、机制、分工、程序、保障等内容。

7. 招标投标文件资料

一是应根据评委人数准备好相应份数的招标文件，供评委阅读；二是要提前整理好所有投标文件，并在评标场所妥善放置。

8. 评审表格资料

评标时应至少准备以下表格资料：开标情况记录、投标人报价比较表、评委签到表、其他出席人员签到表、评标纪律文本、资格性审查表、符合性审查表、商务技术评审比较表、评委个人评分表、评分汇总表、中标候选供应商推荐表、评标报告空白文本或表格、评标会记录空白文本。

9. 工具

主要是笔、空白稿纸、写字板、装订机、尺子、计算器、记录用计算机、特殊情况用电话和可上网计算机等。

10. 监控摄像等设备运行

对评标现场有实施录音录像监控或通信屏蔽的，应及时提前开启监控摄像设备及通信屏蔽系统，并确保设备正常运行。

11. 评标主持组织

评标主持组织的工作内容主要有六项：一是引导评标活动的开始和结束，做到有始有终；二是组织评标会相关人员各司其职，分工开展工作；三是维持评标会场秩序，确保有序、井然；四是及时处理评标过程中出现的属于代理机构职权范围内的事项；五是出现紧急情况时，启动应急处理预案；六是及时向监督部门报告评标过程中出现的有关人员违法违规行为。

（二）召开评标会

评标一般采用评标会的形式进行，评标会的具体程序如下。

（1）开标会结束后，投标人退出会场，参加评标会的人员进入会场，由评标组织负责人宣布评标会开始。

（2）评标组织成员按照初步评审的要求，审阅各个投标文件，主要检查确认投标文件是否实质上响应招标文件的要求；投标文件正副本之间的内容是否一致；投标文件是否有重大漏项、缺项；是否提出了招标人不能接受的保留条件等。

（3）评标组织成员根据详细评审规定，只对未被宣布无效的投标文件进行评议并对评标结果签字确认。

（4）如有必要，评标期间，评标组织可以要求投标人对投标文件中不清楚的问题作必要的澄清或者说明，但是，澄清或者说明不得超出投标文件的范围或改变投标文件的实质性内容。所澄清和确认的问题应当采取书面形式，经招标人和投标人双方签字后，作为投标文件的组成部分，列入评标依据范围。在澄清会谈中，不允许招标人和投标人变更或寻求变更价格、工期、质量等级等实质性内容。开标后，投标人对价格、工期、质量等级等实质性内容提出的任何修正声明或者附加优惠条件，一律不得作为评标组织评标的依据。

书面答复须经投标人法定代表人或其代理人的签署或加盖印章，签署或加盖印章的书面答复将视为投标文件的组成部分。投标截止时间后，投标人对投标报价或其他实质性内容修正的函件和增加的任何优惠条件，一律不得作为评标、定标的依据。

评标委员会不得暗示或者诱导投标人作出澄清、说明，不得接受投标人主动提出的澄清、说明。（表 4-4、表 4-5）

表 4-4 问题澄清通知

问题澄清通知 编号：__________ ______________（投标人名称）： __________（项目名称）____________标段施工招标的评标委员会，对你方的投标文件进行了仔细的审查，现需你方对本通知所附质疑问卷中的问题以书面形式予以澄清、说明或者补正。 请将上述问题的澄清、说明或者补正于____年____月____日____时前密封递交至____________（详细地址）或传真至__________（传真号码）。采用传真方式的，应在____年____月____日____时前将原件递交至________________（详细地址）。 附件：质疑问卷 ________（项目名称）________标段施工招标评标委员会 （经评标委员会授权的招标人代表签字或招标人加盖单位章） ____年____月____日

表 4-5 问题的澄清、说明或者补正

问题的澄清、说明或者补正 编号：__________ ______________（项目名称）____________标段施工招标评标委员会： 问题澄清通知（编号：__________）已收悉，现澄清、说明或者补正如下： 1. …… 2. …… ………… 投标人：________________（盖单位章） 法定代表人或其委托代理人：（签字） ____年____月____日

(5)评标组织负责人对评标结果进行校核,按照优劣或得分高低排出投标人顺序,并形成评标报告。

除招标文件规定授权评标委员会直接确定中标人外,招标人应依据评标委员会推荐的中标候选人确定中标人,评标委员会提交中标候选人的数目应符合招标文件的要求,应当不超过三人,并标明排列顺序。

中标人的投标应当符合下列条件。

(1)能够最大限度地满足招标文件中规定的各项综合评价标准。

(2)能够满足招标文件的实质性要求,并且经评审的投标价格最低,但是投标价格低于成本的除外。

使用国有资金投资或者国家融资的项目,招标人应当确定排名第一的中标候选人为中标人。排名第一的中标候选人放弃中标或因不可抗力提出不能履行合同,或者招标文件规定应当提交履约保证金而在规定的期限内未提交的,招标人可以确定排名第二的中标候选人为中标人。排名第二的中标候选人因上述同样原因不能签订合同的,招标人可以确定排名第三的中标候选人为中标人。在确定中标人之前,招标人不得与投标人就投标价格、投标方案等实质性内容进行谈判。

招标人在评标委员会依法推荐的中标候选人以外确定中标人的,依法必须进行招标的项目在所有投标被评标委员会否决后自行决定中标人的,中标无效。如果因有效投标不足三个使得投标明显缺乏竞争的,评标委员会可以建议招标人重新招标。如果投标截止时间前递交投标文件的投标人数量少于三个或者所有投标被否决的,招标人也应当依法重新招标。

(三)提交评标报告

评标委员会完成评标后,应当向招标人提交书面评标报告,并抄送有关行政监督部门。评标报告应当包括以下内容。

(1)基本情况和数据表。

(2)评标委员会成员名单。

(3)开标记录。

(4)符合要求的投标一览表。

(5)废标情况说明。

(6)评标标准、评标方法或者评标因素一览表。

(7)经评审的价格一览表(包括评标委员会在评标过程中所形成的所有记载评标结果结论的表格、说明、记录等文件)。

(8)经评审的投标人排序。

(9)推荐的中标候选人名单(如果“投标人须知”前附表授权评标委员会直接确定中标人则为“确定的中标人”)与签订合同前要处理的事宜。

(10)澄清、说明或补正事项纪要。

评标报告是评标委员会经过对各投标书评审后向招标人提出的结论性报告,作为定标的主要依据。评标报告由评标委员会全体成员签字。对评标结果持有异议的评标委员会成员可以书面方式阐述其不同的意见和理由。评标委员会成员拒绝在评标报告上签字且不陈述其不同意见和理由的，视为同意评标结论。评标委员会应当对此作出书面说明并记录在案。评标委员会推荐的中标候选人应当限定在一至三人，并标明排列顺序。

如果评标委员会经过评审，认为所有投标都不符合招标文件的要求，可以否决所有投标。出现这种情况后，招标人应认真分析招标文件的有关要求以及招标过程，对招标工作范围或招标文件的有关内容作出实质性的修改后重新进行招标。

评标报告如表 4-6 所示。

表 4-6　评标报告

<table>
<tr><td>工程名称</td><td colspan="3"></td></tr>
<tr><td>工程编号</td><td colspan="3"></td></tr>
<tr><td rowspan="2">评标委员会
评审结果</td><td>投标人名称</td><td>排名次序</td><td>投标价格或评标得分</td></tr>
<tr><td></td><td></td><td></td></tr>
<tr><td rowspan="4">推荐的中标获选人</td><td>次序</td><td colspan="2">中标获选人名称</td></tr>
<tr><td>1</td><td colspan="2"></td></tr>
<tr><td>2</td><td colspan="2"></td></tr>
<tr><td>3</td><td colspan="2"></td></tr>
<tr><td>评标委员会全体成员签字</td><td colspan="3">兹确认上述评标结果属实，有关评审记录见附件。
____年____月____日</td></tr>
<tr><td>招标人决标意见</td><td colspan="3">根据招标文件中规定的评标办法和评标委员会的推荐意见，兹确定：________为中标人。
招标人：________（盖章）　　法定代表人：________（签字或盖章）
____年____月____日</td></tr>
<tr><td>备注</td><td colspan="3">本表有附件，附件包括评标委员会成员名单、开标记录、废标情况说明、评审记录、分析报告，有关澄清、说明和补正事项纪要等评标过程中形成的文件。本表与附件共同构成评标报告，附件共________页。</td></tr>
<tr><td>说明</td><td colspan="3">本报告由评标委员会和招标人共同填写，一式三份，其中一份在备案时由招标办留存。</td></tr>
</table>

四、评标内容

（一）初步评审

初步评审是评标委员会根据招标文件确定的评标办法，对投标文件进行形式、资格响应性评审。

初步评审内容包括形式评审、资格评审、响应性评审。工程施工采用经评审的最低投标价法时，还应对施工组织设计和项目管理机构的合格响应性进行初步评审。（表 4-7）

表 4-7　初步评审标准

序号	评审内容		评审标准
1	形式评审	1.1	投标文件格式、内容组成(如投标函、法定代表人身份证明、授权委托书等)是否按照招标文件规定的格式和内容填写,字迹是否清晰可辨
		1.2	投标文件提交的各种证件或证明材料是否齐全、有效和一致,包括营业执照、资质证书、相关许可证、相关人员证书、各种业绩证明材料等
		1.3	投标人的名称、经营范围等与投标文件中的营业执照、资质证书、相关许可证是否一致有效
		1.4	投标文件法定代表人身份证明或法定代表人的代理人是否有效,投标文件的签字、盖章是否符合招标文件规定。如有授权委托书,则授权委托书的内容和形式是否符合招标文件的规定
		1.5	如有联合体投标,应审查联合体投标文件的内容是否符合招标文件的规定,包括联合体协议书、牵头人、联合体成员数量等
		1.6	投标报价是否唯一。一份投标文件只能有一个投标报价,在招标文件没有规定情况下,不得提交选择性报价。如果提交了调价函,则应审查调价函是否符合招标文件的规定
2	资格评审		见资格评审内容
3	响应性评审	3.1	投标内容范围是否符合招标范围和内容,有无实质性偏差
		3.2	项目完成期限(工期、服务期),投标文件载明的完成项目的时间是否符合招标文件规定的时间,并应提供响应时间要求的进度计划安排的图表等
		3.3	投标文件是否符合招标文件提出的(工程、服务)质量目标、标准要求
		3.4	投标文件是否承诺招标文件规定的有效期
		3.5	投标人是否按照招标文件规定的时间、方式、金额及有效期递交投标保证金或银行保函
		3.6	投标人是否按照招标文件规定的内容范围及工程量清单或服务清单数量进行报价,是否存在算术错误,并需要按规定修正。招标文件设有招标控制价的,投标报价不能超过招标控制价
		3.7	投标文件中是否完全接受并遵守招标文件合同条件约定的权利、义务,是否对招标文件合同条款有重大保留、偏离和不响应内容
		3.8	投标文件的技术标准是否响应招标文件要求
4	施工组织设计和项目管理机构评审	4.1	采用经评审的最低投标价法时,投标文件中的施工组织设计的各项要素是否响应招标文件要求
		4.2	采用经评审的最低投标价法时,投标文件中的项目管理机构的各项要素是否响应招标文件要求

1. 形式评审

形式评审主要的评审内容包括以下几项。

(1)投标文件格式、内容组成(如投标函、法定代表人身份证明、授权委托书等)是否按招标文件规定的格式和内容填写,字迹是否清晰可辨。

(2)投标文件提交的各种证件或证明材料是否齐全、有效和一致,包括营业执照、资质证书、相关许可证、相关人员证书、各种业绩证明材料等。

(3)投标人名称、经营范围等与投标文件中的营业执照、资质证书、相关许可证是否一致有效。

(4)投标文件法定代表人身份证明或法定代表人的代理人是否有效,投标文件的签字盖章是否符合招标文件规定。如有授权委托书,则授权委托书的内容和形式是否符合招标文件的规定。

(5)如有联合体投标,应审查联合体投标文件的内容是否符合招标文件的规定,包括联合体协议书、牵头人、联合体成员数量等。

(6)投标报价是否唯一。一份投标文件只能有一个投标报价,在招标文件没有规定的情况下,不得提交选择性报价。如果提交了调价函,则应审查调价函是否符合招标文件的规定。

2. 资格评审

资格评审适用于未进行资格预审程序的评标,其主要的评审内容如下。

(1)营业执照。具有有效的营业执照,已参加年审。

(2)安全生产许可证。具备有效的安全生产许可证。

(3)资质等级。符合招标文件规定的要求。

(4)财务状况。符合招标文件规定的要求。

(5)类似项目业绩。符合招标文件规定的要求。

(6)信誉。符合招标文件规定的要求。

(7)项目经理。符合招标文件规定的资格要求。

(8)其他要求。设计负责人、施工负责人、施工机械设备、项目管理机构及人员符合招标文件规定的要求。

(9)联合体投标人。符合招标文件规定的对联合体的要求。

3. 响应性评审

响应性评审主要的评审内容如下。

(1)投标内容范围。投标文件是否符合招标范围和内容,有无实质性偏差。

(2)项目完成期限。投标文件载明的招标项目完成期限是否符合招标文件规定的时限。

(3)项目质量要求。工程质量目标是否满足招标文件要求。

(4)投标有效期。投标有效期是否符合招标文件规定的要求。

(5)投标保证金。投标保证金是否符合招标文件规定的要求。

(6)投标报价。审查全部报价数据计算的正确性,分析报价构成的合理性,并与招标控制价进行对比分析。

(7)合同权利和义务。是否符合招标文件“合同条款及格式”规定。

(8)技术标准和要求。投标文件的技术标准是否响应招标文件的要求。

投标文件应实质上响应招标文件的所有条款、条件,无显著的差异或保留。所谓显著的差异或保留,包括以下情况:对工程的范围、质量及使用性能产生实质性影响;偏离了招标文件的要求,而对合同中规定的招标人的权利或者投标人的义务造成实质性的限制;纠正这种差异或者保留将会对提交了实质性响应要求的投标书的其他投标人的竞争地位产生不公正影响。评标委员会应当审查每一投标文件,是否对招标文件提出的所有实质性要求作出了响应。

4. 施工组织设计和项目管理机构评审

当工程评标采用经评审的最低投标价法时,不再对技术标进行详细评审,只对施工组织设计和项目管理机构进行初步评审。主要包括施工方案与技术措施、质量管理体系与措施、安全管理体系与措施、环境保护管理体系与措施、工程进度计划与措施、资源配备计划、技术负责人、其他主要人员、施工设备、试验、检测仪器设备等是否符合有关标准。

上述初步评审的各项评审因素属于定性评审,投标文件的任何一项因素不符合评审标准,均构成废标,不能进入详细评审。评标委员会应当审查每份投标文件,有以下情形之一的,评标委员会评审认定后,其投标作废标处理。

(1)投标文件中的投标承诺书未加盖投标人的公章及企业法定代表人(或其委托代理人)印章或签名的,或者企业法定代表人授权的委托代理人没有合法、有效的委托书原件。

(2)未按招标文件要求提供投标保证金的。

(3)组成联合体投标,但投标文件未附联合体各方共同投标协议的。

(4)未按招标文件规定的格式填写,内容不全或关键字迹模糊、无法辨认的。

(5)投标人资格条件不符合国家有关规定或招标文件要求的。

(6)投标人名称或组织机构与资格预审时不一致且未提供有效证明的。

(7)投标人递交两份或多份内容不同的投标文件,或在一份投标文件中对同一招标项目报有两个或多个报价,且未声明哪一个有效,按招标文件规定提交备选投标方案的除外。

(8)以他人的名义投标、串通投标,以行贿手段谋取中标或者以其他弄虚作假方式投标的。

(9)投标报价超过招标文件规定的招标控制价的或投标报价低于成本价的。

(10)投标文件载明的招标项目完成期限超过招标文件规定期限的。

(11)明显不符合技术规范、技术标准要求的。

(12)不同投标人的投标文件出现了评标委员会认为不应当雷同情况的。

(13)投标文件载明的货物包装方式、检验标准和方法等不符合招标文件要求的。

(14)投标文件附有招标人不能接受的条件。

(15)不按评标委员会要求澄清、说明或补正的。

(16)招标投标法律法规规定的或本工程招标文件约定的其他废标情形。

作废标处理的一般情形如表 4-8 所示。

表 4-8　作废标处理的一般情形

序号	作废标处理的情形
1	投标文件无单位盖章且无法定代表人(或其授权代理人)印章或签名的,或者虽有代理人签字但无法定代表人出具的授权委托书的
2	联合体投标未附联合体各方共同投标协议书的
3	没有按照招标文件要求提交投标保证金的
4	投标函未按招标文件规定的格式填写,内容不全或关键字迹模糊无法辨认的;投标人不符合国家或招标文件规定的资格条件的;投标人名称或者组织结构与资格预审时不一致且未提供有效证明的
5	投标人提交两份或多份内容不同的投标文件,或在同一份投标文件中对同一招标项目有两个或多个报价且未声明哪一个为最终报价的,但按招标文件要求提交备选投标的除外
6	串通投标、以行贿手段谋取中标、以他人名义或者其他弄虚作假方式投标的
7	报价明显低于其他投标报价或者在设有标底时明显低于标底,且投标人不能合理说明或者提供相关证明材料,评标委员会认定该投标人以低于成本报价竞标的
8	无正当理由不按照要求对投标文件进行澄清、说明或者补正的不符合招标文件提出的其他商务、技术的实质性要求和条件的招标文件明确规定可以废标的其他情形

5. 投标文件的澄清、说明或者补正

《评标委员会和评标方法暂行规定》第十九条规定,评标委员会可以书面方式要求投标人对投标文件中含义不明确、对同类问题表述不一致或者有明显文字和计算错误的内容作必要的澄清、说明或者补正。澄清、说明或者补正应以书面方式进行并不得超出投标文件的范围或者改变投标文件的实质性内容。

算术性错误修正原则如下:

(1)投标文件中的大写金额与小写金额不一致的,以大写金额为准;

(2)总价金额与依据单价计算出的结果不一致的,以单价金额为准,但单价金额小数点有明显错误的除外;

(3)对不同文字文本投标文件的解释发生异议的,以中文文本为准。

6. 投标文件排序

评标委员会应当按照投标报价的高低或者招标文件规定的其他方法对投标文件排序。以多种货币报价的应当按照中国银行在开标日公布的汇率中间价换算成人民币。招标文件应当对汇率标准和汇率风险作出规定。未作规定的,汇率风险由投标人承担。

7. 投标偏差

评标委员会应当根据招标文件,审查并逐项列出投标文件的全部投标偏差。投标偏差分为重大偏差和细微偏差。

(1)重大偏差。常见重大偏差的情形如表 4-9 所示。

表 4-9　常见的重大偏差情形

序号	重大偏差情形
1	没有按照招标文件要求提供投标担保或者所提供的投标担保有瑕疵
2	投标文件没有投标人授权代表签字和加盖公章
3	投标文件载明的招标项目完成期超过招标文件规定的期限
4	明显不符合技术规格、技术标准的要求
5	投标文件载明的货物包装方式、检验标准和方法等不符合招标文件的要求
6	投标文件附有招标人不能接受的条件
7	不符合招标文件中规定的其他实质性要求

注:1. 投标文件有上述情形之一的,未能对招标文件作出实质性响应,按作废标处理。
2. 招标文件对重大偏差另有规定的,从其规定。

(2)细微偏差。细微偏差是指投标文件在实质上响应招标文件要求,但在个别地方存在漏项或者提供了不完整的技术信息和数据等情况,并且补正这些遗漏或者不完整不会对其他投标人造成不公平的结果。

细微偏差不影响投标文件的有效性,评标委员会应当书面要求存在细微偏差的投标人在评标结束前予以补正。拒不补正的在详细评审时可以对细微偏差作不利于该投标人的量化,量化标准应当在招标文件中规定。

初步评审记录表如表 4-10 所示。

表 4-10　初步评审记录表

工程名称:＿＿＿＿＿＿＿＿

序号	评审内容	投标人名称及评审意见						
1	投标书证明文件是否齐备							
2	投标函签字盖章							
3	投标文件完整性							
4	密封格式							
5	投标保证金							
6	投标书装订签字编码							
初步评审最终结论								

说明:本表由全体评委在共同商议的基础上给出结论,评委之间意见不一致时,按照少数服从多数的原则确定。

全体评委签名:　　　　日期:＿＿年＿＿月＿＿日

(二)详细评审

经初步评审合格的投标文件,评标委员会应当根据招标文件确定的评标标准和方法,对其商务标和技术标做进一步的评审。其主要内容包括以下几个方面。

1. 商务性评审

商务性评审的目的在于从成本、财务和经济分析等方面评定投标报价的合理性和可靠性，并估量授标给投标人后的不同经济效果。商务性评审的主要内容如下。

(1)将投标报价与标底进行对比分析，评价该报价是否可靠、合理。

(2)分析投标报价的构成和水平是否合理，有无严重的不平衡报价。

(3)审查所有保函是否被接受。

(4)进一步评审投标人的财务实力和资信程度。

(5)投标人对支付条件有何要求或给予招标人何种优惠条件。

(6)分析投标人提出的财务和支付方面的建议的合理性。

(7)是否提出与招标文件中的合同条款相背的要求。

2. 技术性评审

技术性评审的目的在于确认备选的中标人完成本招标项目的技术能力以及其所提方案的可靠性。技术性评审的主要内容包括以下几个方面。

(1)投标文件是否包括招标文件所要求提交的各项技术文件，这些技术文件是否同招标文件中的技术说明或图纸一致。

(2)企业的施工能力。评审投标人是否满足工程施工的基本条件以及项目部配备的项目经理、主要工程技术人员以及施工员、质量员、安全员、预算员、机械员五大员的配备数量和资历。

(3)施工方案的可行性。主要评审施工方案是否科学、合理，施工方案、施工工艺流程是否符合国家、行业、地方强制性标准规范或招标文件约定的推荐性标准规范的要求，是否体现了施工作业的特点。

(4)工程质量保证体系和所采取的技术措施。评审投标人质量管理体系是否健全、完善，是否已经取得 ISO 9000 质量体系认证。标书有无完善、可行的工程质量保证体系和防止质量通病的措施，以及满足工程要求的质量检测设备等。

(5)施工进度计划及保证措施。评审施工进度的安排是否科学、合理，所报工期是否符合招标文件的要求，施工分段与所要求的关键日期或进度安排标志是否一致，有无可行的进度安排横道图、网络图，有无保证工程进度的具体可行措施。

(6)施工平面图。评审施工平面图的布置是否科学、合理。

(7)劳动力、机具、资金需用计划及主要材料、构配件计划安排。评审有无合理的劳动力组织计划安排和用量平衡表，各工种人员的搭配是否合理，有无满足施工要求的主要施工机具计划，并注明到场施工机具产地、规格、完好率及目前所在地处于什么状态，何时能到场，能否满足要求施工中所需资金计划，分批、分期所用的主要材料、构配件的计划是否符合进度安排。

(8)评审在本工程中采用的国家、省建设行政主管部门推广的新工艺、新技术、新材料的情况。

(9)合理化建议方面。在本工程上是否有可行的合理化建议，能否节约投资，有无对比计算数额。

(10)文明施工现场及施工安全措施。评审对生活区、生产区的环境有无保护与改善措

施以及有无保证施工安全的技术措施及保证体系。(表 4-11、表 4-12)

表 4-11 百分制总评分表

评审分类分值	评分项	评标内容	投标人名称及得分		
商务部分 50 分①	1	投标报价实质上响应招标文件要求,为有效标得基础 30 分			
	2	投标报价与评标标底相比,每下浮一个百分点加 2 分,下浮至十个百分点加 20 分,最多加 20 分;标报价与评标标底相比每上浮一个百分点减 2 分,上浮至十个百分点减 20 分,最多减 20 分			
企业信誉及业绩② 20 分	1	质量承诺达到招标文件等级加 2 分			
	2	本工程投标建造师近两年内被评为省级优秀建造师加 1 分,被评为国家级优秀建造师加 2 分			
	3	企业资质,特级资质加 4 分,一级资质加 3 分,二级资质加 2 分,三级资质加 1 分			
	4	投标建造师前两年度施工本专业类似工程(已竣工,以施工合同为准)加 1 分			
	5	企业通过 ISO 9001:2000 质量管理体系系列认证的加 2 分			
	6	企业通过 GB/T 28001—2001 职业健康安全管理体系认证的加 2 分			
	7	企业通过 ISO 14001:2004 环境管理体系系列认证的加 2 分			
	8	投标企业前两年工程质量获省级奖加 1 分,获国家级奖加 2 分			
	9	投标企业前两年获得省级"安全文明工地"加 1 分			
	10	投标企业前两年工程质量获省级奖加 1 分;质量承诺达到招标文件等级加 2 分			
技术部分 30 分	1	各分部工程主要施工方案: 各专家评委根据各投标单位的施工方案打分(分值为 1~6 分任意打取)			
	2	工程材料进场计划: 能满足施工要求并且本企业有生产加工能力的得 3 分;有常年合作单位(以合同为准)的得 2 分;采用其他方式满足生产的得 1 分			
	3	施工平面布置: 施工现场平面布置图,包括临时设施、现场交通、现场作业区、施工设备机具、安全通道、消防设施及通道的布置、成品、半成品、原材料的堆放等。布置合理的得 3 分,较合理的得 1 分			
	4	施工进度安排: 投标单位应提供初步的施工进度表且响应招标文件的有关违约责任,说明按投标工期进行施工的各个关键日期。初步施工进度表可采用横道图(或关键线路网络图表示)。施工进度计划与招标工期一致的,提前 3 天得 2 分,提前 5 天得 3 分			

表 4-11(续)

评审分类分值	评分项	评标内容	投标人名称及得分		
技术部分30分	5	项目管理机构及劳动力组织： 项目管理机构至少应包括建造师、施工员、材料员、助理造价工程师、质量员、安全员、财务人员。劳动力组织应分工种、级别、人数，按工程施工阶段配备劳动力(以证书原件为准/否则不得分)。配备合理得3分，较合理得2分，基本满足得1分			
	6	质量、工期保证措施体系： 质量、工期保证措施应包括各分部、分项的措施。健全得3分，较健全得2分，基本健全得1分			
	7	安全生产施工措施： 安全措施合理，应有临街商户及行人安全出行措施，有临时用电防护措施等措施。合理得3分，较好得2分，基本满足得1分			
	8	文明施工措施： 文明施工措施合理，封闭围挡，防尘、防噪声、保证现场环境整治。措施合理得3分，较好得2分，基本满足得1分			
	9	冬雨期施工措施： 措施合理得3分，较好得2分，基本满足得1分			

①说明：投标报价50分(基础30分)，以下百分之几即表示为几个百分点。本次评标的有效标范围为最低报价，不得低于工程成本，评标采用公开修正标底的做法，即有效标投标报价的算术平均值为评标基准价，本次评标计分，保留两位小数计算，第三位小数四舍五入。

②说明：以上证明材料(资质证书、营业执照、安全生产许可证、建造师证、荣誉证书等)应当真实、有效，以原件为准。遇有弄虚作假者、未携带原件者、投标建造师未到会场的，取消其投标资格。证书每一种均按获得的最高荣誉证书记分，记分时不重复、不累计。

表 4-12　评标结果汇总表

序号	投标人名称	初步评审		详细评审	备注
		合格	不合格	分数排序	
1					
2					
……					
最终推荐中标候选人及排序		第一名：			
		第二名：			
		第三名：			

五、评标方法

(一)经评审的最低投标价法

经评审的最低投标价法是指在评标过程中将投标文件中的各项评标因素尽可能地折算为货币量,将投标报价进行综合比较后,确定出评标价格最低的投标,并以该投标人为中标候选人的评标方法。最低评标价不是最低投标价,它是一个以货币形式表现的衡量投标竞争力的定量指标。对于资质、资格、业绩等条件,采取的是"合格者通过,不合格者淘汰"的办法。评标委员会除了考虑投标价格因素外,还综合考虑工程质量、工期、合理化建议等因素,并将这些因素尽可能加以量化、折算为一定的货币额,加权计算得到评标价。

投标文件要能够满足招标文件的实质性要求,并且经评审的投标价格最低,但投标价格低于成本的除外。这不仅是对中标条件的规定,同时也肯定了经评审的最低投标价法是招标投标中可以采用的一种评标方法。虽然经评审的最低投标价法遵循的是低价优先的原则,但并不是可以不计成本地片面追求低价。

经评审的最低投标价法的优点有以下几项。

(1)能最大限度地降低工程造价、节约建设投资。

(2)符合市场竞争规律,优胜劣汰,更有利于施工,企业加强管理,注重技术进步和淘汰落后技术。

(3)可最大限度地减少招标过程中的腐败行为,将人为的干扰降到最低,使招标过程更加公平、公正、公开。

(4)节省了评标的时间,减少了评标的工作量。

其缺点是:利用经评审的最低投标价法进行评标的风险相对比较大。低的工程造价固然可以节省业主的成本,但是有可能造成投标单位在投标时盲目的压价,在施工过程中没有采取有效的措施降低造价,而是以劣质的材料、低劣的施工技术等方法压低成本,导致工程质量下降,违背了最低报价法的初衷。

按照《评标委员会和评标方法暂行规定》第三十条规定,经评审的最低投标价法一般适用于具有通用技术、性能标准或者招标人对其技术、性能没有特殊要求的招标项目。

(二)综合评估法

对不宜采用经评审的最低投标价法的招标项目,一般采用综合评估法进行评审。综合评估法俗称打分法,是指将评审内容分别赋予不同的权重,评委依据评分标准对各类内容进行打分,最后的累计分值反映投标人的综合水平。提交给招标人的综合评分比较表应载明投标人的投标报价,所做的任何修改,对商务、技术偏差的调整,对各类评审内容的评分,以及对每个投标的最终评标总得分。在我国工程项目招标中大都以得分最高的投标人为中标人。

这种评标方法的要点如下。

(1)评标委员会根据招标项目的特点和招标文件中规定的需要量化的因素及权重(评分标准),将准备评审的内容进行分类,各类中再细化成小项,并确定各类及小项的评分标准。

(2)评分标准确定后,每位评标委员分别独立地对投标书打分,各项分数统计之和即为该投标书得分。

(3)综合评分。如报价以标底价为标准,报价低于标底5%范围内为满分,报价高于标底6%以上或低于8%以下均为0分。同样报价以技术价为标准进行类似评分。

(4)评标委员会拟定“综合评估比较表”,载明以下内容:投标人的投标报价,对商务偏差的调整值,对技术偏差的调整值,最终评审结果等,以得分最高的投标人为中标人,最常用的方法是百分法。

评标委员会按照以下程序进行详细评审。

(1)施工组织设计评审和评分。

(2)项目管理机构评审和评分。

(3)投标报价评审和评分,并对明显低于其他投标报价的投标报价,或者在设有标底时明显低于标底的投标报价,判断是否低于其个别成本。

(4)其他因素评审和评分。

(5)汇总评分结果。

评审时,施工组织设计、项目管理机构、投标报价和其他因素总计分值为100分,这四个方面所占比例和具体分值由招标人自行确定,并在招标文件中明确载明。评标委员会按照分值构成与评分标准规定量化因素和分值进行打分,并计算出各投标文件的综合评估得分。按规定的评审因素和标准对施工组织设计计算得分A;按规定的评审因素和标准对项目管理机构计算得分B;按规定的评审因素和标准对投标报价计算得分C;按规定的评审因素和标准对其他部分计算得分D。则最后投标人计算总分为A+B+C+D。由评标委员会对各投标人的投标文件进行评分后加以比较,最后以总得分最高的投标人为中标候选人。

综合评估法的应用范围主要是大型建设工程或技术复杂、施工难度大的等不宜采用经评审的最低投标价法的招标项目。综合评估法具有科学、量化的优点,与我国目前的建筑市场环境基本相适应,因而被广泛地接受和选用,并且与我国目前施工企业的资质制度相适应。这种方法能够选中综合实力较强、投标报价较合理的投标人为中标人。在具体操作上,其比较容易制定具体项目的评标办法和评标标准;评标时,评委容易对照标准打分。

第三节　定　　标

本节微课

定标即通过评标确定最佳中标人,并授予合同的过程,是招标人决定中标人的行为。在这个阶段,招标单位所要进行的工作有:决定中标人;通知中标人其投标已经被接受;向中标人发放中标通知书;通知所有未中标的投标人,并向他们退还投标保证金等。

一、确定中标候选人

《招标投标法》第四十一条规定,投标人的投标应当符合下列条件之一:

(1)能够最大限度地满足招标文件中规定的各项综合评价标准;

(2)能够满足招标文件的实质性要求,并且经评审的投标价格最低;但是投标价格低于成本的除外。

根据《招标投标法实施条例》,对国有资金占控股或主导地位的依法必须进行招标的项目,招标人应确定排名第一的中标候选人为中标人。排名第一的中标候选人放弃中标、因不可抗力不能履行合同、不按照招标文件要求提交履约保证金,或者被查实存在影响中标结果的违法行为等情形,不符合中标条件的,招标人可以按照评标委员会提出的中标候选人名单排序依次确定其他中标候选人为中标人,也可以重新招标。

采用经评审的最低投标价法时,投标报价最低的中标,但前提条件是该投标符合招标文件的实质性要求，而且投标报价不低于企业成本。如果投标不符合招标文件的要求而被招标人所拒绝，则投标价格再低，也不在考虑之列。即当采用综合评估法评标时，投标价格最低的不一定能中标，能够中标的一定是按照价格标准与非价格标准对投标文件进行总体评估和比较后获得最佳综合评价的投标。

二、公示中标候选人

为维护公开、公平、公正的市场环境，鼓励各招标投标当事人积极参与监督，按照《招标投标法实施条例》的规定，依法必须进行招标的项目，招标人应当自收到评标报告之日起三日内公示中标候选人，公示期不得少于三日。投标人或者其他利害关系人对依法必须进行招标项目的评标结果有异议的，应当在中标候选人公示期间提出。招标人应当自收到异议之日起三日内作出答复；作出答复前，应当暂停招标投标活动。

对中标候选人的公示需明确以下几个方面。

(1)公示范围。招标公示范围是依法必须进行招标的项目，其他招标项目是否公示中标候选人由招标人自行确定。公示的对象是全部中标候选人。

(2)公示媒体。招标人在确定中标人之前，应当将中标候选人在交易场所和指定媒体上公示。

(3)公示时间(公示期)。公示期从公示的第二天开始算起，在公示期满后招标人才可以签发中标通知书。

(4)公示内容。公示内容应对中标候选人全部名单及排名进行公示。

(5)异议处置。公示期间，投标人及其他利害关系人可先向招标人提出异议，经核查后发现在招标投标过程中确有违反相关法律法规且影响评标结果公正性的，招标人应当重新组织评标或招标。招标人拒绝自行纠正或无法自行纠正的，则根据《招标投标法实施条例》第六十条的规定，向行政监督部门提出投诉。对故意虚构事实、扰乱招标投标市场秩序的，则按照有关规定进行处理。

三、招标投标结果备案

招标投标结果的备案是指依法必须进行招标的项目，招标人应当自确定中标人之日起十五日内，向有关行政监督部门提交招标投标情况的书面报告。书面报告至少包含以下内容。

(1)招标范围。

(2)招标方式和发布招标公告。

(3)招标文件中的投标人须知、技术条款、评标标准和方法、合同主要条款等内容。

(4)评标委员会的组成和评标报告。

(5)中标结果。

四、发出中标通知书

建设主管部门自收到招标人提交的招标投标情况的书面报告之日起五日内，未通知招标人在招标投标活动中有违法行为的，招标人方可向中标人发出中标通知书，并同时将中标结果通知所有未中标的投标人。

(1)中标通知书对招标人和中标人具有法律效力，中标后招标人改变中标结果的，或者中标人放弃中标项目的，应当依法承担法律责任。

(2)招标人和中标人应当在中标通知书发出后的法定期限内,按照招标文件和中标人的投标文件订立书面合同,招标人和中标人不得再行订立背离合同实质性内容的其他协议,这项规定是要用法定的形式肯定招标的成果,或者说招标人、中标人双方都必须尊重竞争的结果,不得任意改变。

(3)招标文件要求中标人提交履约保证金的,中标人应当提交,这是采用法律形式促使中标人履行合同义务的一项特定的经济措施,也是保护招标人利益的一种保证措施。

(4)中标人应当按照合同约定履行义务,完成中标项目,不得向他人转让中标项目,也不得将中标项目肢解后分别向他人转让,这是规定中标人的履约义务,它是招标投标的落脚点,为此中标人要承担相应的法律责任。如果中标人可以任意毁约、背弃合同,招标投标便成为一种没有实际结果的交易形式。同时,要禁止中标人转让中标项目的行为,谁中标只能由谁来完成中标项目,中标人是一个特定的市场主体,并不能由他人代替,更要防止在转让时产生的种种弊端,所以禁止转让中标项目。

(5)中标人按照合同约定或者经招标人同意,可以将中标项目的部分非主体、非关键性工作分包给他人完成,但不得再次分包。分包项目由中标人向招标人负责,接受分包的人承担连带责任。这项规定表明,分包是允许的,但是有严格的条件和明确的责任,有分包行为的应当注意这些规定。

《招标投标法》规定,招标文件要求中标人提交履约保证金的,中标人应当提交。履约保证金是指招标人要求投标人在接到中标通知书后提交的保证履行合同各项义务的担保。一旦中标人不履行合同义务,该项担保用于赔偿招标人因此所受的损失。

中标通知书的内容应当简明扼要,告知投标人已中标,说明签订合同的时间和地点等内容。根据《标准施工招标文件》的规定,中标通知书、中标结果通知书、确认通知格式如表4-13、表4-14、表4-15所示。

表4-13　中标通知书

中标通知书 __________________(中标人名称): 　　你方于________(投标日期)所递交的________(项目名称)________标段施工投标文件已被我方接受,被确定为中标人。 　　中标价:________元。 　　工　期:________日历天。 　　工程质量:符合________标准。 　　项目经理:________(姓名)。 　　请你方在接到本通知书后的________日内到________(指定地点)与我方签订施工承包合同,在此之前按招标文件“投标人须知”规定向我方提交履约担保。 　　特此通知。 招标人:__________________(盖单位章) 法定代表人:__________________(签字) ____年____月____日

表 4-14 中标结果通知书

中标结果通知书
＿＿＿＿＿＿＿＿(未中标人名称)： 我方已接受＿＿＿＿(中标人名称)于＿＿＿＿(投标日期)所递交的＿＿＿＿＿＿(项目名称)＿＿＿＿标段施工投标文件,确定＿＿＿＿(中标人名称)为中标人。 感谢你单位对我方工作的大力支持! 招标人:＿＿＿＿＿＿＿＿(盖单位章) 法定代表人:＿＿＿＿＿＿＿＿(签字) ＿＿年＿＿月＿＿日

表 4-15 确认通知

确认通知
＿＿＿＿＿＿＿＿(招标人名称)： 你方＿＿年＿＿月＿＿日发出的＿＿＿＿＿(项目名称)＿＿＿＿＿标段施工招标关于＿＿＿＿＿的通知,我方已于＿＿年＿＿月＿＿日收到。 特此确认。 投标人:＿＿＿＿＿＿＿＿(盖单位章) ＿＿年＿＿月＿＿日

五、签订合同

中标通知书发出后的三十日内,双方应按照招标文件和投标文件订立书面合同,不得作实质性修改。招标人不得向中标人提出任何不合理要求作为订立合同的条件,双方也不得私下订立背离合同实质性内容的协议。

招标人或者招标投标中介机构应当将中标结果书面通知所有投标人。招标人与中标人应当按照招标文件的规定和中标结果签订书面合同。

授予合同习惯上也称签订合同,因为实际上它是由招标人将合同授予中标人并由双方签署的行为。在这一阶段,双方通常对标书中的内容进行确认,并依据标书签订正式合同。为保证合同履行,签订合同后,中标的供应商或承包人还应向采购人或发包人提交一定形式的担保书或担保金。履约担保有现金、支票、汇票、履约担保书和银行保函等形式,履约保证金不得超过中标合同金额的 10%。

在签订合同前,中标人应按投标人须知前附表规定的金额、担保形式和招标文件规定的履约担保格式向招标人提交履约保证金。联合体中标的,其履约担保由牵头人递交。中标人不能按要求提交履约担保的，视为放弃中标，其投标保证金不予退还，给招标人造成的损失超过投标保证金数额的，中标人还应当对超过部分予以赔偿。

招标人和中标人应当自中标通知书发出之日起三十日内，根据招标文件和中标人的投标文件订立书面合同。招标人和中标人不得再行签订背离合同实质性内容的其他协议。中标人无正当理由拒签合同的，招标人取消其中标资格，其投标保证金不予退还；给招标人造成的损失超过投标保证金数额的，中标人还应当对超过部分予以赔偿。

招标人与中标人签订合同后五个工作日内，应向中标人和未中标的投标人退还投标保证金。

中标人应按照合同约定履行义务，完成中标项目。中标人不得向他人转让中标项目，也不得将中标项目肢解后分别向他人转让。中标人按照合同约定或者经招标人同意，可以将中标项目的部分非主体、非关键性工作分包给他人完成。接受分包的人应当具备相应的资格条件，并不得再次分包。中标人与分包人就分包项目向招标人承担连带责任。

第四节　建设工程招标投标投诉处理

本节微课

一、工程招标投标活动的违规行为及责任追究

为了维护我国建设工程招标投标市场的健康有序发展，《招标投标法》及《招标投标法实施条例》《中华人民共和国建筑法》等法律法规对工程招标投标活动中的违规行为及责任追究做了详细规定，其主要内容如下。

(1)必须进行招标而不招标的项目，将必须进行招标的项目化整为零或者以其他任何方式规避招标的。

应责令限期改正，可以处项目合同金额千分之五以上千分之十以下的罚款；对全部或者部分使用国有资金的项目，可以暂停项目执行或者暂停资金拨付；对单位直接负责的主管人员和其他直接责任人员依法给予处分。

(2)招标代理机构违反规定，泄露应当保密的与招标投标活动有关的情况和资料的，或者与招标人、投标人串通损害国家利益、社会公共利益或者他人合法权益的。

应处五万元以上二十五万元以下的罚款，对单位直接负责的主管人员和其他直接责任人员处单位罚款数额百分之五以上百分之十以下的罚款；有违法所得的，并处没收违法所得；情节严重的，暂停直至取消招标代理资格；构成犯罪的，依法追究刑事责任。给他人造成损失的，依法承担赔偿责任。前款所列行为影响中标结果的，中标无效。

(3)招标人以不合理的条件限制或者排斥潜在投标人的，对潜在投标人实行歧视待遇的，强制要求投标人组成联合体共同投标的，或者限制投标人之间竞争的。

应责令改正，可以处一万元以上五万元以下的罚款。

(4)依法必须进行招标的项目的招标人向他人透露已获取招标文件的潜在投标人的名称、数量或者可能影响公平竞争的有关招标投标的其他情况的，或者泄露标底的。

应给予警告，可以并处一万元以上十万元以下的罚款；对单位直接负责的主管人员和其他直接责任人员依法给予处分；构成犯罪的，依法追究刑事责任。其所列行为影响中标结果的，中标无效。

(5)投标人相互串通投标或者与招标人串通投标的，投标人以向招标人或者评标委员会成员行贿的手段谋取中标的。

中标无效,处中标项目金额千分之五以上千分之十以下的罚款,对单位直接负责的主管人员和其他直接责任人员处单位罚款数额百分之五以上百分之十以下的罚款;有违法所得的,并处没收违法所得;情节严重的,取消其一至两年内参加依法必须进行招标的项目的投标资格并予以公告,直至由工商行政管理机关吊销营业执照;构成犯罪的,依法追究刑事责任。给他人造成损失的,依法承担赔偿责任。

(6)投标人以他人名义投标或者以其他方式弄虚作假,骗取中标的。

中标无效,给招标人造成损失的,依法承担赔偿责任;构成犯罪的,依法追究刑事责任。依法必须进行招标的项目的投标人有前款所列行为尚未构成犯罪的,处中标项目金额千分之五以上千分之十以下的罚款,对单位直接负责的主管人员和其他直接责任人员处单位罚款数额百分之五以上百分之十以下的罚款;有违法所得的,并处没收违法所得;情节严重的,取消其一年至三年内参加依法必须进行招标的项目的投标资格并予以公告,直至由工商行政管理机关吊销营业执照。

(7)依法必须进行招标的项目,招标人违反规定,与投标人就投标价格、投标方案等实质性内容进行谈判的。

应给予警告,对单位直接负责的主管人员和其他直接责任人员依法给予处分。其所列行为影响中标结果的,中标无效。

(8)评标委员会成员收受投标人的财物或者其他好处的,评标委员会成员或者参加评标的有关工作人员向他人透露对投标文件的评审和比较、中标候选人的推荐以及与评标有关的其他情况的。

应给予警告,没收收受的财物,可以并处三千元以上五万元以下的罚款,对有所列违法行为的评标委员会成员取消担任评标委员会成员的资格,不得再参加任何依法必须进行招标的项目的评标;构成犯罪的,依法追究其刑事责任。

(9)招标人在评标委员会依法推荐的中标候选人以外确定中标人的,依法必须进行招标的项目在所有投标被评标委员会否决后自行确定中标人的。

中标无效,责令改正,可以处中标项目金额千分之五以上千分之十以下的罚款;对单位直接负责的主管人员和其他直接责任人员依法给予处分。

(10)中标人将中标项目转让给他人的,将中标项目肢解后分别转让给他人的,违反相关法律规定将中标项目的部分主体、关键性工作分包给他人的,或者分包人再次分包的。

转让、分包无效,处转让、分包项目金额千分之五以上千分之十以下的罚款;有违法所得的,并处没收违法所得;可以责令停业整顿;情节严重的,由工商行政管理机关吊销营业执照。

(11)招标人与中标人不按照招标文件和中标人的投标文件订立合同的,或者招标人、中标人订立背离合同实质性内容的协议的。

应责令改正;可以处中标项目金额千分之五以上千分之十以下的罚款。

(12)中标人不履行与招标人订立的合同的。

履约保证金不予退还,给招标人造成的损失超过履约保证金数额的,还应当对超过部分予以赔偿;没有提交履约保证金的,应当对招标人的损失承担赔偿责任。中标人不按照与招标人订立的合同履行义务,情节严重的,取消其两年至五年内参加依法必须进行招标的项目的投标资格并予以公告,直至由工商行政管理机关吊销营业执照。

(13)任何单位违反法律规定,限制或者排斥本地区、本系统以外的法人或者其他组织参加投标的,为招标人指定招标代理机构的,强制招标人委托招标代理机构办理招标事宜的，或者以其他方式干涉招标投标活动的。

应责令改正；对单位直接负责的主管人员和其他直接责任人员依法给予警告、记过、记大过的处分，情节较重的，依法给予降级、撤职、开除的处分。

(14)对招标投标活动依法负有行政监督职责的国家机关工作人员徇私舞弊、滥用职权或者玩忽职守的。

构成犯罪的，依法追究刑事责任；不构成犯罪的，依法给予行政处分

二、投诉及投诉的处理

国家发展和改革委员会、建设部、铁道部、交通部、信息产业部、水利部、中国民用航空总局七部委于 2004 年 6 月制定颁布了《工程建设项目招标投标活动投诉处理办法》，并自 2004 年 8 月 1 日起施行，根据 2013 年 3 月 11 日《关于废止和修改部分招标投标规章和规范性文件的决定》修正。

《工程建设项目招标投标活动投诉处理办法》的制定颁布，是为了保护国家利益、社会公共利益和招标投标当事人的合法权益，建立公平、高效的工程建设项目招标投标活动投诉处理机制，适用于在我国境内工程建设项目招标投标活动的投诉及其处理活动。其规定，投标人或者其他利害关系人认为招标投标活动不符合法律、法规和规章规定的，有权依法向有关行政监督部门投诉。各级招标投标活动行政监督部门，应受理投诉并依法作出处理决定。行政监督部门应确定本部门内部负责受理投诉的机构及其电话、传真电子信箱和通信地址，并向社会公布。

投诉人投诉时，应当提交投诉书。投诉书应当包括下列内容。

(1)投诉人的名称、地址及有效联系方式。

(2)被投诉人的名称、地址及有效联系方式。

(3)投诉事项的基本事实。

(4)相关请求及主张。

(5)有效线索和相关证明材料。

投诉人认为招标投标活动不符合法律行政法规规定的，可以在知道或者应当知道之日起十日内提出书面投诉。行政监督部门收到投诉书后，应当在三个工作日内进行审查，对于不符合投诉处理条件的不予受理，并将不予受理的理由书面告知投诉人；对于符合投诉处理条件，但不属于本部门受理的投诉，书面告知投诉人向其他行政监督部门提出投诉；对于符合投诉处理条件并决定受理的，收到投诉书之日即为正式受理。

行政监督部门受理投诉后，应当调取、查阅有关文件，调查、核实有关情况。对情况复杂、涉及面广的重大投诉事项，有权受理投诉的行政监督部门可以会同其他有关的行政监督部门进行联合调查，共同研究后由受理部门作出处理决定。在投诉处理过程中行政监督部门应当听取被投诉人的陈述和申辩，必要时可通知投诉人和被投诉人进行质证。

负责受理投诉的行政监督部门应当自受理投诉之日起三十个工作日内，对投诉事项作出处理决定，并以书面形式通知投诉人、被投诉人和其他与投诉处理结果有关的当事人。对于投诉缺乏事实根据或者法律依据的，或者投诉人捏造事实、伪造材料或者以非法手段取得证明材料进行投诉的，驳回投诉；对于投诉情况属实，招标投标活动确实存在违法行为的，依据《招标投标法》《招标投标法实施条例》及其他有关法规、规章进行处理。当事人对行政监督部门的投诉处理决定不服或者行政监督部门逾期未做处理的，可以依法申请行政复议或者向人民法院提起行政诉讼。

三、招标失败与招标无效的处理

造成招标失败有以下三种原因。

(1)提交投标文件的投标人少于三个。

(2)在评标过程中按规定否决不合格标书或产生废标后的有效标书不足三个,使得投标明显缺乏竞争后,应评标委员会一致决定,否决全部投标。

(3)经评委会评审,认为所有投标都不符合招标文件要求的,否决所有投标。

招标无效是指招标人或招标代理机构、评标委员会在招标投标过程中,违反有关法律法规的规定,影响到了中标结果的合理性。当招标失败或属无效招标的,都应依法重新招标。当因第一次招标时提交投标文件的投标人少于三个,在重新招标时投标人仍少于三个时,属于必须审批的项目,报经原审批部门批准后,可以不再进行招标;其他工程项目,招标人可以自行决定不再进行招标。

本 章 小 结

本章讲解了建设工程中的开标、评标、定标的相关知识,包括开标的参与人员、时间、地点、程序,无效的投标文件与废标的判定,评标原则、评标标准、组建评标委员会、评标程序、评标内容、评标方法、确定中标候选人条件、发出中标通知书、签订合同的注意事项以及工程招标投标投诉处理。通过本章学习,应重点掌握开标、评标、定标中的相关程序,以及用于评标的两种方法。

知 识 巩 固

第四章课后习题答案

一、单选题

1. 招标人在收到评标报告几日内进行公示? ( )

A. 1 日　　B. 2 日

C. 3 日　　D. 4 日

2. 招标人在确定中标人后,几日内提交书面报告? ( )

A. 7 日　　B. 15 日

C. 20 日　　D. 30 日

3. 不属于评标报告中记载内容的是? ( )

A. 基本情况和数据表　　B. 开标记录

C. 招标文件　　D. 评标标准、评标方案或者评标因素一览表

4. 依法必须进行招标的项目,公示期不得少于几日? ( )

A. 1　　B. 2　　C. 3　　D. 4

二、多选题

1. 评标包括哪些步骤? ( )

A. 评审准备　　B. 初步评审　　C. 详细评审　　D. 评标报告

2. 开标时，出现下列哪些情况，投标文件为无效投标文件？ （ ）

A. 投标文件未按照招标文件的要求予以密封

B. 投标函未加盖投标人的公章

C. 投标文件的关键内容字迹模糊、无法辨认

D. 投标文件逾期送达

三、判断题

1. 开标前的准备工作包括：开标会场布置、开标资料准备。 （ ）

2. 没参加开标会议的投标文件，将作为废标处理。 （ ）

3. 详细评审方法包括：经评审的最低投标价法、综合评估法。 （ ）

4. 投标价格可以低于成本。 （ ）

5. 只有单价合同可以确定价格调整条款。 （ ）

6. 目前我国主要采用公开开标方式。 （ ）

7. 投标人数较少时，可由投标人自行检查投标文件的密封情况。 （ ）

8. 在初步评审阶段，要进行形式评审、资格评审、响应性评审、施工组织设计和项目管理机构评审。 （ ）

9. 最低评标价不是最低投标价，它是一个以货币形式表现的衡量投标竞争力的定量指标。 （ ）

10. 对不宜采用经评审的最低投标价法的招标项目，一般采用综合评估法进行评审。 （ ）

11. 评标委员会成员拒绝在评标报告上签字且不陈述其不同意见和理由的，视为同意评标结论。 （ ）

四、简答题

1. 开标的程序是什么？

2. 对评标委员会的要求是什么？

3. 评标的两种方法是什么？有哪些优缺点？

4. 废标的情形有哪些？

5. 中标的条件有哪些？

能 力 提 升

根据实际教学，模拟某项目的开标、评标、定标现场。

第五章　建设工程施工合同管理

知识目标

1. 了解施工合同管理的任务与主要工作
2. 熟悉施工合同的类型及适用范围
3. 掌握施工合同有关方的职责
4. 掌握施工合同的内容

技能目标

1. 能根据《建设工程施工合同（示范文本）》（GF—2017—0201）编制施工合同
2. 能根据施工合同的要求对施工过程进行监督
3. 能根据施工合同的变更程序履行变更手续
4. 能根据索赔的程序准备相关材料

素质目标

1. 树立勇于面对挫折的职业素养
2. 培养一丝不苟的工匠精神
3. 树立严谨、细致的工作态度

思政元素

1. 法治意识
2. 规范与道德
3. 大国风范

【案例导入】

原告某房地产开发公司与被告某建筑公司签订一施工合同，修建某一住宅小区。小区建成后，经验收质量合格。验收后一个月，房地产开发公司发现楼房屋顶漏水，遂要求建筑公司负责无偿修理，并赔偿损失，建筑公司则以施工合同中并未规定质量保证期限，以工程已经验收合格为由，拒绝无偿修理要求。房地产开发公司遂诉至法院。法院判决施工合同有效，认为合同中虽然并没有约定工程质量保证期限，但依据《建设工程质量管理条例》的规定，屋面防水工程保修期限为五年，因此本案工程交工后两个月内出现的质量问题，应由施工单位承担无偿修理并赔偿损失的责任。故判令建筑公司应当承担无偿修理的责任。

【问题】

1. 原告房地产公司与被告某建筑公司签订的施工合同有效吗?

2. 建筑公司应当承担无偿修理的责任吗?

【案例分析】

1. 本案争议的施工合同虽欠缺质量保证期条款,但并不影响双方当事人对施工合同主要义务的履行,故该合同有效。

2. 施工合同的内容包括工程范围、建设工期、中间交工工程的开工和竣工时间、工程质量、工程造价、技术资料交付时间、材料和设备供应责任、捐款和结算、竣工验收、质量保修范围和质量保证期、双方相互协作等条款。由于合同中没有质量保证期的约定,故应当依照法律、法规的规定或者其他规章确定工程质量保证期。法院依照《建设工程质量管理条例》的有关规定对欠缺条款进行补充,无疑是正确的。依据该办法规定;出现的质量问题属保证期内,故认定建筑公司承担无偿修理和赔偿损失的责任是正确的。

第一节　施工合同的概述

本节微课

一、施工合同与管理概念与特点

(一)建设工程施工合同与管理概念

1. 建设工程施工合同概念

建设工程施工合同即建筑安装工程承包合同,是发包人与承包人之间为完成商定的建设工程项目,明确双方权利和义务的协议。依据施工合同,承包人应完成一定的建筑、安装工程任务,发包人应提供必要的施工条件并支付工程价款。

建设工程施工合同是建设工程合同的一种,它与其他建设工程合同相同,是一种双务合同,在订立时也应遵守平等、自愿、公平、诚实信用等原则。

建设工程施工合同是建设工程合同中的主要合同,是工程质量控制、进度控制、投资控制的主要依据。施工合同的当事人是发包方和承包方,双方是平等的民事主体。

2. 建设工程施工合同管理概念

建设工程施工合同管理,是指各级工商行政管理机关、建设行政主管机关和金融机构,以及工程发包单位、监理单位、承包单位依据法律和行政法规、规章制度,采取法律的、行政的手段,对建设工程施工合同关系进行组织、指导、协调及监督,保护合同当事人的合法权益,调解合同纠纷,防止和制裁违法行为,保证合同法规的贯彻实施等一系列法定活动。

可将这些监督管理划分为以下两个层次:第一个层次为国家机关及金融机构对建设工程施工合同的管理;第二个层次为合同当事人及监理单位对建设工程施工合同的管理。

各级工商行政管理机关、建设行政主管机关对合同的管理侧重于宏观的依法监督,而发包单位、监理单位、承包单位对合同的管理则是具体的管理,也是合同管理的出发点和落脚点。发包单位、监理单位、承包单位对建设工程施工合同的管理体现在合同从订立到履行的全过程中。

(二)建设工程施工合同与管理特点

1. 建设工程施工合同特点

(1)合同标的的特殊性

建筑产品属于不动产,其基础部分与大地相连,不能移动,这就决定了每个施工合同的标的都是特殊的,相互之间具有不可替代性;同时,也决定了施工生产的流动性,施工人员、施工机械必须围绕建筑产品移动。其次,由于建筑产品各有其特定的功能要求,其实物形态千差万别,种类繁多,这就形成了建筑产品生产的单件性,即每项工程都有单独的设计和施工方案,即使有的建筑工程可重复采用相同的设计图纸,但因建筑场地的不同也必须进行一定的设计修改。

(2)合同履行期限的长期性

建筑物的结构复杂、体积大、建筑材料类型多、工作量大,因此,与一般工业产品的生产相比工期都较长。而合同履行期限肯定要长于施工工期,因为建设工程的施工应当在合同签订后才开始,且合同签订后到正式开工前还有一个较长的施工准备时间,再加上工程全部竣工验收时办理竣工结算及保修期的时间,而在工程施工过程中,还可能因为不可抗力、工程变更材料供应不及时等原因导致工期顺延,以上这些情况,决定了施工合同的履行期限具有长期性。

(3)合同内容的多样性和复杂性

虽然施工合同的当事人只有两方,但涉及的主体却有多种。与大多数合同相比,施工合同的履行期限长,标的额大,涉及的法律关系(包括劳动关系、保险关系、运输关系等)具有多样性和复杂性,这就要求施工合同的内容应尽量详尽、具体、明确和完整。施工合同除应当具备合同的一般内容外,还应对安全施工、专利技术使用、发现地下障碍物和文物、工程分包、不可抗力、工程设计变更、材料设备的供应、运输、验收等内容作出规定,所有这些都决定了施工合同的内容具有多样性和复杂性。

(4)合同监督的严格性

由于施工合同的履行对国家经济发展、公民的工作和生活都有重大影响,因此,国家对施工合同的监督是十分严格的。具体表现在以下几个方面。

①对合同主体监督的严格性。建设工程施工合同的主体一般只能是法人,发包人一般只能是经过批准进行工程项目建设的法人。发包人必须有国家批准的建设工程落实投资计划,并应当具备一定的协调能力。承包人必须具备法人资格,而且应当具备相应的从事施工的资质,没有资质或者超越资质承揽工程都是违法的。

②对合同订立监督的严格性。订立建设工程施工合同必须以国家批准的投资计划为前提,即使是国家投资以外的、以其他方式筹集的投资也要受到当年的贷款规模和批准限额的限制,纳入当年投资规模计划,并经严格程序审批。建设工程施工合同的订立,还必须符合国家关于建设程序的规定。另外,考虑到建设工程的重要性和复杂性,在施工过程中经常会发生影响合同履行的纠纷,因此,建设工程施工合同应当采用书面形式。

③对合同履行监督的严格性。在施工合同的履行过程中，除合同当事人应当对合同进行严格管理外，工商行政管理机构、金融机构、住房和城乡建设主管部门等都要对建设工程施工合同的履行进行严格监督。

2. 建设工程施工合同管理特点

(1)工程合同管理涉及经济法律关系的多元性

多元性主要表现在合同签订和实施过程中会涉及多方面的关系，建设单位委托监理单位进行工程监理，而承包单位则涉及专业分包材料的供应和设备加工，以及银行、保险等众多单位，因而产生错综复杂的关系，这些关系都要通过经济合同来体现。

(2)工程合同管理的复杂性

工程建设合同是按照建设程序展开的，勘察、设计合同先行，监理施工采购合同在后，工程合同呈现出串联、并联和搭接的关系，工程合同管理也是随着项目的进展逐步展开的，因此工程合同复杂的界面决定了工程合同管理的复杂性，项目参建单位和协建单位多，通常涉及业主、勘察设计单位、监理单位、总包单位、分包单位、材料设备供应单位等，各方面责任界限的划分，合同权利和义务的定义非常复杂，合同在时间上和空间上的衔接协调很重要，合同管理必须协调和处理好各方面的关系，使相关的各合同和合同规定的各工作内容不相矛盾，使各合同在内容上、技术上，组织上、时间上协调一致，才能形成一个完整的、周密的有序体系，以保证工程有秩序、按计划地实施，因此，复杂的合同关系，决定了工程合同管理的复杂性。

(3)工程合同管理的协作性

工程合同管理往往需要设立一个专门的管理班子。在某种程度上，业主管理班子是工程合同的管理者，以业主为例，业主项目管理班子中的每个部门，甚至是每个岗位、每个人的工作都与合同管理有关，如业主的招标部门是合同的订立部门，工程管理部门是合同的履行部门等。工程合同管理不仅需要专职的合同管理人员和部门，而且要求参与工程管理的其他各种人员或部门都必须精通合同，熟悉合同管理工作。正是因为工程合同管理是通过项目管理班子内部各部门、全员的分工协作、相互配合下使工程进行的，所以合同管理过程中的相互沟通与协调显得尤为重要，体现了合同管理需各部门全员分工协作的协作性特点。

(4)工程合同管理的风险性

工程合同实施时间长，涉及面广，受外界环境如经济、社会、法律和自然条件等的影响，这些因素一般被称为工程风险，工程风险难以被预测，也难以控制，一旦发生往往会影响合同的正常履行，造成合同延期和经济损失，因此工程风险管理成为工程合同管理的重要内容。由于建筑市场竞争激烈，承包商除依靠其他评标指标外，投标报价也是施工投标中能否中标的关键性指标，因此导致施工合同价格偏低，同时业主也经常利用在建筑市场中的买方优势，提出一些苛刻的条件。加之我国还处于市场经济的初级阶段，因此合同双方的信用风险也是工程合同管理的重要内容。

(5)合同管理的动态性、多变性

由于工程持续时间长，这使得相关的合同，特别是工程施工合同的生命期长，工程价值量大，合同价格高，由于合同履行过程中内外干扰事件多，合同变更频繁，合同管理必须按照变化了的情况不断调整，这就要求合同管理必须是动态的，必须加强合同控制工作，项目管理人员必须加强对合同变更的管理，做好记录，将其作为索赔、变更或终止合同的依据。

二、施工合同管理的任务与主要工作

（一）施工合同管理的任务

施工合同签订以后，承包商应及时指派工程项目经理，并由项目经理全面负责工程管理工作。组建包括合同管理人员的项目管理小组，着手进行工程的实施。此时，施工合同管理的工作重点就转移到施工现场，直到工程全部结束。在施工阶段合同管理的基本目标是：保证完成合同条款规定的各项责任与义务，按合同规定的工期、质量、价格（成本）等要求完成工程项目建设。在整个工程施工过程中，合同管理的主要任务如下。

（1）对各工程小组、分包商等在合同关系上给以协调，并进行工作上的指导。如经常性地解释合同，对来往信件、会谈纪要等进行审查。

（2）对工程项目实施进行合同控制，保证承包商正确履行合同，保证整个工程按合同、按计划、有步骤有秩序地施工，防止工程进行中出现失控现象。

（3）及时预见和防止合同实施中出现的问题，以及由此所引起的各种责任，避免和防止合同争执造成的损失。对因干扰事件造成的损失进行索赔，同时又应使承包商免于承担责任，处于不被索赔的地位。

（4）向业主和各级管理人员提供施工合同实施的情况，以及提供用于决策的资料、建议和意见。

（二）施工合同管理的主要工作

施工合同管理人员在施工阶段的主要工作，包括以下五个方面。

1. 应建立合同管理保障体系

建立和完善合同管理体系，以保证合同实施过程中的日常事务性工作顺利进行，使工程项目的全部事件处于控制中，以保证施工合同目标的实现。

2. 做好合同的监督工作

监督承包商和分包商按合同条款要求组织施工，并做好各分合同的协调和管理工作。承包商应以积极合作的态度完成自己的合同责任，努力做好自身的监督工作。

3. 跟踪合同实施情况

收集合同实施信息和各种工程资料，对合同实施情况进行跟踪，并作出相应的信息处理：诊断合同履行情况，并将合同实施情况与合同资料进行对比分析，找出实施中的偏离问题，向项目经理及时通报合同实施情况及存在的问题，提出合同实施方面的意见与建议，甚至警告或投诉。

4. 进行合同变更管理

合同变更管理主要包括参与合同变更谈判、对合同变更进行事务处理、落实合同变更措施、修改合同变更资料、检查合同变更措施落实等。

5. 索赔和反索赔管理

索赔和反索赔管理主要包括承包商与业主之间的索赔和反索赔、承包商与分包商之间的索赔和反索赔。

三、施工合同的类型及适用范围

按照承包工程计价方式，将建设工程施工合同分为总价合同、单价合同和成本加酬金合同。

（一）总价合同

所谓总价合同，是指根据合同规定的工程施工内容和有关条件，业主应付给承包商的款额是一个规定的金额，即明确的总价。这种合同一般要求投标人按照招标文件要求报一个总价，在这个价格下完成合同规定的全部项目。总价合同也称作总价包干合同，根据施工招标时的要求和条件，当施工内容和有关条件不发生变化时，业主付给承包商的价款总额就不发生变化。如果由于承包人的失误导致投标价计算错误，合同总价格也不予调整。

1. 总价合同的分类

总价合同又分为固定总价合同和可调总价合同两种。

（1）固定总价合同

固定总价合同的价格计算是以图纸及规定、规范为基础，工程任务和内容明确，业主的要求和条件清楚，合同总价一次包死、固定不变，即不再因为环境的变化和工程量的增减而变化。在这类合同中承包商承担了全部的工作量和价格的风险，因此，承包商在报价时对一切费用的价格变动因素以及不可预见因素都做了充分估计，并将其包含在合同价格之中。

对业主而言，在合同签订时就可以基本确定项目的总投资额，对投资控制有利。在双方都无法预测的风险条件下和可能有工程变更的情况下，承包商承担了较大的风险，业主的风险较小。但是，工程变更和不可预见的困难也常常引起合同双方的纠纷或者诉讼，最终导致其他费用的增加。

当然，在固定总价合同中还可以约定，当发生重大工程变更、累计工程变更超过一定幅度或者其他特殊条件下，可以对合同价格进行调整。因此，需要定义重大工程变更的含义、累计工程变更的幅度、什么样的特殊条件才能调整合同价格，以及如何调整合同价格等。

采用固定总价合同，双方结算比较简单，但是由于承包商承担了较大的风险，因此报价中不可避免地要增加一笔较高的、不可预见的风险费。承包商的风险主要有两个方面：一是价格风险，二是工作量风险。价格风险有报价计算错误、漏报项目、物价和人工费上涨等；工作量风险有工程量计算错误、工程范围不确定、工程变更或者由于设计深度不够所造成的误差等。

固定总价合同适用于工程量小、工期短，估计在施工过程中环境因素变化小、工程条件稳定并合理；工程设计详细，图纸完整、清楚，工程任务和范围明确；工程结构和技术简单，风险小；投标期相对宽裕，承包商可以有充足的时间详细考察现场，复核工程量，分析招标文件，拟订施工计划；合同条件中双方的权利和义务十分清楚，合同条件完备。

(2)可调总价合同

合同价格是以图纸及规定、规范为基础,按照时价进行计算,得到包括全部工程任务和内容的暂定合同价格。它是一种相对固定的价格,在合同执行过程中由于通货膨胀等原因而使所使用的工、料成本增加时,可以按照合同约定,对合同总价进行相应的调整。因此,通货膨胀等不可预见因素的风险由业主承担。对承包商而言,其风险相对较小。但对业主而言,不利于其进行投资控制,突破投资的风险就增大了。

在工程施工承包招标时,施工期限在一年左右的项目一般实行固定总价合同,通常不考虑价格调整的问题,以签订合同时的单价和总价为准,物价上涨的风险全部由承包商承担。但是,对建设周期一年以上的工程项目一般实行可调总价合同。

2. 总价合同的特点和应用

采用总价合同时,对发包工程的内容及其各种条件都应基本清楚、明确,否则承发包双方均有蒙受损失的风险。因此,一般是在施工图设计完成施工任务和范围比较明确,业主的目标、要求和条件都清楚的情况下才采用总价合同。对业主来说,由于设计花费时间长,所以开工时间较晚,开工后的变更容易带来索赔,而且在设计过程中也难以吸收承包商的建议。

总价合同的特点如下。

(1)发包单位可以在报价竞争状态下确定项目的总造价,可以较早确定或者预测工程成本。

(2)业主的风险较小,承包人将承担较多的风险。

(3)评标时易于迅速确定最低报价的投标人。

(4)在施工进度上能极大地调动承包人的积极性。

(5)发包单位能更容易、更有把握地对项目进行控制。

(6)必须完整而明确地规定承包人的工作。

(7)必须将设计和施工方面的变化控制在最低限度内。

(二)单价合同

当发包工程的内容和工程量一时不能明确、具体地予以规定时,则可以采用单价合同形式,单价合同相对于总价合同最明显的特点,就是承包商需要将所报的工程价格进行分解,以表明每一分部分项工程的单价。即根据计划工程内容和估算工程量,在合同中明确每项工程内容的单位价格(如每米、每平方米或者每立方米的价格),实际支付时则根据实际完成的工程量乘以合同单价计算应付的工程款。单价合同中的总价仅仅是一个近似的价格,最后真正的工程价格是以实际完成的工程量为依据计算出来的,而这个工程量一般来讲是不可能完全与工程量清单中所给出的工程量相同的。

单价合同的特点是单价优先,业主给出的工程量清单表中的数字是参考数字,而实际工程款则按实际完成的工程量和承包商投标时所报的单价计算,虽然在投标报价、评标以及签订合同中,人们常常注重总价格,但在工程款结算中以单价优先,对于投标书中明显的数字计算错误,业主有权先作修改再评标。当总价和单价的计算结果不一致时,应以单价为准调整总价。

单价合同主要有以下几种类型。

1. 估计工程量单价合同

发包人在准备此类合同的招标文件时,委托咨询单位按分部分项工程列出工程量表并填入估算的工程量,承包人投标时在工程量表中填入各项的单价,据此计算出总价作为投标报价之用。但在每月结账时以实际完成的工程量结算,在工程全部完成时以竣工图最终结算工程的总价格。这种合同由于能够估计出大体的工程量,因而适用于图纸等技术资料比较完善的项目。有的合同上规定,当某一单项工程的实际工程量比招标文件上的工程量相差一定百分比时,双方可以讨论改变单价,因为这时可变成本虽然没有变化,但是固定成本分摊到单位工程量上的成本却发生了变化,这种变化导致了利润率的变化,但单价调整的方法和比例最好在签订合同时即写明,以免以后发生纠纷。

2. 纯单价合同

纯单价合同适用于施工图纸不完善,还无法估计出相对准确的工程量的情况。此时,招标文件只向投标人给出各分项工程时的工作项目一览表、工程范围及必要的说明,而不提供工程量,承包人只要给出表中各项目的单价即可,将来施工时按实际工程量计算。有时,也可由发包人一方在招标文件中列出单价,而投标一方提出修改意见,双方磋商后确定最后的承包单价。

由于单价合同允许随工程量变化而调整工程总价,业主和承包商都不存在工程量方面的风险,因此,对合同双方都比较公平。另外,在招标前,发包单位无须对工程范围作出完整的、详尽的规定,从而可以缩短招标准备时间,投标人也只需对所列工程内容报出自己的单价,从而缩短投标时间。

对业主的不足之处是:若采用单价合同,业主需要安排专门力量来核实已经完成的工程量,需要在施工过程中花费不少精力,协调工作量大。另外,用于计算应付工程款的实际工程量可能超过预测的工程量,即实际投资容易超过计划投资,对投资控制不利。

单价合同又分为固定单价合同和可调单价合同。在固定单价合同的条件下,无论发生哪些影响价格的因素都不对单价进行调整,因而对承包商而言就存在一定的风险。当采用可调单价合同时,合同双方可以约定一个估计的工程量。当实际工程量发生较大变化时,可以对单价进行调整。同时,还应该约定如何对单价进行调整;当然也可以约定,当通货膨胀达到一定水平或者国家政策发生变化时,可以对哪些工程内容的单价进行调整以及如何调整等。因此,承包商的风险相对较小。固定单价合同适用于工期较短、工程量变化幅度不会太大的项目。

(三)成本加酬金合同

成本加酬金合同也称为成本补偿合同,这是与固定总价合同正好相反的合同,工程施工的最终合同价格将按照工程的实际成本再加上一定的酬金进行计算。在合同签订时,工程实际成本往往不能确定,只能确定酬金的取值比例或者计算原则。

采用此合同,承包商不承担任何价格变化或工程量变化的风险,这些风险主要由业主承担,对业主的投资控制很不利。而承包商则往往缺乏控制成本的积极性,常常不仅不愿意控制成本,甚至还会期望提高成本以提高自己的经济效益,因此,这种合同容易被那些不道德或不称职的承包商滥用，从而损害工程的整体效益。所以，应尽量避免采用这种合同。

1. 成本加酬金合同的特点和适用条件

成本加酬金合同通常用于以下情况。

（1）工程特别复杂，工程技术、结构方案不能预先确定，或者尽管可以确定工程技术和结构方案，但是不可能进行竞争性的招标活动，并以总价合同或单价合同的形式确定承包商和研究开发性质的工程项目。

（2）时间特别紧迫，如抢险、救灾工程，来不及进行详细的计划和商谈。

对业主而言，这种合同形式也有一些如下优点。

（1）可以通过分段施工缩短工期，而不必等待所有施工图完成才开始招标和施工。

（2）可以减少承包商的对立情绪，承包商对工程变更和不可预见条件的反应会比较积极。

（3）可以利用承包商的施工技术专家，帮助改进或弥补设计中的不足。

（4）业主可以根据自身力量和需要较深入地介入和控制工程施工与管理。

（5）可以通过确定最大保证价格约束工程成本不超过某一限值，从而转移一部分风险。

对承包商来说，这种合同比固定总价合同的风险低，利润比较有保证，因而比较有积极性。其缺点是合同具有较大的不确定性，由于设计未完成，无法准确确定合同的工程内容、工程量以及合同的终止时间，有时难以对工程计划进行合理安排。

2. 成本加酬金合同的形式

成本加酬金合同有许多种形式，主要有以下几类。

（1）成本加固定费用合同。根据双方讨论同意的工程规模、估计工期、技术要求、工作性质及复杂性、所涉及的风险等来考虑确定一笔固定数目的报酬金额作为管理费及利润对人工、材料、机械台班等直接成本则实报实销。如果设计变更或增加新项目，当直接费超过原估算成本的一定比例（如10%）时，固定的报酬也要增加。在工程总成本一开始估计不准、可能变化不大的情况下，可采用此合同形式。

（2）成本加固定比例费用合同。工程成本中直接费加一定比例的报酬费，报酬部分的比例在签订合同时由双方确定，这种方式的报酬费用总额随成本的加大而增加，不利于缩短工期和降低成本。一般在工程初期很难描述工作范围和性质，或工期紧迫无法按常规编制招标文件招标时采用。

（3）成本加奖金合同。奖金是根据报价书中的成本估算指标制定的，在合同中对这个估算指标规定一个底点和顶点。承包商在估算指标的顶点以下完成工程则可得到奖金，超过顶点则要对超出部分支付罚款。如果成本在低点之下，则可加大酬金值或酬金百分比。采用这种方式通常规定：当实际成本超过顶点对承包商罚款时，最大罚款限额不超过原先商定的最高酬金值。

在招标时，当图纸、规范等准备不充分，不能据以确定合同价格，而仅能制定一个估算指标时可采用这种形式。

四、施工合同有关方的职责

(一)发包人

发包人有义务按专用条款约定的内容和时间完成以下工作。

(1)开展土地征用、拆迁补偿、平整施工场地等工作,使施工现场具备施工条件,在开工后继续负责解决以上事项遗留问题。

(2)将施工所需水、电、电信线路从施工场地外部接至专用条款约定地点,保证施工期间的需要。

(3)开通施工场地与城乡公共道路的通道,以及专用条款约定的施工场地内的主要道路,满足施工运输的需要,保证施工期间的畅通。

(4)向承包人提供施工场地的工程地质和地下管线资料,对资料的真实性、准确性负责。

(5)办理施工许可证及其他施工所需证件、批件和临时用地、停水、停电、中断道路交通、爆破作业等的申请批准手续(证明承包人自身资质的证件除外)。

(6)确定水准点与坐标控制点,以书面形式交给承包人,进行现场交验。

(7)组织承包人和设计单位进行图纸会审和设计交底。

(8)协调处理施工场地周围地下管线和邻近建(构)筑物(包括文物保护建筑)、古树名木的保护工作,承担有关费用。

(9)发包人应做的其他工作,双方在专用条款内约定。

(二)承包人

承包人应按专用条款约定的时间和要求,完成下列工作。

(1)根据发包人的委托,在其设计资质允许的范围内,完成施工图设计或与工程配套的设计,经工程师确认后使用,发生的费用由发包人承担。如果属于设计施工总承包合同或承包工作范围内包括部分施工图设计任务,则在专用条款内需要约定承担设计任务单位的设计资质等级及设计文件的提交时间和文件要求(可能属于施工承包人的设计分包人)。

(2)向工程师提供年、季、月工程进度计划及相应进度统计报表。专用条款内需要约定提供计划、报表的具体名称和时间。

(3)按工程需要提供和维修非夜间施工使用的照明、围栏设施,并负责安全保卫。专用条款内需要约定具体的工作位置和要求。

(4)按专用条款约定的数量和要求,向发包人提供在施工现场办公和生活的房屋及设施,发生的费用由发包人承担。专用条款内需要约定设施名称、要求和完成时间。

(5)遵守政府有关主管部门对施工场地交通、施工噪声以及环境保护和安全生产等的管理规定,按规定办理有关手续,并以书面形式通知发包人,发包人承担由此发生的费用,因承包人责任造成的罚款除外。

(6)已竣工工程未交付发包人之前,承包人按专用条款约定负责已完工程的保护工作,保护期间发生损坏,承包人自费予以修复;发包人要求承包人采取特殊措施保护的工程部位和相应的追加合同价款,双方在专用条款内约定。

(7)按专用条款约定做好施工场地地下管线和邻近建(构)筑物(包括文物保护建筑)、古树名木的保护工作。

(8)保证施工场地清洁,符合环境卫生管理的有关规定,交工前清理现场达到专用条款约定的要求,承担因自身原因违反有关规定造成的损失和罚款。

(9)承包人应做的其他工作,双方在专用条款内约定。承包人不履行上述各项义务,造成发包人损失的,应对发包人的损失给予赔偿。

(三)监理人

《建设工程施工合同(示范文本)》通用合同条款中对监理人的定义是指"在专用合同条款中指明的,受发包人委托按照法律规定进行工程监督管理的法人或其他组织",即属于受发包人聘请的管理人,与承包人没有任何利益关系。由于监理人不是施工合同的当事人,在施工合同的履行管理中不是"独立的第三方",属于发包人一方的人员,但又不同于发包人的雇员,即不是一切行为均遵照发包人的指示,而是在授权范围内独立工作,以保障工程按期、按质、按量完成发包人的最大利益为管理目标,依据合同条款的约定,公平合理地处理合同履行过程中的有关管理事项。按照通用合同条款对监理人的相关规定,监理人的合同管理地位和职责主要表现在以下几个方面。

1. 受发包人委托对施工合同的履行进行管理

(1)在发包人授权范围内,负责发出指示、检查施工质量、控制进度等现场管理工作。

(2)在发包人授权范围内,独立处理合同履行过程中的有关事项,行使通用条款规定的,以及具体施工合同专用条款中说明的权利。

(3)承包人收到监理人发出的任何指示,视为已得到发包人的批准,应遵照执行。

(4)在合同规定的权限范围内,独立处理或决定有关事项,如单价的合理调整、变更估价、索赔等。

2. 居于施工合同履行管理的核心地位

(1)监理人应按照合同条款的约定,公平合理地处理合同履行过程中涉及的有关事项。

(2)除合同另有约定外,承包人只从总监理工程师或被授权的监理人员处取得指示。为了使工程施工顺利开展,避免指令冲突及尽量减少合同争议,发包人对施工工程的任何想法应通过监理人的协调指令来实现;承包人的各种问题也要首先提交监理人,尽量减少发包人和承包人分别站在各自的立场解释合同导致争议。

(3)"商定或确定"条款规定,合同当事人进行商定或确定时,总监理工程师应当会同合同当事人尽量通过协商达成一致;不能达成一致的,由总监理工程师按照合同约定审慎作出公正的确定。总监理工程师应将确定以书面形式通知发包人和承包人,并附详细依据。合同当事人对总监理工程师的确定没有异议的,按照总监理工程师的确定执行。由于监理人不是合同当事人,因此对有关问题的处理不用"决定",而用"确定"一词,即表示总监理工程师提出的方案或发出的指示并非最终不可改变,任何一方有不同意见均可按照争议的条款解决,同时体现了监理人独立工作的性质。

3. 监理人的指示

监理人应按照发包人的授权发出监理指示。监理人发出的指示应送达承包人项目经理或经项目经理授权接收的人员。通用合同条款对此作了明确规定。

(1)因监理人未能按合同约定发出指示、指示延误或发出了错误指示而导致承包人费用增加和(或)工期延误的,由发包人承担相应责任。

(2)监理人对承包人的任何工作、工程或其采用的材料和工程设备未在约定的或合理期限内提出意见的，视为批准，但不免除或减轻承包人对该工作、工程、材料、工程设备等应承担的责任和义务。

第二节　施工合同的订立

本节微课

一、《建设工程施工合同(示范文本)》概述

(一)《建设工程施工合同(示范文本)》简介

我国建设主管部门通过制定《建设工程施工合同(示范文本)》来规范承发包双方的合同行为。尽管示范文本从法律性质上并不具备强制性，但由于其通用条款较为公平合理地设定了合同双方的权利义务，因此得到了较为广泛的应用。

《建设工程施工合同(示范文本)》(GF—2017—0201)

《建设工程施工合同(示范文本)》(GF—2013—0201)是在《建设工程施工合同(示范文本)》(GF—1999—0201)的基础上进行修订的版本。2017年9月22日住房和城乡建设部、国家工商行政管理总局对《建设工程施工合同(示范文本)》(GF—2013—0201)进行了修订，制定了《建设工程施工合同(示范文本)》(GF—2017—0201)。新版《建设工程施工合同(示范文本)》自2017年10月1日起执行，原《建设工程施工合同(示范文本)》(GF—2013—0201)同时废止。

新版《建设工程施工合同(示范文本)》由合同协议书、通用合同条款和专用合同条款三部分组成。通用合同条款是依据有关建设工程施工的法律、法规制定而成，它基本上可以适用于各类建设工程，因而有相对的固定性。而建设工程施工涉及面广，每一个具体工程都会发生一些特殊情况，针对这些情况必须专门拟定一些专用条款。专用合同条款就是结合具体工程情况的具有针对性的条款，它体现了施工合同的灵活性。

(二)《建设工程施工合同(示范文本)》组成

《建设工程施工合同(示范文本)》(GF—2017—0201)由合同协议书、通用合同条款和专用合同条款三部分组成，并附有十一个附件。

1. 合同协议书

合同协议书共计十三条，主要包括工程概况、合同工期、质量标准、签约合同价和合同价格形式、项目经理、合同文件构成、承诺、词语含义、签订时间、签订地点、补充协议、合同生效及合同份数。协议书是《建设工程施工合同(示范文本)》中的总纲性文件。虽然其文字量并不大，但它规定了合同当事人双方主要的权利义务，规定了组成合同的文件及合同当事人对履行合同义务的承诺，合同当事人在合同协议书上签字盖章，因此，具有很高的法律效力。

2. 通用合同条款

通用合同条款是在广泛总结国内工程实施成功经验和失败教训的基础上，参考《土木工程施工合同条件》(国际咨询工程师联合会制定)相关内容的规定，编制的规范承发包双

方履行合同义务的标准化条款，是合同当事人根据《中华人民共和国建筑法》等法律法规的规定，就工程建设的实施及相关事项，对合同当事人的权利义务作出的原则性约定。

通用合同条款共计二十条，具体条款分别为：一般约定，发包人，承包人，监理人，工程质量，安全文明施工与环境保护，工期和进度，材料与设备，试验与检验，变更，价格调整，合同价格、计量与支付，验收和工程试车，竣工结算，缺陷责任与保修，违约，不可抗力，保险，索赔和争议解决。前述条款安排既考虑了现行法律法规对工程建设的有关要求，也考虑了建设工程施工管理的特殊需要。通用合同条款适用于各类建设工程施工的条款，在使用时不作任何改动。

3. 专用合同条款

通用合同条款不能完全适用于各个具体工程，因此，配之以专用合同条款。专用合同条款是对通用合同条款原则性约定的细化、完善、补充、修改或另行约定的条款，使通用合同条款和专用合同条款成为双方统一意愿的体现。合同当事人可以根据不同建设工程的特点及具体情况，通过双方的谈判、协商对相应的专用合同条款进行修改补充。在使用专用合同条款时，应注意以下事项。

(1)专用合同条款的编号应与相应的通用合同条款的编号一致。

(2)合同当事人可以通过对专用合同条款的修改，满足其对建设工程的特殊要求，避免直接修改通用合同条款。

(3)在专用合同条款中有横道线的地方，合同当事人可针对相应的通用合同条款进行细化、完善、补充、修改或另行约定；如无细化、完善、补充、修改或另行约定，则填写“无”或画“/”。

4. 附件

附件是对施工合同当事人的权利义务的进一步明确，并且使得施工合同当事人的有关工作一目了然，便于执行和管理。《建设工程施工合同(示范文本)》包括了十一个附件，分别为承包人承揽工程项目一览表、发包人供应材料设备一览表、工程质量保修书、主要建设工程文件目录、承包人用于本工程施工的机械设备表、承包人主要施工管理人员表、分包人主要施工管理人员表、履约担保格式、预付款担保格式、支付担保格式、暂估价一览表。

(三)《建设工程施工合同(示范文本)》的性质和适用范围

《建设工程施工合同(示范文本)》为非强制性使用文本，适用于房屋建筑工程、土木工程、线路管道和设备安装工程、装修工程等建设工程的施工承发包活动，合同当事人可结合建设工程具体情况，根据《建设工程施工合同(示范文本)》订立合同，并按照法律法规规定和合同约定承担相应的法律责任及合同权利义务。

(四)建设工程施工合同文件的组成及解释顺序

(1)合同协议书。

(2)中标通知书。

(3)投标函及其附录。

(4)专用合同条款及其附件。

(5)通用合同条款。

(6)技术标准和要求。

(7)图纸。

(8)已标价工程量清单或预算书。

(9)其他合同文件。

上述各项合同文件包括合同当事人就该项合同文件所做出的补充和修改,属于同一类内容的文件,应以最新签署的为准。在合同订立及履行过程中形成的与合同有关的文件均构成合同文件组成部分,并根据其性质确定优先解释顺序。

二、工程施工合同的审查

(一)施工合同的审查目的

工程合同确定了合同当事人在工程项目建设和相关交易过程中的权利义务和责任关系。合同中的每项条款都与双方的利益息息相关,影响到双方的成本、费用和合同收益。在工程合同正式签订前,合同双方有必要对即将签署的合同认真、细致地进行全面的审查分析。

合同审查分析的目的在于以下几点。

(1)判断合同内容是否完整、各项合同条款表述是否准确无歧义。

(2)明确自己的权利、义务。

(3)分析合同中的问题和风险,提出相应的对策。

(4)通过合同谈判,对合同条款进行修改、补充、完善。

(二)施工合同效力的审查

合同效力是指合同依法成立所具有的约束力。对建设工程施工合同效力的审查,基本上从合同主体、客体、内容三方面加以考虑。结合实践情况,主要审查以下几个方面。

1. 签订合同双方是否有经营资格

建设工程施工合同的签订双方是否有专门从事建筑业务的资格,是合同有效、无效的重要条件之一。例如,作为发包方的房地产开发公司应有相应的开发资格;作为承包方的勘察、设计、施工单位均应有其经营资格。

2. 签订工程施工合同的主体是否具备相应资质

建设工程是不动产产品,而不是一般的产品,因此,工程施工合同的主体除了具备可以支配的财产、固定的经营场所和组织机构外,还必须具备与建设工程项目相适应的资质条件,而且也只能在资质证书核定的范围内承接相应的建设工程任务,不得擅自越级或超越规定的范围。

3. 订立的合同是否违反法定程序

订立合同由要约与承诺两个阶段构成。在工程施工合同尤其是总承包合同和施工总承包合同的订立中,通常通过招标投标的程序,招标为要约邀请,投标为要约中标通知书的发出意味着承诺。对通过这一程序缔结的合同,《招标投标法》有着严格的规定。

首先,《招标投标法》对必须进行招标投标的项目做了限定,具体内容见前面章节所述;其次,招标投标遵循公平、公正的原则,违反这一原则,也可能导致合同无效。

4. 所签的合同是否违反关于分包和转包的规定

《中华人民共和国建筑法》允许建设工程总承包单位将承包工程中的部分发包给具有相应资质条件的分包单位，但是除总承包合同中约定的分包外，其他分包必须经建设单位认可。而且属于施工总承包的，建筑工程主体结构的施工必须由总承包单位自行完成。也就是说，未经建设单位认可的分包和施工总承包单位将工程主体结构分包出去所订立的分包合同，都是无效的。此外，将建设工程分包给不具备相应资质条件的单位或分包后将工程再分包的，均是法律禁止的。《中华人民共和国建筑法》及其他法律、法规对转包行为均做了严格规定。转包包括承包单位将其承包的全部建筑工程转包，承包单位将其承包的全部建筑工程肢解以后以分包的名义分别转包给他人。属于转包性质的合同，也因其违法而无效。

5. 所订立的合同是否违反其他法律和行政法规

如合同内容违反法律和行政法规，也可能导致整个合同的无效或合同的部分无效。例如，发包方指定承包单位购入的用于工程的建筑材料、构配件，或者指定生产厂、供应商等，此类条款均为无效。合同中某一条款的无效，并不必然影响整个合同的有效性。

实践中，构成合同无效的情况众多，需要有一定法律知识方能判别。所以，建议承发包双方将合同审查落实到合同管理机构和专门人员，每一项目的合同文本均须经过经办人员、部门负责人、法律顾问、总经理几道审查，批注具体意见，必要时还应听取财务人员的意见，以期尽量完善合同，确保在谈判时确定己方利益能够得到最大保护。

三、施工合同的谈判

由于建设工程标的规模大、金额高、履行时间长、技术复杂，再加上可能由于时间紧，工程招标投标工作较仓促，从而可能会导致合同条款完备性不够，甚至合法性不足，给今后合同履行带来很大困难。因此，中标后，发包人和承包人在不背离原合同实质性内容的原则下，还必须通过合同谈判，将双方在招标投标过程中达成的协议具体化或做某些增补或删减，对价格等所有合同条款进行法律认证，最终订立一份对双方均有法律约束力的合同文件。

施工合同
谈判的程序

（一）确定谈判程序

1. 一般讨论

谈判开始阶段通常都是先广泛交换意见，各方提出自己的设想方案，探讨各种可能性，经过商讨逐步将双方意见综合并统一起来，形成共同的问题和目标，为下一步详细谈判做好准备。不要一开始就使会谈进入实质性问题的争论，或逐条讨论合同条款。要先搞清基本概念和双方的基本观点，在双方相互了解基本观点之后，再逐条逐项仔细地讨论。

2. 技术谈判

技术谈判包括工程范围、技术规范、标准、施工条件、施工方案、施工进度、质量检查、竣工验收等。在一般讨论之后，就要进入技术谈判阶段。主要对原合同中技术方面的条款进行讨论。

3. 商务谈判

商务谈判主要是对原合同中商务方面的条款进行讨论，包括工程合同价款、支付条件、支付方式、预付款、履约保证、保留金、货币风险的防范、合同价格的调整等。需要注意的是，技术条款与商务条款往往是密不可分的，因此，在进行技术谈判和商务谈判时，不能将二者分割开来。

4. 合同拟定

谈判进行到一定阶段后，在双方都已表明了观点，对原则问题双方意见基本一致的情况下，相互之间就可以交换书面意见或合同稿。然后以书面意见或合同稿为基础，逐条逐项审查讨论合同条款。先审查一致性问题，后审查讨论不一致的问题。对双方不能确定、达不成一致意见的问题，再请示上级，或留给下次谈判继续解决，直至双方对新形成的合同条款一致同意并形成合同草案为止。

（二）合同谈判的内容

1. 关于工程范围

谈判中应使施工、设备采购、安装与调试、材料采购、运输与储存等工作的范围具体明确，责任分明，以防报价漏项及引发施工过程中的矛盾。

（1）有的合同条件规定“除另有规定外的一切工程”“承包商可以合理推知需要提供的为本工程服务所需的一切辅助工程”等。其中，不确定的内容可做无限制解释的，应该在合同中加以明确，或争取写明：“未列入本合同中的工程量表和价格清单的工程内容，不包括在合同总价内。”

（2）在某些材料供应合同中，常规是写：“某材料送到现场。”但是有些工地现场范围极大，对方只要送进工地围墙以内，就理解为“送到现场”。这对施工单位很不利，要增加二次搬运费。严谨的写法为：“某材料送到操作现场。”

（3）对于“可供选择的项目”，应力争在签订合同前予以明确。如果确实难以在签订合同时澄清，则应当确定一个具体的期限来选定这些项目是否需要施工。应当注意，如果这些项目的确定时间太晚，可能会影响材料设备的订货，使承包商蒙受不应有的损失。

（4）对于现场监理工程师的办公建筑、家具设备、车辆和各项服务，如果已包括在投标价格中，而且招标书规定得比较明确和具体，则应当在签订合同时予以审定和确认。特别是对于建筑面积和标准、设备和车辆的牌号以及服务的详细内容等，应当十分具体和明确。

（5）某总包与分包签订的合同中写明：“总包同意在分包完成工程，经监理工程师签发证书，并在业主支付总承包商该项已完工程款后三十日内，向分包付款。”表面看似乎合理实际上是总包转移风险的手段。因为发包人与总包之间的原因有很多方面，而监理工程师不签发证书，致使发包人拒绝或拖延向总包付款并非一定是分包的原因。这种笼统地把总包得到付款作为向分包付款的前提是不合理的。应补充以下条款：“如果监理工程师未签发证书，或总包未能收到发包人付款，并非分包违约，那么总包应向分包支付其实际完成的工程款和最后结算款。”

2. 关于合同文件

对当事人来说，合同文件就是法律文书，应该使用严谨、周密的法律语言，不能使用日常通俗语言或“工程语言”，以防一旦发生争端，合同中无准确依据，影响合同的履行，并为索赔创造一定的条件。

(1)对拟定合同文件中的缺欠,经双方协商一致同意后,可进行修改和补充,并应整理为正式的“补遗”或“附录”,由双方签字作为合同的组成部分,注明哪些条件由“补遗”或“附录”中的相应条款替代,以免发生矛盾与误解,在实施工程中发生争端。

(2)应当由双方同意将投标前发包人对各投标人质疑的书面答复或通知作为合同的组成部分,因为这些答复或通知既是标价计算的依据,也可能是今后索赔的依据。

(3)承包商提供的施工图纸是正式的合同文件内容。不能只认为“发包人提交的图纸属于合同文件”。应该表明“与合同协议同时由双方签字确认的图纸属于合同文件”。以防发包人借补充图纸的机会增加工程内容。

(4)对于作为付款和结算工程价款依据的工程量及价格清单,应该根据议标阶段做出的修正重新整理和审定,并经双方签字。

(5)即使采用的是标准合同文本,在签字前也须全面检查,对于关键词语和数字更应反复核对,不得有任何差错

3. 关于双方的一般义务

关于双方的一般义务的谈判内容主要包括:有关监理工程师命令的执行;关于履约保证;关于工程保险;关于工人的伤亡事故保险和其他社会保险;关于不可预见的自然条件和人为障碍处理等的条款内容。

4. 关于劳务

关于劳务的谈判内容主要涉及以下几个方面。

(1)劳务来源与劳务选择权;劳务队伍的能力素质与资质要求;劳务费取费标准确定;关于劳务的聘用与解雇的有关规定;有关保险事宜等。

(2)在进行国际工程承包时,有关劳务的谈判内容则更加复杂。例如,发包人协助取得各种许可手续的责任;因劳务短缺造成延误工期的处理;为提高工效和缩短工期而需加班的允许条件及处理方法;现场人员必须遵守当地法律,尊重当地风俗习惯,禁酒,禁止出售和使用麻醉毒品、武器弹药,不得扰乱社会治安的条款;有关劳务的节假日;当地的劳工法、移民法、出入境规定及个人所得税法的规定等。

5. 关于工程的开工和工期

工期是施工合同的关键条件之一,是影响价格的一项重要因素,同时也是违约误期罚款的唯一依据。工期确定是否合理,直接影响着承包商的经济效益,影响业主所投资的工程项目能否早日投入使用,因此,工期确定一定要讲究科学性、可操作性,同时要注意以下问题。

(1)不能把工期混同为合同期。合同期是表明一个合同的有效期间,从合同生效之日到合同终止。而工期是对承包商完成其工作所规定的时间。在工程承包合同中,通常施工期虽已结束,但合同期并未终止。

(2)应明确规定保证开工的措施。要保证工程按期竣工,首先要保证按时开工。将发包方影响开工的因素列入合同条件之中。如果由于发包方的原因导致承包方不能如期开工,则工期应顺延。

(3)施工中,如因变更设计造成工程量增加或修改原设计方案,或工程师不能按时验收工程,承包方有权要求延长工期。

(4)必须要求发包方按时验收工程，以免拖延付款，影响承包方的资金周转和工期。

(5)发包方向承包方提交的现场应包括施工临时用地，并写明其占用土地的一切补偿费用均由发包方承担。

(6)如果工程项目付款中规定有初期工程付款，其中包括临时工程占用土地的各项费用开支，则承包商应在投标前做周密调查，尽可能减少日后额外占用的土地数量，并将所有费用列入报价。

(7)应规定现场移交的时间和移交的内容。现场移交应包括场地测量图纸、文件和各种测量标志的移交。

(8)单项工程较多的工程，应争取分批竣工，并提交工程师验收，发给竣工证明。工程全部具备验收条件而发包方无故拖延验收时，应规定发包方向承包方支付工程费用。

(9)由于发包人及其他非承包商原因造成工期延长，承包商有权提出延长工期要求。在施工过程中，如发包人未按时交付合格的现场、图纸及批准承包商的施工方案，增加工程量或修改设计内容，或发包人不能按时验收已完成工程而迫使承包商中断施工等，承包商有权要求延长工期，要在合同中明确规定。

6. 关于材料和操作工艺

关于材料和操作工艺谈判主要包括以下内容。

(1)材料供应方式，即发包人供应材料还是承包商提供材料。

(2)材料的种类、规格、数量、单价与质量等级。

(3)材料提供的时间、地点。

(4)对于报送给监理工程师或发包方审批的材料样品，应规定答复期限。发包方或监理工程师在规定答复期限不予答复，则视作“默许”。经“默许”后再提出更换，应该由发包方承担延误工期和原报批的材料已订货而造成的损失。

(5)对于应向监理工程师提供的现场测量和试验的仪器设备，应在合同中列出清单，写明名称、型号、规格、数量等。如果超出清单内容，则应由发包方承担超出的费用。

(6)关于工序质量检查问题。如果监理工程师延误了上道工序的检查时间，往往使承包方无法按期进行下一道工序，而使工程进度受到严重影响。因此，应对工序检验制度做出具体规定。特别是对需要及时安排检验的工序要有时间限制。当超出限制时，若监理工程师未予检查，则承包方可认为该工序已被接受，可进行下一道工序的施工。

7. 关于工程的变更和增减

关于工程的变更和增减谈判主要涉及工程变更与增减的基本要求，由于工程变更导致的经济支出，承包商核实的确定方法，发包人应承担的责任，延误的工期处理等内容。

(1)工程变更应有一个合适的限额，超过限额，承包商有权修改单价。

(2)对于单项工程的大幅度变更，应在工程施工初期提出，并争取规定限期。超过限期大幅度增加单项工程，由发包人承担材料、工资价格上涨而引起的额外费用；大幅度减少单项工程，发包人应承担材料已订货而造成的损失。

8. 关于工程维修

(1)应当明确维修工程的范围和维修责任。承包商只能承担由于材料和工艺不符合合同要求而产生缺陷、没有看管好工程而遭损坏时的责任。

(2)一些重要、复杂的工程，若要求承包商对其施工的工程主体结构进行寿命担保，则应规定合理的年限值、担保的内容和方式。承包商可争取用保函担保,或者在工程保险时一并由保险公司担保。

四、施工合同的签订

合同签订的过程,是当事人双方互相协商并最后就各方的权利、义务达成一致意见的过程。签约是双方意志统一的表现。

签订工程施工合同的时间很长,实际上它是从准备招标文件开始,经过招标、投标、评标、中标,直至合同谈判结束的一整段时间。

(一)施工合同签订的原则

施工合同签订的原则是指贯穿于订立施工合同的整个过程,对承发包双方签订合同起指导和规范作用,双方均应遵守的准则。

1. 依法签订原则

(1)必须依据《中华人民共和国民法典》《建筑安装工程承包合同条例》《建设工程合同管理办法》等有关法律、法规。

(2)合同的内容、形式及签订的程序均不得违法。

(3)当事人应当遵守法律、行政法规和社会公德,不得扰乱社会经济秩序,不得损害社会公共利益。

(4)根据招标文件的要求,结合合同实施中可能发生的各种情况进行周密、充分的准备,按照"缔约过失责任原则"保护企业的合法权益。

2. 平等互利协商一致原则

(1)发包方、承包方作为合同的当事人,双方均平等地享有经济权利并承担经济义务,其经济法律地位是平等的,没有主从关系。

(2)合同的主要内容,须经双方协商达成一致,不允许一方将自己的意志强加于对方也不允许一方以行政手段干预对方、压服对方等。

3. 等价有偿原则

(1)签约双方的经济关系要合理,当事人的权利义务应对等。

(2)合同条款中亦应充分体现等价有偿原则。

①一方给付,另一方必须按价值相等原则作相应给付。

②不允许发生无偿占有、使用另一方财产现象。

③对工期提前、质量全优要予以奖励。

④延误工期、质量低劣应罚款。

⑤提前竣工的收益由双方分享

4. 严密完备原则

(1)充分考虑施工期内各个阶段,施工合同主体间可能发生的各种情况和一切容易引起争端的焦点问题,并预先约定解决问题的原则和方法。

(2)条款内容力求完备,避免疏漏,措辞力求严谨、准确、规范。

(3)对合同变更、纠纷协调、索赔处理等方面应有严格的合同条款作保证,以减少双方矛盾。

5. 履行法律程序原则

(1)签约双方都必须具备签约资格,手续健全齐备。

(2)代理人超越其权限签订的工程合同无效。

(3)签约的程序符合法律规定。

(4)签订的合同必须经过合同管理的授权机关鉴证、公证和登记,对合同的真实性、可靠性、合法性进行审查,并给予确认,方能生效。

(二)施工合同签订的条件

签订施工合同必须具备以下条件。

(1)初步设计已经批准。

(2)工程项目已列入年度建设计划。

(3)有能够满足施工需要的设计文件和有关技术资料。

(4)建设资金和主要建筑材料、设备来源已经落实。

(5)招标投标工程中标通知书已经下达。

(6)建筑场地、水源、电源、气源及运输道路已具备或在开工前完成等。

只有上述条件成立时,施工合同才具有有效性,并能保证合同双方都能正确履行合同,以免在实施过程中引起不必要的违约和纠纷,从而圆满地完成合同规定的各项要求。

(三)施工合同签订的程序

建筑施工企业在签订施工合同中,应遵循以下程序。

1. 进行市场调查并建立联系

(1)施工企业对建筑市场进行调查研究。

(2)追踪获取拟建项目的情况和信息,以及业主情况。

(3)当对某项工程有承包意向时,可进一步详细调查并与业主取得联系。

2. 表明合作意愿,进行投标报价

(1)接到招标单位邀请或公开招标通告后,企业领导作出投标决策。

(2)向招标单位提出投标申请书,表明投标意向。

(3)研究招标文件,着手具体的投标报价工作。

3. 协商谈判

(1)接受中标通知书后,组成包括项目经理在内的谈判小组,依据招标文件和中标书草拟合同专用条款。

(2)与发包人就工程项目具体问题进行实质性谈判。

(3)通过协商达成一致,确立双方具体权利与义务,形成合同条款。

(4)参照施工合同示范文本和发包人拟定的合同条件与发包人订立施工合同。

4. 签署书面合同

(1)施工合同应采用书面形式的合同文本。

(2)合同使用的文字要经双方确定,用两种以上语言的合同文本,还须注明几种文本是否具有同等法律效力。

(3)合同内容要详尽、具体,责任义务要明确,条款应严密、完整,文字表述应准确、规范。

(4)确认甲方,即业主或委托代理人的法人资格或代理权限。

(5)施工企业经理或委托代理人代表承包方与甲方共同签署施工合同。

5. 鉴证与公证

(1)合同签署后,必须在合同规定的时限内完成履约保函、预付款保函、有关保险等保证手续。

(2)送交工商行政管理部门对合同进行鉴证并交纳印花税。

(3)送交公证处对合同进行公证。

(4)经过鉴证、公证,确认合同的真实性、可靠性、合法性后,合同发生法律效力,并受法律保护。

(四)施工合同签订的主要内容

经过合同谈判,双方对新形成的合同条款一致同意并形成合同草案后,即进入合同签订阶段,这是确立承发包双方权利义务关系的最后一步工作。一个符合法律规定的合同一经签订,即对合同当事人双方产生法律约束力。因此无论发包人还是承包人,应当抓住这最后的机会,再认真审查分析合同草案,检查其合法性、完备性和公正性,争取改变合同草案中的某些内容,以最大限度地维护自己的合法权益。工程施工合同应当具备以下主要条款。

1. 承包范围

施工合同应明确哪些内容属于承包方的承包范围,哪些内容发包方另行发包。

2. 工期

承发包双方在确定工期的时候,根据承发包双方的具体情况,并结合工程的具体特点,确定合理的工期;工期是指自开工日期至竣工日期的期限,双方应对开工日期及竣工日期进行精确的定义,否则日后易起纠纷。

3. 开工和竣工时间

中间交工工程的工期,须与工程合同确定的总工期相一致。

4. 工程质量等级

工程质量等级标准分为不合格、合格和优良,不合格的工程不得交付使用。承发包双方可以约定工程质量等级达到优良或更高标准,但是应根据优质优价原则确定合同价款。

5. 合同价款

又称工程造价,通常采用国家或者地方定额的方法进行计算确定。随着市场经济的发展,承发包双方可以协商自主定价。

6. 施工图纸的交付时间

施工图纸的交付时间必须满足工程施工进度要求。为了确保工程质量,严禁随意性的边设计、边施工、边修改的“三边”工程。

7. 材料和设备供应责任

承发包双方需明确约定哪些材料和设备由发包方供应，以及在材料和设备供应方面双方各自的义务和责任。

8. 付款和结算

发包人一般应在工程开工前，支付一定的备料款（又称预付款），工程开工后按工程进度按月支付工程款，工程竣工后应当及时进行结算，扣除保修金后应按合同约定的期限支付尚未支付的工程款。

9. 竣工验收

竣工验收是工程合同重要条款之一，实践中常见有些发包人为了达到拖欠工程款的目的，迟迟不组织验收或者验而不收。因此，承包人在拟订本条款时应设法预防上述情况的发生，争取主动。

10. 质量保修范围和期限

对建设工程的质量保修范围和保修期限，应当符合《建设工程质量管理条例》的规定。

11. 其他条款

工程合同还包括隐蔽工程验收、安全施工、工程变更、工程分包、合同解除、违约责任、争议解决方式等条款，双方均要在签订合同时加以明确约定。

第三节　施工合同的履行

本节微课

一、工程施工合同履行的概念

工程施工合同履行是指工程建设项目的发包方和承包方根据合同规定的时间、地点、方式、内容及标准等要求，各自完成合同义务的行为。对于发包方来说，履行合同最主要的义务是按照合同约定支付合同价款，而承包方最主要的义务是按约定交付合格的建筑产品。但是，当事人双方的义务都不是单一的最后交付行为，而是一系列义务的总和。当事人双方对合同约定的义务的履行具有法律约束力，任何一方当事人违反合同约定而给对方造成损失，都应当承担赔偿责任。

二、工程施工合同履行的原则

施工合同履行的原则，是指法律规定的所有种类合同的当事人在履行合同的整个过程中所必须遵循的一般准则。根据中国合同立法及司法实践，合同的履行除应遵守平等公平、诚实信用等民法基本原则外，还应遵循以下合同履行的特有原则，即适当履行原则、协作履行原则、经济合理原则、情势变更原则，以及合同约定不明时的履行原则。

（一）适当履行原则

适当履行原则是指当事人应依合同约定的标的、质量、数量，由适当主体在适当的期限、地点，以适当的方式全面完成合同义务的原则。这一原则要求：第一，履行主体适当，即当事人必须亲自履行合同义务或接受履行，不得擅自转让合同义务或合同权利让其他人代为履行或接受履行;第二,履行标的物及其数量和质量适当,即当事人必须按合同约定的标的物履行义务,而且还应依合同约定的数量和质量来给付标的物;第三,履行期限适当,即当事人必须依照合同约定的时间来履行合同,债务人不得迟延履行,债权人不得迟延受领,如果合同未约定履行时间,则双方当事人可随时提出或要求履行,但必须给对方必要的准备时间;第四,履行地点适当,即当事人必须严格依照合同约定的地点来履行合同;第五,履行方式适当,履行方式包括标的物的履行方式以及价款或酬金的履行方式,当事人必须严格依照合同约定的方式履行合同。

(二)协作履行原则

协作履行原则是指在合同履行过程中,双方当事人应互助合作共同完成合同义务的原则。合同是双方民事法律行为,不仅仅是债务人一方的事情,债务人实施给付,需要债权人积极配合受领给付,才能达到合同目的。由于在合同履行的过程中,债务人比债权人更多地受诚实信用、适当履行等原则的约束,因此合同履行、协作履行往往是对债权人的要求。协作履行原则也是诚实信用原则在合同履行方面的具体体现。协作履行原则具有以下几个方面的要求:第一,债务人履行合同债务时,债权人应适当受领给付;第二债务人履行合同债务时,债权人应创造必要条件、提供方便;第三,债务人因故不能履行或不能完全履行合同义务时,债权人应积极采取措施防止损失扩大,否则,应就扩大的损失自负其责。

(三)经济合理原则

经济合理原则是指在合同履行过程中,应讲求经济效益,以最少的成本取得最佳的合同效益。在市场经济社会中,交易主体都是理性地追求自身利益最大化的主体,因此,如何以最少的履约成本完成交易,一直都是合同当事人所追求的目标。由此,交易主体在合同履行的过程中遵守经济合理原则是必然的要求。

(四)情势变更原则

合同有效成立以后,若非因双方当事人的原因而构成合同基础的情势发生重大变更致使继续履行合同将导致显失公平,则当事人可以请求变更和解除合同。

变更是指构成合同基础的情势发生根本的变化。在合同有效成立之后、履行之前,如果出现某种不可归责于当事人原因的客观变化会直接影响合同履行结果时,若仍然要求当事人按原来合同的约定履行合同,往往会给一方当事人造成显失公平的结果,这时,法律允许当事人变更或解除合同而免除违约责任的承担。这种处理合同履行过程中情势发生变化的法律规定,就是情势变更原则。

情势变更原则实质上是诚实信用原则在合同履行中的具体运用,其目的在于消除合同因情势变更所产生的不公平后果。我国法律虽然没有规定情势变更原则,但在司法实践中,这一原则已为司法裁判所采用。因此,情势变更原则,既是合同变更或解除的一个法定原因,更是解决合同履行中情势发生变化的一项具体规则。

(五)合同约定不明时的履行原则

(1)合同的订立应明确、具体、全面,但由于主客观原因,致使有些合同欠缺某些必要条款。如果合同中未作约定或约定不明确的,当事人要进行协议补充,使其具体、明确完备。不能达成补充的,按照法律法规中有关条款或者交易习惯确定,而不必再由当事人自行决定。

(2)质量条款不明确的履行规则。合同法规定质量要求不明确的,按照国家标准、行业标准履行;没有国家标准、行业标准的,按照通常标准或者符合合同目的的特定标准履行。我国的质量标准分为国家标准、行业标准、地方标准和企业标准。国家标准是国务院标准化行政主管部门对需要在全国范围内统一的技术要求所制定的标准。行业标准是行政主管部门对没有国家标准的某些行业统一的标准。通常标准指在同类产品的交易中,产品应当达到的公认或者普遍接受的中等水平的质量要求。

(3)价款或者报酬条款不明确的履行规则。价款或者报酬不明确的,按照订立合同时履行地的市场价格,依法应当执行政府定价或者政府指导价的,按照规定履行。市场价格是指市场中同类交易的平均价格。在市场价格已成为国家价格主体的情况下,价款或者报酬条款不明确时,其履行规则应当以市场价为依据。政府定价或者政府指导价的产品主要指与国民经济发展和人民生活关系重大的极少数商品价格、资源稀缺的少数商品价格、自然垄断经营,主要公用事业、公益性服务价格。

(4)履行地点不明确的履行规则。履行地点不明确的,给付货币的,在接受货币一方所在地履行;交付不动产的,在不动产所在地履行;其他标的,在履行义务一方所在地履行。

(5)履行期限不明确的履行规则。履行期限不明确的,债务人可以随时履行义务,债权人应当接受债务人履行。债权人也可以随时请求债务人履行债务,但应当给予对方以必要的准备时间。

(6)履行方式不明确时的履行规则。履行方式不明确的,按照有利于实现合同目的的方式履行,也即按照合同的性质和当事人订立合同的期望来确定。

(7)履行费用负担不明确的履行规则。履行费用的负担不明确的,由履行义务的一方负担。

(8)合同履行过程中价格变动时的履行规则。执行政府定价或者政府指导价的,在合同约定的交付期限内政府价格调整时,按照交付时的价格计价。逾期交付标的物的,遇价格上涨时按照原价格执行;价格下降时,按照新价格执行。逾期提取标的物或者逾期付款的,遇价格上涨时,按照新价格执行;价格下降时,按照原价格执行。履行的规则是惩罚违约方,谁违约,谁就要承担不利的后果。

三、工程施工合同履行的管理

(一)施工合同进度管理

1. 施工准备阶段的进度管理

施工准备阶段的许多工作都对施工的开始和进度有直接的影响,包括双方约定合同工期的、承包方提交进度计划、工程师对进度计划予以确认或者提出修改意见、其他准备工作、延期开工的处理等。

(1)双方约定合同工期

施工合同工期是指施工的工程从开工起到完成建设施工合同专用合同条款双方约定的全部内容,工程达到竣工验收标准所经历的时间。合同工期是施工合同的重要内容之一,故《建设工程施工合同(示范文本)》要求双方在协议书中作出明确约定。约定的内容包括开工日期、竣工日期和合同工期总日历天数。合同当事人应当在开工日期前做好一切开工的准备工作,承包人则应按约定的开工日期开工。

目前我国确定合同工期的依据是建设工程工期定额,它是由国务院有关部门按照不同工程类型分别编制的。所谓建设工程工期定额,是指在平均的建设管理水平和施工装备水平及正常的建设条件(自然的、经济的)下,一个建设项目从设计文件规定的工程正式破土动工,到全部工程建完,验收合格交付使用全过程所需的额定时间。

(2)承包方提交进度计划

承包方应当在专用合同条款约定的日期,将施工组织设计和工程进度计划提交工程师群体。工程中采取分阶段进行施工的工程,承包人则应按照发包人提供的图纸及有关资料的时间,分阶段编制进度计划,分别向工程师提交。

(3)工程师对进度计划予以确认或者提出修改意见

工程师接到承包人提交的进度计划后,应当予以确认或者提出修改意见,时间限制则由双方在专用条款中约定。如果工程师逾期不确认,也不提出书面意见,则视为已经同意。工程师对进度计划予以确认或者提出修改意见,并不免除承包人施工组织设计和工程进度计划本身的缺陷所应承担的责任。工程师对进度计划予以确认的主要目的是为工程师对进度进行控制提供依据。

(4)其他准备工作

在开工前,合同双方还应当做好其他各项准备工作。如发包人应当按照专用合同条款的规定使施工现场具备施工条件、开通施工现场与公共道路的调配工作,承包人应当做好施工人员和设备的调配工作。对于工程师而言,特别需要做好水准点与坐标控制点的交验,按时提供标准、规范。为了能够按时向承包人提供设计图纸,工程师可能还需要做好设计单位的协调工作,按照专用条款的约定组织图纸会审和设计交底。

(5)延期开工的处理

①承包人要求延期开工。如果承包人要求延期开工,则工程师有权批准是否同意延期开工。

承包人应当按协议书约定的开工日期开始施工。承包人不能按时开工,应在不迟于协议书约定的开工日期前7天,以书面形式向工程师提出延期开工的理由和要求。工程师在接到延期开工申请后的48小时内以书面形式答复承包人。工程师在接到延期开工申请后的48小时内不答复,视为同意承包人的要求,工期相应顺延。

如果工程师不同意延期要求,工期不予顺延。如果承包人未在规定时间内提出延期开工要求,如在协议书约定的开工日期前5天才提出,工期也不予顺延。

②因发包人原因延期开工。因发包人原因不能按照协议书约定的开工日期开工,工程师以书面形式通知承包人后,可推迟开工日期。承包人对延期开工的通知没有否决权,但发包人应当赔偿承包人因此造成的损失,相应顺延工期。

2.施工阶段的进度管理

工程开工后,合同履行即进入施工阶段,直至工程竣工,双方应控制施工任务在协议书规定的合同工期内完成。

(1)监督进度计划的执行阶段

进度控制的任务是开工后,承包人必须按照工程师确认的进度计划组织施工,接受工程师对进度的检查、监督。这是工程师进行进度控制的一项日常性工作,检查、监督的依据是已经确认的进度计划。一般情况下,工程师每月检查一次承包人的进度,计划执行情况由承包人提交一份上月进度计划实际执行情况和本月的施工计划。同时,工程师还应进行必要的现场实地检查。

工程实际进度与进度计划不符时，承包人应当按照工程师的要求提出改进措施，经工程师确认后执行。如果采用改进措施后，经过一段时间工程实际进展赶上了进度计划，则仍可按原进度计划执行。如果采用改进措施一段时间后，工程实际进展仍明显与进度计划不符，则工程师可以要求承包人修改原进度计划，并经工程师确认。但是，这种确认并不是工程师对工程延期的批准，而仅仅是要求承包人在合理的状态下施工。因此，如果按修改后的进度计划不能按期完工，承包人仍应承担相应的违约责任。

工程师应当随时了解施工进度计划执行过程中所存在的问题，并帮助承包人予以解决，特别是承包人无力解决的内外关系协调问题。

(2)暂停施工

在施工过程中，有些情况会导致暂停施工。暂停施工当然会影响工程进度，作为工程师，应当尽量避免暂停施工。暂停施工的原因是多方面的，但归纳起来有以下三个方面。

①工程师要求的暂停施工

工程师在主观上是不希望暂停施工的，但有时继续施工会造成更大的损失。工程师认为确有必要时，应当以书面形式要求承包人暂停施工，无论暂停施工的责任在发包人还是在承包人。工程师应当在提出暂停施工要求后 48 小时内提出书面处理意见。承包人应当按照工程师的要求停止施工，并妥善保护已完工程。承包人实施工程师作出的处理意见后，可提出书面复工要求，工程师应当在 48 小时内给予答复。工程师未能在规定时间内提出处理意见，或收到承包人复工要求后 48 小时内未予答复，承包人可以自行复工。

如果停工责任在发包人，由发包人承担所发生的追加合同价款，相应顺延工期；如果停工责任在承包人，由承包人承担发生的费用，工期不予顺延。因为工程师不及时作出答复，导致承包人无法复工，由发包人承担违约责任。

②由于发包人违约，承包人主动暂停施工

当发包人出现某些违约情况时，承包人可以暂停施工。这是承包人保护自己权益的有效措施。如发包人不按合同规定及时向承包人支付工程预付款、发包人不按合同规定及时向承包人支付工程进度款且双方未达成延期付款协议，承包人均可暂停施工。这时，发包人应当承担相应的违约责任。出现这种情况时，工程师应当尽量督促发包人履行合同，以尽量减少双方的损失。

③意外情况导致的暂停施工

在施工过程中出现一些意外情况，如果需要暂停施工，则承包人应暂停施工。在这些情况下，工期是否给予顺延，应视风险责任的承担确定。如发现有价值的文物、发生不可抗力事件等，风险责任应当由发包人承担，故应给予承包人工期顺延。

(3)工程设计变更

在施工过程中如果发生设计变更，将对施工进度产生很大的影响。如果必须对设计进行变更，必须严格按照国家的规定和合同约定的程序进行。

①变更的程序

施工中发包人如果需要对原工程设计进行变更，应不迟于变更前 14 天以书面形式向承包人发出变更通知。变更超过原设计标准或者批准的建设规模时，须经原规划管理部门和其他有关部门审查批准，并由原设计单位提供变更的相应图纸和说明。承包人应当严格按照图纸施工，不得对原工程设计进行变更。

②构成设计变更的事项

A. 更改有关部分的标高、基线、位置和尺寸。

B. 增减合同中约定的工程量。

C. 改变有关工程的施工时间和顺序。

D. 其他有关工程变更需要的附加工作。

由于发包人对原设计进行变更,以及经工程师同意的、承包人要求进行的设计变更,导致合同价款的增减及造成的承包人损失,由发包人承担,延误的工期相应顺延。

(4)工期延误

承包人应当按照合同约定完成工程施工,如果由于其自身的原因造成工期延误,应当承担违约责任。但是,在有些情况下工期延误后,竣工日期可以相应顺延。

因以下原因造成工期延误,经工程师确认,工期相应顺延。

①发包人不能按专用合同条款的约定提供开工条件。

②发包人不能按约定日期支付工程预付款、进度款,致使施工不能正常进行。

③工程师未按合同约定提供所需指令、批准、图纸等,致使施工不能正常进行。

④设计变更和工程量增加。

⑤一周内因非承包人原因停水、停电、停气造成停工累计超过 8 小时。

⑥不可抗力。

⑦专用合同条款中约定或工程师同意工期顺延的其他情况。

(二)施工合同质量管理

为了保证工程项目达到投资建设的预期目的,确保工程的质量至关重要工。

1. 工程质量要求

工程质量验收按合同约定的验收标准执行。因承包人原因造成工程质量达不到合同约定验收标准的,监理人有权要求承包人返工直至符合合同要求为止,由此造成的费用增加(或)工期延误由承包人承担。因发包人原因造成工程质量达不到合同约定验收标准的,发包人应承担由于承包人返工造成的费用增加和(或)工期延误,并支付承包人合理利润。

监理人有权对工程的所有部位及其施工工艺、材料、构配件和工程设备进行检查和检验。承包人应为监理人的检查和检验提供方便。监理人的检查和检验,不免除承包人按合同约定应负的责任。

2. 材料、构配件、工程设备到货验收

工程项目所用的材料、构配件和工程设备按照专用合同条款的约定,可由承包人采购,也可由发包人采购供应全部或部分的主要材料、构配件、工程设备。合同双方当事人对自己所供应的材料和设备的质量承担全部责任。

(1)承包人供应的材料、构配件和工程设备

除专用合同条款另有约定外,承包人提供的材料、构配件和工程设备均由承包人负责采购、运输和保管。承包人应对其采购的材料、构配件和工程设备负责。

承包人应按合同条款的约定,将各项材料、构配件和工程设备的供货人及品种、规格、数量和供货时间等报送监理人审批。承包人应向监理人提交其负责提供的材料、构配件和工程设备的质量证明文件,并满足合同约定的质量标准。

对承包人供应的材料、构配件和工程设备,承包人应会同监理人进行检验和交货验收,

查验材料合格证明和产品合格证书，并按合同约定和监理人指示，进行材料的抽样检验和工程设备的检验测试，检验测试结果应提交监理人，所需费用由承包人承担。

(2)发包人供应的材料、构配件和工程设备

发包人提供的材料、构配件和工程设备，应在专用合同条款和发包人供应材料设备一览表中写明材料、构配件和工程设备的名称、规格、数量、价格、交货方式、交货地点和计划交货日期等。承包人应根据合同进度计划的安排，向监理人报送要求发包人交货的日期计划。发包人应按照监理人与合同双方当事人商定的交货日期，向承包人提交材料、构配件和工程设备。

发包人应在材料、构配件和工程设备到货前7天通知承包人，承包人应会同监理人在约定的时间内，赴交货地点共同进行验收。除专用合同条款另有约定外，发包人提供的材料、构配件和工程设备验收后，由承包人负责接收、运输和保管。

发包人要求向承包人提前交货的，承包人不得拒绝，但发包人应承担承包人由此增加的费用。

承包人要求更改交货日期或地点的，应事先报请监理人批准。由于承包人要求更改交货时间或地点所增加的费用和(或)工期延误由承包人承担。发包人提供的材料、构配件和工程设备的规格、数量或质量不符合合同要求，或由于发包人原因发生交货日期延误及交货地点变更等情况的，发包人应承担由此增加的费用和(或)工期延误，并向承包人支付合理的利润。

3. 试验和检验

为了防止材料、构配件和工程设备在现场储存或保管不善而导致质量降低，应在用于永久工程施工前进行必要的试验和检验。对于已施工工程，监理人应按合同约定进行检验。经验收合格的工程，才能支付工程款。

(1)材料、构配件、工程设备和工程的试验和检验

承包人应按合同约定进行材料、构配件、工程设备和工程的试验和检验，并为监理人对上述材料、构配件、工程设备和工程的质量检查提供必要的试验资料和原始记录。按合同约定应由监理人与承包人共同进行试验和检验的，由承包人负责提供必要的试验资料和原始记录。监理人未按合同约定派人员参加试验和检验的，除监理人另有指示外，承包人可自行试验和检验，并应立即将试验和检验结果报送监理人，监理人应签字确认。监理人对承包人的试验和检验结果有疑问的，或为查清承包人试验和检验成果的可靠性要求承包人重新试验和检验的，可按合同约定由监理人与承包人共同进行。重新试验和检验的结果证明该项材料、构配件、工程设备和工程的质量不符合合同要求，由此增加的费用和(或)工期延误由承包人承担；重新试验和检验的结果证明该项材料、构配件、工程设备和工程符合合同要求，由发包人承担由此增加的费用和(或)工期延误，并支付承包人合理利润。

(2)现场材料试验

在一些项目中，需要承包人在工地现场自建完备的试验室，提供现场材料试验所需的一切试验条件。试验事项是指承包人按照合同约定设置的试验项目，主要是对工程用的水泥、钢材、土料和石料以及混凝土材料等进行常规性抽检和试验。承包人的试验室自身不能承担重要原材料的试验，如钢绞线等材料的化学分析。较复杂的试验及标准试验可委托具有相应资质等级并经监理人批准的试验室进行。

监理人在必要时可以使用承包人的试验室、试验设备器材以及其他试验条件，进行以工程质量检查为目的的复合性材料试验，承包人应予以协助。

(3)现场工艺试验

现场工艺试验是指已在国家或行业的规程、规范中规定的常规工艺试验或为进行某项成熟的工艺所必须进行的试验。承包人应按合同约定或监理人指示进行现场工艺试验。对大型的现场工艺试验,监理人认为必要时,应由承包人根据监理人提出的工艺试验要求。

编制工艺试验措施计划,报监理人审批。现场工艺试验所需的费用通常可计入所属的分部分项工程项目内,不需要在工程量清单中单独列项。对于特殊的、规模较大的新工艺试验,往往需编制专项试验计划,通常应单独列项,采用总价包干,并应在技术标准和要求中详细说明其试验工作内容,以供承包人准确报价。

4. 隐蔽工程的检查

工程隐蔽部位是指工作面经覆盖后将无法直接查看的工程部位,对于隐蔽工程的检查关系到整个工程质量控制,也对施工进度有影响。没有监理人的批准,工程的任何部分均不能覆盖或隐蔽,检查验收不合格的不能进行下一道工序的施工。

(1)通知监理人检查

经承包人自检确认的工程隐蔽部位具备覆盖条件后,承包人应通知监理人在约定的期限内检查。承包人的通知应附有自检记录和必要的检查资料,监理人应按时到场检查。经监理人检查确认质量符合隐蔽要求,并在检查记录上签字后,承包人才能进行覆盖。监理人检查确认质量不合格的,承包人应在监理人指示的时间内修整返工后,由监理人重新检查。

(2)监理人未到场检查

监理人未按约定的时间进行检查的,除监理人另有指示外,承包人可自行完成覆盖工作,并做相应记录报送监理人,监理人应签字确认。监理人事后对检查记录有疑问的,可进行重新检查。

(3)监理人重新检查

承包人对工程隐蔽部位覆盖后,监理人对质量有疑问的,可要求承包人对已覆盖的部位进行钻孔探测或揭开重新检验,承包人应遵照执行,并在检验后重新覆盖,恢复原状。经检验证明工程质量符合合同要求的,由发包人承担由此增加的费用和(或)工期延误并支付承包人合理利润;经检验证明工程质量不符合合同要求的,由此增加的费用和(或)工期延误由承包人承担。

(4)承包人私自覆盖

承包人未通知监理人到场检查,私自将工程隐蔽部位覆盖的,监理人有权指示承包人钻孔探测或揭开检查,由此增加的费用和(或)工期延误由承包人承担。

5. 竣工验收

竣工验收是指承包人完成合同工程后移交给发包人接收前,由发包人组织进行的验收,在实际工作中也称为“完工验收”和“交工验收”。工程必须经验收合格后,才能交付使用,未经验收或验收不合格的,不得交付使用,不得办理产权登记。工程竣工验收是体现工程已经基本完成的一个里程碑,也是控制质量的一个十分关键的手段。

(1)竣工验收申请

当工程具备以下条件时,承包人即可向监理人报送竣工验收申请报告。

①除监理人同意列入缺陷责任期内完成的尾工(甩项)工程和缺陷修补工作外,合同范围内的全部单位工程以及有关工作,包括合同要求的试验、试运行以及检验和验收均已完

成，并符合合同要求。

②已按合同约定的内容和份数备齐了符合要求的竣工资料。

③已按监理人的要求编制了在缺陷责任期内完成的尾工（甩项）工程和缺陷修补工作清单，以及相应的施工计划。

④监理人要求在竣工验收前应完成的其他工作。

⑤监理人要求提交的竣工验收资料清单。

（2）验收

监理人收到承包人按合同约定提交的竣工验收申请报告后，应审查申请报告的各项内，并按以下不同情况进行处理。

①监理人审查后认为尚不具备竣工验收条件的，应在收到竣工验收申请报告后的规定期限内通知承包人，指出在颁发接收证书前承包人还需进行的工作内容。承包人完成监理人通知的全部工作内容后，应再次提交竣工验收申请报告，直至监理人同意。

②监理人审查后认为已具备竣工验收条件的，应在收到竣工验收申请报告后的约定期限内提请发包人进行工程验收。

③发包人经过验收后同意接受工程的，应在监理人收到竣工验收申请报告后的约定期限内，由监理人向承包人出具经发包人签认的工程接收证书。发包人验收后同意接收工程但提出整修和完善要求的，限期修好，并缓发工程接收证书。整修和完善工作完成后监理人复查达到要求的，经发包人同意后，再向承包人出具工程接收证书。

④发包人验收后不同意接收工程的，监理人应按照发包人的验收意见发出指示，要求承包人对不合格工程认真返工或进行补救处理，并承担由此产生的费用。承包人在完成不合格工程的返工或补救工作后，应重新提交竣工验收申请报告，按约定程序进行竣工验收。

⑤除专用合同条款另有约定外，经验收合格工程的实际竣工日期，以提交竣工验收申请报告的日期为准，并在工程接收证书中写明。

⑥发包人在收到承包人竣工验收申请报告后的约定期限内未进行验收的，视为验收合格，实际竣工日期以提交竣工验收申请报告的日期为准，但发包人由于不可抗力不能进行验收的除外。

工程项目经过竣工验收后，虽然通过了交工前的各种检验，但仍可能存在质量缺陷，在使用过程中才能初步暴露出来。因此，为了保证发包人的权益，一般会在合同中约定工程竣工验收后进入缺陷责任期。缺陷责任期一般为 6 个月、12 个月或 24 个月。在缺陷责任期内，承包人对已交付使用的工程承担缺陷责任。缺陷责任期自实际竣工日期起计算。

（三）施工合同费用管理

当承包人按照合同进度计划完成工程，经监理人验收合格，发包人应按照合同的约定支付工程款。支付条款是施工合同中的核心条款。工程项目的特点决定了工程款的支付方式与一般的其他民事合同不同。这主要表现在工程完成之前合同价格的不确定性与支付程序的复杂性。合理的支付规定，清晰而完整的支付程序，是合同条件高水平的体现。

1. 费用项目性质

合同类型体现合同双方的风险分担方式和价款支付方式等基本合同特征，但实际工程中很少有纯粹的单价合同或总价合同。在工程实践中，需要监理人在技术标准中对工程所涉及的每一个费用项目的性质进行界定，有利于承包人按照发包人要求合理计价。

按照费用项目性质的不同,可以将所有的费用项目划分为两类,一类是单价子目,另一类是总价子目。

单价子目是指可以按合同约定的工程量计算规则确定数量,以单价计价的子目。总价子目是指以总额或项为计量单位,以总价计价的子目。一般来说,单价子目的工程量具备合同约束力,工程进度款结算按承包人实际完成的工程量计量支付。而总价子目的工程量往往是参考性的,是进度款支付的参照内容,不构成决定最终结算的约束力,总价子目的支付一般按照工程实际完成进度,根据合同约定数额支付或以百分比方式分摊支付。

2. 计量

(1)单价子目的计量

①已标价工程量清单中的单价子目工程量为估算工程量。结算工程量是承包人实际完成的,并按合同约定的计量方法进行计量的工程量。

②承包人按照合同约定的计量周期对已完成的工程进行计量,向监理人提交进度付款申请单、已完成工程量报表和有关计量资料。

③监理人对承包人提交的工程量报表进行复核,以确定实际完成的工程量,监理人对数量有异议的,可要求承包人按合同约定进行共同复核和抽样复测。承包人应协助监理人进行复核并按监理人要求提供补充计量资料、承包人未按监理人要求参加复核,监理人复核或修正的工程量视为承包人实际完成的工程量。

④监理人认为有必要时,可通知承包人共同进行测量、计量,承包人应遵照执行。

⑤承包人完成工程量清单中每个子目的工程量后,监理人应要求承包人派人员共同对每个子目的计量报表进行核实,以核实最终结算工程量。监理人可要求承包人提供补充计量资料,以确定最后一次进度付款的准确工程量。承包人未按监理人要求派人员参加的,监理人最终核实的工程量视为承包人完成该子目的准确工程量。

⑥监理人应在收到承包人提交的工程量报表后的约定期限内进行复核,监理人未在约定时间内复核的,承包人提交的工程量报表中的工程量视为承包人实际完成的工程量、据此计算工程价款。

(2)总价子目的计量

①总价子目的计量和支付应以总价为基础,一般不进行调整,总价子目的工程量承包人用于结算的最终工程量。承包人实际完成的工程量,是进行工程目标管理和控制进度支付的依据。

②承包人在合同约定的每个计量周期内,对已完成的工程进行计量,并向监理人提交进度付款申请单、阶段性成分项计量的支持性资料,以及所达到的工程形象目标的有关计量资料。

总价子目支付分解表的形成一般有三种方式:一是对于工期较短的项目,将各个总价子目的价格按合同约定的计量周期平均;二是对于合同价格不大的项目,可按照总价子目的价格占签约合同价的百分比,以及各个支付周期内完成的单价子目的总价值,以固定百分比的方式均摊支付;三是根据有合同约束力的进度计划、预先确定的里程碑形象进度节点(或支付周期),将总价子目的价格分解到各个形象进度节点(或支付周期中),汇总形成支付分解表。

支付分解表经监理人审核批准后,产生合同约束力。实际支付时,监理人应检查核实总价子目是否达到支付分解表的要求,若达到即可支付经批准的每阶段总价支付金额。

③监理人对承包人提交的上述资料进行复核,以确定分阶段实际完成的工程量和工程

形象目标。对其有异议的,可要求承包人按合同约定进行共同复核和抽样复测。

3. 工程预付款的支付

(1)预付款的支付

①预付款的额度。包工包料工程的预付款支付比例不得低于签约合同价(扣除暂列金额)的10%,不宜高于签约合同价(扣除暂列金额)的30%,对重大工程项目,按年度工程计划逐年预付。

②预付款的支付时间。双方应当在专用条款内约定发包人向承包人预付工程款的时间和数额,开工后按约定的时间和比例逐次扣回。预付时间应不迟于约定的开工日期前7天。发包人不按约定预付,承包人在约定预付时间7天后向发包人发出要求预付的通知,发包人收到通知后仍不能按要求预付,承包人可在发出通知后7天内停止施工,发包人应从约定应付之日起向承包人支付应付款的贷款利息,并承担违约责任。

(2)预付款的抵扣

①采用等比率或等额扣款的方式抵扣。

②从未完施工工程还需的主要材料及构件的价值相当于工程预付款数额时起扣。起扣点的计算公式:$T=P-M/N$(起扣点=合同总额一工程预付款/主要材料及构件所占比重)。

4. 工程款(进度款)支付

(1)工程量的确认

对承包人已完成工程量的核实确认,是发包人支付工程款的前提,其具体的确认程序如下。

①承包人向工程师提交已完工程量的报告。

承包人应按专用合同条款约定的时间,向工程师提交已完工程量的报告。该报告应当由《完成工程量报审表》和作为其附件的《完成工程量统计报表》组成。承包人应当写明项目名称、申报工程量及简要说明。

②工程师的计量。

工程师接到报告后7天内按设计图纸核实已完工程量(以下称计量),并在计量前24小时通知承包人,承包人为计量提供便利条件并派人参加。承包人不参加计量的,发包人自行进行,计量结果有效。作为工程价款支付的依据。

工程师收到承包人报告后7天内未进行计量,从第8天起,承包人报告中开列的工程量即视为已被确认,作为工程价款支付的依据。工程师不按约定时间通知承包人,致使承包人未能参加计量,计量结果无效。

工程师对承包人超出设计图纸范围和(或)因自身原因造成返工的工程量,不予计量。

(2)工程款(进度款)结算方式

①按月结算。

按月结算是实行旬末或月中预支,月末结算,竣工后清算的办法。跨年度施工的工程在年终进行工程盘点,办理年度结算。

②竣工后一次结算。

建设项目或单项工程全部建筑安装工程建设期在12个月以内,或者建设工程施工合同价值在100万元以下,可以实行工程价款每月月中预支,竣工后一次结算。

③分段结算。

分段结算要求当年开工、当年不能竣工的单项工程或单位工程按照工程控制进度，划分不同阶段进行结算。分段的划分标准，由各部门和省、自治区、直辖市、计划单列市规定，分段结算可以按月预支工程款。

实行竣工后一次结算和分段结算的工程，当年结算的工程应与年度完成工程量一致，年终不另清算。

④其他结算方式。

结算双方可以约定采用并经开户建设银行同意的其他结算方式。

(3)工程款(进度款)支付的程序和责任

在双方计量确认后14天内，发包人向承包人支付工程款(进度款)。同期结算的还包括同期用于工程上的发包人供应材料设备的价款，以及按约定时间发包人应按比例扣回的预付款。已发生的按可调价合同约定调整的合同价款、设计变更调整的合同价款及追加的合同价款，与工程款(进度款)同期调整支付。

发包人超过约定的支付时间不支付工程款(进度款)，承包人可向发包人书面提出付款要求，如果发包人在收到承包人通知后仍未能按要求支付，可与承包人协商签订延期付款协议，经承包人同意后可以延期支付。协议中需要注明延期支付时间和从结果确认计量后第15天起计算应付款的贷款利息。如果发包人不按合同约定支付工程款(进度款)，同时双方又未达成延期付款协议，导致施工无法进行，承包人可停止施工，相应的违约责任由发包人承担。

(4)变更价款的确定

①变更价款的确定程序。

A. 承包人在工程变更确定后14天内，提出变更工程价款的报告，经工程师确认后调整合同价款。

B. 承包人在双方确定变更后14天内不向工程师提出变更工程价款报告的，视为该项变更不涉及合同价款的变更。

C. 工程师在收到变更工程价款报告之日起14天内予以确认，工程师无正当理由不确认时，自报告送达之日起14天后，视为变更工程价款报告已被确认。

工程师不同意承包人提出的变更价款，按照合同约定的争议解决方法处理。

②变更价款的确定方法。

变更合同价款按照下列方法进行。

A. 合同中已有适用于变更工程的价格，按合同已有的价格计算、变更合同价款。

B. 合同中只有类似于变更工程的价格，可以参照此价格确定变更合同价款。

C. 合同中没有适用或类似于变更工程的价格，由承包人提出适当的变更价格，经工程师确认后执行。

5. 竣工结算

工程竣工验收报告经发包人认可后28天内由承包人向发包人提交竣工结算报告及完整的竣工结算资料，双方按照协议书约定的合同价款及专用条款约定的合同价款调整内容，进行工程竣工结算。之后，发包人在其后的28天内进行核实、确认后，通知经办银行向承包人结算。承包人收到竣工结算价款后14天内将竣工工程交付发包人。如果发包人在28天之内无正当理由不支付竣工结算价款，从第29天起按承包人同期向银行贷款利率支付拖欠工程款利息并承担违约责任。发包人在收到竣工结算报告及结算资料后56天内仍不支付的，承包人可以与发包人协议将该工程折价，也可以由承包人申请人民法院将该工程依法拍卖，承包人就该工程折价或者拍卖的价款优先受偿。

6. 质量保修金

（1）质量保修金的支付

保修金由承包人向发包人支付，也可由发包人从应付承包方工程款内预留，预留金的比例及金额由双方约定，但不应超过施工合同价款的3%。

（2）质量保修金的结算与返还质量保修

质量工程的质量保修期满后，发包人应当及时结算和返还（如有剩余）质量保修金。发包人应当在质量保修期满后14天内，将剩余保修金和按约定利率计算的利息返还承包人。

（四）施工合同安全管理

1. 合同双方的安全责任

《建设工程安全生产管理条例》对发包人、承包人、设计勘察和监理等建设工程参与的各方都明确了责任范围。施工合同的安全管理，主要是指发包人、承包人和监理三方的安全责任的划分。下面主要介绍发包人和承包人的安全责任。

（1）发包人的安全责任

发包人应负责赔偿以下各种情况造成的损失。

①工程或工程的任何部分对土地的占用所造成的第三者财产损失。

②由于发包人原因在施工场地及其邻地带造成的第三者人身伤亡和财产损失。

③由于发包人原因对承包人、监理人造成的人员人身伤亡和财产损失。

④由于发包人原因造成的发包人自身人员的人身伤害及财产损失。

《建设工程安全生产管理条例》第五十五条规定，违反本条例的规定，建设单位有下列行为之一的，责令限期改正，处20万元以上50万元以下的罚款；造成重大安全事故，构成犯罪的，对直接责任人员，依照刑法有关规定追究刑事责任；造成损失的，依法承担赔偿责任：

①对勘察、设计、施工、工程监理等单位提出不符合安全生产法律、法规和强制性标准规定的要求的；

②要求施工单位压缩合同约定的工期的；

③将拆除工程发包给不具有相应资质等级的施工单位的。

（2）承包人的安全责任

由于承包人原因在施工场地内及其毗邻地带造成的发包人、监理人及第三者人员伤亡和财产损失的，由承包人负责赔偿。

《建设工程安全生产管理条例》第六十二条规定，违反本条例的规定，施工单位有下列行为之一的，责令限期改正；逾期未改正的，责令停业整顿，依照《中华人民共和国安全生产法》的有关规定处以罚款；造成重大安全事故，构成犯罪的，对直接责任人员，依照刑法有关规定追究刑事责任：

①未设立安全生产管理机构、配备专职安全生产管理人员或者分部分项工程施工时无专职安全生产管理人员现场监督的；

②施工单位的主要负责人、项目负责人、专职安全生产管理人员、作业人员或者特种作业人员，未经安全教育培训或者经考核不合格即从事相关工作的；

③未在施工现场的危险部位设置明显的安全警示标志，或者未按照国家有关规定在施

工现场设置消防通道、消防水源、配备消除设施和灭火器材的;

④未向作业人员提供安全防护用具和安全防护服装的;

⑤未按照规定在施工起重机械和整体提升脚手架、模板等自升式架设设施验收合格后登记的;

⑥使用国家明令淘汰、禁止使用的危及施工安全的工艺、设备、材料的。

《建设工程安全生产管理条例》第六十四条规定,违反本条例的规定,施工单位有下列行为之一的,责令限期改正;逾期未改正的,责令停业整顿,并处5万元以上10万元以下的罚款;造成重大安全事故,构成犯罪的,对直接责任人员,依照刑法有关规定追究刑事责任:

①施工前未对有关安全施工的技术要求作出详细说明的;

②未根据不同施工阶段和周围环境及季节、气候的变化,在施工现场采取相应的安全施工措施,或者在城市市区内的建设工程的施工现场未实行封闭围挡的;

③在尚未竣工的建筑物内设置员工集体宿舍的;

④施工现场临时搭建的建筑物不符合安全使用要求的;

⑤未对因建设工程施工可能造成损害的毗邻建筑物、构筑物和地下管线等采取专项防护措施的。

《建设工程安全生产管理条例》第六十五条规定,违反本条例的规定,施工单位有下列行为之一的,责令限期改正;逾期未改正的,责令停业整顿,并处10万元以上30万元以下的罚款;情节严重的,降低资质等级,直至吊销资质证书;造成重大安全事故,构成犯罪的,对直接责任人员,依照刑法有关规定追究刑事责任;造成损失的,依法承担赔偿责任:

①安全防护用具、机械设备、施工机具及配件在进入施工现场前未经查验或者查验不合格即投入使用的;

②使用未经验收或者验收不合格的施工起重机械和整体提升脚手架、模板等自升式架设设施的;

③委托不具有相应资质的单位承担施工现场安装、拆卸施工起重机械和整体提升脚手架、模板等自升式架设设施的;

④在施工组织设计中未编制安全技术措施、施工现场临时用电方案或者专项施工方案的。

2. 安全事故

(1)事级分级

根据生产安全事故造成的人员伤亡或者直接经济损失,事故一般可分为以下等级。

①特别重大事故,是指造成30人以上死亡,或者100人以上重伤(包括急性工业中毒,下同),或者1亿元以上直接经济损失的事故。

②重大事故,是指造成10人以上30人以下死亡,或者50人以上100人以下重伤,或者5 000万元以上1亿元以下直接经济损失的事故。

③较大事故,是指造成3人以上10人以下死亡,或者10人以上5人以下重伤,或者1 000万元以上5 000万元以下直接经济损失的事故。

④一般事故,是指造成3人以下死亡,或者10人以下重伤,或者1 000万元以下直接经济损失的事故。

(2)事故报告

事故发生后,事故现场有关人员应当立即向本单位负责人报告;单位负责人接到报告后应当于1小时内向事故发生地县级以上人民政府安全生产监督管理部门和负有安全生产监督管理职责的有关部门报告。

情况紧急时，事故现场有关人员可以直接向事故发生地县级以上人民政府安全生产监督管理部门和负有安全生产监督管理职责的有关部门报告。

安全生产监督管理部门和负有安全生产监督管理职责的有关部门接到事故报告后应当依照下列规定上报事故情况，并通知公安机关、劳动保障行政部门、工会和人民检察院。

①特别重大事故、重大事故逐级上报至国务院安全生产监督管理部门和负有安全生产监督管理职责的有关部门。

②较大事故逐级上报至省、自治区、直辖市人民政府安全生产监督管理部门和负有安全生产监督管理职责的有关部门。

③一般事故上报至设区的市级人民政府安全生产监督管理部门和负有安全生产监督管理职责的有关部门。

安全生产监督管理部门和负有安全生产监督管理职责的有关部门逐级上报事故情况，每级上报的时间不得超过 2 小时。

报告事故应当包括下列内容。

①事故发生单位概况。

②事故发生的时间、地点及事故现场情况。

③事故的简要经过。

④事故已经造成或者可能造成的伤亡人数（包括下落不明的人数）和初步估计的直接经济损失。

⑤已经采取的措施。

⑥其他应当报告的情况。

（3）事故调查

特别重大事故由国务院或者国务院授权有关部门组织事故调查组进行调查，重大事故、较大事故、一般事故分别由事故发生地省级人民政府、设区的市级人民政府、县级人民政府负责调查。省级人民政府、设区的市级人民政府、县级人民政府可以直接组织事故调查组进行调查，也可以授权或者委托有关部门组织事故调查组进行调查。未造成人员伤亡的一般事故，县级人民政府也可以委托事故发生单位组织事故调查组进行调查。

事故调查组履行下列职责。

①查明事故发生的经过、原因、人员伤亡情况及直接经济损失。

②认定事故的性质和事故责任。

③提出对事故责任者的处理建议。

④总结事故教训，提出防范和整改措施。

⑤提交事故调查报告。

（4）事故处理

发生重大伤亡及其他安全事故时，遵循以下程序处理：首先应迅速抢救伤员并保护事故现场，然后组织调查组进行现场勘察、分析事故原因、制定预防措施，最后写出调查报告，报有关机关审核后结案。

建设工程项目安全事故处理中的“四不放过”原则为：事故原因不清不放过，事故责任者和员工没有受到教育不放过，事故责任者没有受到处理不放过，没有制定防范措施不放过。

（五）施工合同分包管理

工程分包不能解除承包人任何责任与义务。分包单位的任何违约行为、安全事故或疏忽导致工程损坏或给发包人造成的其他损失，承包人承担连带责任。承包人应在分包场地派驻相应的监督管理人员，保证本合同的履行。

1. 分包合同履行的管理

与承包人自身的主要施工管理人员的要求一样，在分包后，为加强监理人对分包人及分包人人员的监理管理，应当做到如下几方面。

（1）承包人应当向监理人提交分包人的主要施工管理人员表。

（2）监理人可对分包人的施工人员进行实名制管理。

（3）监理人的管理措施包括但不限于对进出场管理、登记造册，以及各种证照的办理的监督，如文件的备案等方面。

发包人应当在专用合同条款中就承包人对分包管理的操作程序作出进一步的约定，并要求承包人对分包实行严格的管理，尤其对于劳务分包，应当约定对人员实行实名制管理。管理措施包括但不限于进出场管理、登记造册、各种证照的办理及工资的发放等。分包合同履行的管理应满足以下要求。

（1）项目部及合同管理人员应根据合同约定（和相关法律、法规）的要求，对分包人的合同履行进行监督和管理，并履行自身应尽的责任和义务。

（2）合同管理人员应对分包合同确定的目标实行跟踪监督和动态管理，在管理过程中进行分析和预测，及早提出和协调解决影响合同履行的问题，以避免或减少风险。

（3）合同管理人员在监督分包合同履行过程中，应防止发生由于分包人的过失给发包人造成损失，致使发包人承担连带责任的风险。

2. 承包人对分包人的安全生产责任

（1）审分包人的安全施工资格和安全生产保证体系，分包人应具备国家要求的安全生产条件。

（2）分包合同中应明确分包人安全生产责任和义务。

（3）对分包人提出安全要求，并认真监督、检查。

（4）对违反安全规定冒险蛮干的分包人，应令其停工整顿。

（5）承包人应统计分包人的伤亡事故情况，按规定上报，并按分包合同约定协助处理分包人的伤亡事故。

3. 分包人安全生产责任

（1）分包人对本施工现场的安全工作负责，认真履行分包合同规定的安全生产责任。

（2）遵守承包人的有关安全生产制度，服从承包人的安全生产管理，及时向承包人报告伤亡事故并参与调查，处理善后事宜。

4. 分包合同的备案管理

工程分包涉及双方的经济利益，为尽可能地减少承包风险，需要熟悉相关法律条文，必要时，应聘请专业律师进行分包合同的审查。

（1）对合同双方营业执照和资质证书进行审查，对施工方的安全施工许可证进行检查，检查重点是年检合格证明，对发包方是否具有相应资质进行审查。

(2)审查工程款支付条款是否严谨、合理,是否有错误。

(3)经常查看现场和技术管理文件,并将现场情况与合同和相关资料作比较,检查是否有违约情况和履行合同不完全的情况。

(4)结算要在平时就收集资料,将平时漏报、误报、多报反映出来。

5.分包的注意事项

承包人不得将其承包的全部工程转包给第三人,或将其承包的全部工程肢解后以分包人的名义转包给第三人。承包人不得将工程主体结构、关键性工作及专用合同条款中禁止分包的专业工程分包给第三人,主体结构、关键性工作的范围由合同当事人按照法律规定在专用合同条款中予以明确。

承包人不得以劳务分包的名义转包或违法分包工程。

(1)非法转包

关于非法转包,《中华人民共和国建筑法》第二十八条规定,禁止承包单位将其承包的全部建筑工程转包给他人,禁止承包单位将其承包的全部建筑工程肢解以后以分包的名义分别转包给他人。

存在下列情形之一的,属于非法转包。

①施工总承包单位将其承包的全部工程转给其他单位或个人施工的。

②施工总承包单位将其承包的全部工程肢解以后,以分包的名义分别转给其他单位或个人施工的。

③施工总承包单位或专业承包单位未在施工现场设立项目管理机构或未派驻项目负责人、技术负责人、质量管理负责人、安全管理负责人等主要管理人员,不履行管理义务,未对该工程的施工活动进行组织管理的。

④施工总承包单位或专业承包单位不履行管理义务,只向实际施工单位收取费用,主要建筑材料、构配件及工程设备的采购由其他单位或个人实施的。

⑤劳务分包单位承包的范围是施工总承包单位或专业承包单位承包的全部工程,劳务分包单位计取的是除上缴给施工总承包单位或专业承包单位“管理费”之外的全部工价款的。

⑥施工总承包单位或专业承包单位通过采取合作、联营、个人承包等形式或名义直接或变相地将其承包的全部工程转给其他单位或个人施工的。

⑦法律法规规定的其他转包行为。

(2)违法分包

关于违法分包,《中华人民共和国建筑法》第二十九条规定,建筑工程总承包单位可以将承包工程中的部分工程发包给具有相应资质条件的分包单位;但是,除总承包合同中约定的分包外,必须经建设单位认可。施工总承包的,建筑工程主体结构的施工必须由总承包单位自行完成。禁止总承包单位将工程分包给不具备相应资质条件的单位。禁止分包单位将其承包的工程再分包。

存在下列情形之一的,属于违法分包。

①施工总承包单位将工程分包给个人的。

②施工总承包单位将工程分包给不具备相应资质或安全生产许可的单位的。

③施工合同中没有约定,又未经建设单位认可,施工总承包单位将其承包的部分工程交由其他单位施工的。

④施工总承包单位将房屋建筑工程的主体结构的施工分包给其他单位的,钢结构工程

除外。

⑤专业分包单位将其承包的专业工程中非劳务作业部分再分包的。

⑥劳务分包单位将其承包的劳务再分包的。

⑦劳务分包单位除计取劳务作业费用外，还计取主要建筑材料款、周转材料款和大、中型施工机械设备费用的。

⑧法律法规规定的其他违法分包行为。

第四节　施工合同的变更、解除和终止

本节微课

一、施工合同的变更

合同变更是指合同成立以后和履行完毕以前由双方当事人依法对合同的内容所进行的修改。合同变更不能在合同履行后进行，只能在完全履行合同之前。当事人凡以书面形式订立的合同，变更协议也应采用书面形式。

施工合同变更是指依法对原来施工合同进行的修改和补充，即在履行施工合同项目的过程中，由于实施条件或相关因素的变化，不得不对原合同的某些条款作出修改、订正、删除或补充。施工合同变更一经成立，原合同中的相应条款就应解除。

（一）施工合同变更的起因

工程变更的原因有发包方、承包方、监理方、设计方、政府部门等有关主体的原因，以及工程环境、合同实施过程中出现新的情况、产生了新技术或新知识而需要变更等。

（1）业主新的变更指令、对建筑的新要求。如业主有新的意图，业主修改项目计划、削减项目预算等。

（2）由于设计人员、监理方人员、承包商事先没有很好地理解业主的意图，或设计的错误，导致图纸修改。

（3）工程环境的变化，预定的工程条件不准确，要求实施方案或实施计划变更。

（4）由于产生新技术和知识，有必要改变原设计、原实施方案或实施计划，或由于业主指令及业主责任的原因造成承包商施工方案的改变。

（5）政府部门对工程新的要求，如国家计划变化、环境保护要求、城市规划变动等。

（6）由于合同实施出现问题，必须调整合同目标或修改合同条款。

（二）施工合同变更的原则

（1）合同双方都必须遵守合同变更程序，依法进行，任何一方都不得单方面擅自更改合同条款。

（2）合同变更要经过监理工程师、设计工程师、现场工程师等的科学论证和合同双方的协商。使合同变更具有合理性、可行性，而且由此而引起的进度和费用变化得到确认和落实的情况下方可实行。

（3）合同变更的次数应尽量减少、变更的时间也应尽量提前，并在事件发生后的一定时限内提出，以避免或减少工程项目建设带来的影响和损失。

(4)合同变更应以监理工程师、发包人和承包商共同签署的合同变更书面指令为准,并以此作为结算工程价款的凭据。

(5)合同变更所造成的损失,除依法可以免除的责任外,应由责任方负责赔偿。

(三)工程变更类别

按照工程变更所包含的具体内容,可将其划分为以下五个类别。

1. 设计变更

设计变更是指建设工程施工合同履约过程中,由工程不同参与方提出最终由设计单位以设计变更或设计补充文件形式发出的工程变更指令。设计变更包含的内容十分广泛,是工程变更的主体内容,约占工程变更总量的70%以上。常见的设计变更有:因设计计算错误或图示错误发出的设计变更通知书,因设计遗漏或设计深度不够而发出的设计补充通知书,以及应业主、承包商或监理方请求对设计所作的优化调整等。

2. 施工方案变更

施工方案变更是指在施工过程中承包方因工程地质条件变化、施工环境或施工条件的改变等因素影响,向监理工程师和业主提出的改变原施工措施方案的过程。施工措施方案的变更应经监理工程师和业主审查同意后实施,否则引起的费用增加和工期延误将由承包方自行承担。重大施工措施方案的变更还应征询设计单位意见。在建设工程施工合同履约过程中,施工方案变更存在于工程施工的全过程,如人工挖孔桩,在桩孔开挖过程中出现地下流砂层或淤泥层,需采取特殊支护措施,方可继续施工;公路或市政道路工程路基开挖过程中发现地下文物,需停工采取特殊保护措施;建筑物主体在施工过程中,因市场原因引起的不同的规格型号材料之间的代换等。

3. 条件变更

条件变更是指施工过程中,因业主未能按合同约定提供必需的施工条件以及不可抗力的发生导致工程无法按预定计划实施。如业主承诺交付的工程后续施工图纸未到,致使工程中途停顿;业主提供的施工临时用电因社会电网紧张而断电导致施工生产无法正常进行;特大暴雨或山体滑坡导致工程停工。这类因业主原因或不可抗力所发生的工程变更统称为条件变更。

4. 计划变更

计划变更是指施工过程中,业主因上级指令、技术因素或经营需要,调整原定施工进度计划,改变施工顺序和时间安排。如小区群体工程施工中,根据销售进展情况,部分房屋需提前竣工,另一部分房屋适当延迟交付,这类变更就是典型的计划变更。

5. 新增工程

新增工程是指施工过程中,业主动用暂定金额,扩大建设规模,增加原招标工程量清单之外的建设内容。

(四)工程变更的内容

根据国家发展和改革委员会等九部委联合编制的《标准施工招标文件》中的通用合同

条款的规定,除专用合同条款另有约定外,在履行合同中发生以下情形之一,应按照本条规定进行变更。

(1)取消合同中任何一项工作,但被取消的工作不能转由发包人或其他人实施。

(2)改变合同中任何一项工作的质量或其他特性。

(3)改变合同工程的基线、标高、位置或尺寸。

(4)改变合同中任何一项工作的施工时间或改变已批准的施工工艺或顺序。

(5)为完成工程需要追加的额外工作。

(五)变更权

根据《标准施工招标文件》中通用合同条款的规定,在履行合同过程中,经发包人同意,监理人可按合同约定的变更程序向承包人作出变更指示,承包人应遵照执行。没有监理人的变更指示,承包人不得擅自变更。

(六)工程变更的程序

根据《标准施工招标文件》中通用合同条款的规定,变更的程序如下。

1. 变更的提出

发包人提出变更的,应通过监理人向承包人发出变更指示,变更指示应说明计划变更的工程范围和变更的内容。

2. 变更指示

发包人同意变更的,由监理人向承包人发出变更指示。发包人不同意变更的,监理人无权擅自发出变更指示。

3. 变更执行

承包人收到监理人下达的变更指示后,认为不能执行,应立即提出不能执行该变更指示的理由。承包人认为可以执行变更的,应当书面说明实施该变更指示对合同价格和工期的影响。

(七)承包人的合理化建议

承包人提出合理化建议的,应向监理人提交合理化建议说明,说明建议的内容和理由,以及实施该建议对合同价格和工期的影响。除专用合同条款另有约定外,监理人应在收到承包人提交的合理化建议后7天内审查完毕并报送发包人,发现其中存在技术上的缺陷,应通知承包人修改。发包人应在收到监理人报送的合理化建议后7天内审批完毕。合理化建议经发包人批准的,监理人应及时发出变更指示,由此引起的合同价格调整按照“变更估价”条款约定执行。发包人不同意变更的,监理人应书面通知承包人。

合理化建议降低了合同价格或者提高了工程经济效益的,发包人可对承包人给予奖励,奖励的方法和金额在专用合同条款中约定。

(八)施工合同变更估价

1. 施工合同变更估价原则

除专用合同条款另有约定外,因变更引起的价格调整按照本款约定处理。

(1)已标价工程量清单中有适用于变更工作的子目的,采用该子目的单价。

(2)已标价工程量清单中无适用于变更工作的子目,但有类似子目的,可在合理范围内参照类似子目的单价。

(3)已标价工程量清单中无适用或类似子目的单价,可按照成本加利润的原则,由监理人按合同约定确定变更工作的单价

2. 施工合同变更估价程序

在工程项目实施过程中,施工合同变更的程序一般由合同规定,通常要经过申请、审查、批准到通知(指令)的程序。最理想的变更程序是,在变更执行前,合同双方已就工程变更中涉及的费用增加和工期延误的补偿协商达成一致。

(1)提出变更要求。工程变更可能由承包商提出也可能由业主或工程师提出。

(2)工程师审查变更。无论是哪一方提出的工程变更,均须由工程师审查批准。

(3)编制工程变更文件。工程变更文件包括以下几项。

①工程变更令。主要说明变更的理由和工程变更的概况,工程变更估价及对合同价的估价。

②工程量清单。工程变更的工程量清单与合同中的工程量清单相同,并需附工程量的计算记录及有关确定单价的资料。

③设计图纸(包括技术规范)。

④其他有关文件等。

(4)发出变更指示。工程师的变更指示应以书面形式发出。如果工程师认为有必要以口头形式发出指示,指示发出后应尽快加以书面形式确认。

3. 工程变更价款的估价步骤

工程变更一般要影响费用的增减,所以工程师应把全部情况告知雇主。对变更费用的批准,一般遵循以下步骤。

(1)工程师准备一份授权申请提出对规范和合同工程量所要进行的变更以及费用估算和变更的依据和理由。

(2)在雇主批准了授权的申请后,工程师要同承包商协商,确定变更的价格。如果价格等于或少于雇主批准的总额,则工程师有权向承包商发布必要的变更指示;如果价格超过批准的总额,工程师应请求雇主进一步给予授权。

(3)尽管已有上述程序,但为了避免耽误工作,工程师在和承包商就变更价格达成一致意见之前,有必要发布变更指示。此时,应发布一个包括两部分的变更指示,第一部分是在没有规定价格和费率时,指示承包商继续工作,在通过进一步的协商之后,发布第二部分,确定适用的费率和价格。

此程序中所述任何步骤均不应影响工程师决定任何费率或价格的权力(在工程师和承

包商之间对费率和价格不能达成一致意见时)。

(4)在紧急情况下,不应限制工程师向承包商发布他认为必要的此类指示。如果在上述紧急情况下采取行动,他应就此情况尽快通知雇主。

工程变更申请表如表 5-1 所示。

表 5-1 工程变更申请表

申请人		申请表编号		合同号	
相关的分项工程和该工程的技术资料说明 工程号____图号____ 施工段号________					
变更根据				变更说明	
变更根据的标准					
变更所涉及的资料					
变更的影响 技术要求________ 工期________ 材料________ 劳动力________ 对其他工程的影响________ 成本________ 机械________					
变更类型				变更优先次序	
意见					
计划变更实施日期					
变更申请人(签字)					
变更批准人(签字)					
变更实施决策/变更会议					
备注					

4. 工程变更估价方法

(1)如工程师认为适当,应以合同中规定的费率及价格进行估价。如合同中未包括适用于该变更工作的费率和价格,则应在合理的范围内使用合同中的费率和价格作为估价的基础。费率或价格确定的合适与否是导致承包商费用索赔的关键。

(2)如果工程师在颁发整个工程的移交证书时,发现由于工程变更和工程量表上实际工程量的增加或减少(不包括暂定金额、计日工和价格调整)、使合同价格的增加或减少合计超过有效合同价(指不包括暂定金额和计日工补贴的合同价格)的 15%,在工程师与业主和承包商协商后,应在合同价格中加上或减去承包商和工程师议定的一笔款额,若双方未能取得一致意见,则由工程师在考虑了承包商的现场费用和上级公司管理费后确定此款额仅以超过或等于"有效合同价"15%的那一部分为基础。

(3)也可按计日工方法估价。工程师如认为必要和可取,可以签发指示,规定按计日工方法进行工程估价变更。对这类工程变更,应按合同中包括的按计日工表中所定的项目和承包商在投标书中对此所确定的费率或价格向承包商付款。

二、施工合同的解除

(一)施工合同解除的概念及特点

建设工程合同的解除,是指建设工程合同依法成立后,开始履行之前或者未全部履行完毕之前,当事人根据法律规定或合同约定的条件和程序,请求解除双方的承包合同法律关系。其法律特征如下。

(1)建设工程合同须为合法有效合同。

(2)解除发生在合同依法成立后,尚未开始履行或履行完毕之前,如果已经履行完毕,不发生解除合同的问题。

(3)建设工程合同的解除应当符合法律规定或者合同约定的条件和程序。

(4)要有解除合同的行为。

由于建设工程施工是一个将人力、物力等要素固化的过程,一般不具有恢复原状的可能,因此,对建设工程施工合同而言,合同的解除并不具有向前回溯的效力。合同解除后,在发包人与施工单位之间仍存在工程结算、赔偿及其他的合同义务的履行问题。

(二)施工合同解除的情形

如同其他合同的解除一样,建设工程合同的解除也包括法定解除和协议解除两种。对于协议解除,只要是双方当事人的真实意思又不违反法律规定,一般应予准许。对于法定解除,《中华人民共和国民法典》第五百六十三条规定了当事人可以行使解除权解除合同的情形。但这些规定过于原则,对于建设工程合同来讲,合同的法定解除可以分别从发包人的解除权和承包人的解除权两个方面加以说明。

(三)合同解除后的处理

(1)合同解除原则上向前没有溯及力,即合同解除后,已经履行的按有效合同的处理原则及方式进行处理,不发生恢复原状,履行的部分不再履行。具体规定为,合同解除后,已经完成的建设工程质量合格,发包人应当按照约定支付相应的工程价款。建设工程施工合同在合同解除后,如工程质量合格,不存在恢复原状的问题,当事人一方主张恢复原状是不能得到支持的。但当发包人没有支付已履行部分工程价款时,不能认为支付工程价款是已经履行的部分,因此,需要判令发包人支付工程价款。这样处理表面上看是在解除合同的同时又要求当事人在履行合同,但实质上是对合同解除后采取的一种补救措施,且仍然是向后解除的情况(即未履行的部分还是不再履行)。

(2)已经完成的建设工程质量不合格的,参照司法解释关于合同无效,工程质量验收不合格的规定处理,即修复后的建设工程经竣工验收合格,发包人请求承包人承担修复费用的,应予支持;修复后的建设工程经竣工验收不合格,承包人请求支付工程款的,不予支持。合同无效或者被撤销后,因该合同取得的财产,应当予以返还;不能返还或者没有必要返还的,应当折价补偿。建设工程经竣工验收不合格,主要是建设工程质量不符合国家规定或者行业规定的标准,这里一般包括两种情况,一种是建设工程质量虽然不合格,但经过修复,可以使缺陷得到弥补,并通过工程竣工验收。这种情况下,发包方仍然可以接受建设工程,并在修复后继续利用建设工程。关于无效合同的处理原则,应当对建设工程予以折价补偿,故而发包方可以要求减少工程价款或者由承建方承担修复费用。另一种情况是建设工程的质量缺陷无法通过修复予以弥补,不能通过竣工验收,建设工程丧失利用价值。对于没有利用价值的建设工程,只能重新进行建设,故而承包人没有请求支付工程款的权利。

(3)因一方违约导致合同解除的,违约方应当赔偿因此而给对方造成的经济损失。由于合同解除是建立在合同有效的基础上作出的处理,因此,因违约导致合同解除的,违约方应当承担合同约定的违约责任。

(四)合同解除的法律后果

(1)合同解除后,尚未履行的,终止履行,已经履行的,根据履行情况和合同性质,当事人可以要求恢复原状、采取其他补救措施,并有权要求赔偿损失。

(2)合同的权利义务终止,不影响合同中结算和清理条款的效力。

三、施工合同的终止

(一)合同终止的概念

合同终止是指因发生法律规定或当事人约定的情况,使合同当事人之间的权利义务关系消灭,使合同的法律效力终止。合同当事人双方在合同关系建立以后,因一定的法律事实的出现,使合同确立的权利义务关系消灭。

合同终止引起以下法律后果。

(1)当事人之间的合同关系消灭。

(2)合同双方产生新的权利义务关系

(3)原合同当事人一方与第三人之间产生权利义务关系。

(二)合同终止的原因

(1)合同因当事人双方全面履行而消灭。

(2)合同因情势发生变化,双方在不损害国家利益或社会公共利益的条件下达成协议,终止合同。

(3)合同因当事人一方或双方死亡而消灭。

(4)合同因提存而消灭。

(5)合同因混同而消灭。

(6)合同因法院判决或仲裁裁决而终止。

(7)合同由于抵销而终止。解除合同也是合同终止的一种方式。

(三)合同终止的条件

有下列情形之一的,合同的权利义务终止。

(1)债务已经按照约定履行。

(2)合同解除。

(3)债务相互抵销。

(4)债务人依法将标的物提存。

(5)债权人免除债务(债权人免除债务人部分或全部债务的,合同部分或全部终止)。

(6)债权债务同归于一人(但涉及第三人利益的除外)。

(7)法律规定或当事人约定终止的其他情形合同终止后,当事人应当遵循诚实信用的原则,根据交易习惯履行通知、协助、保密等义务。另外,当事人协商一致,可以解除合同。当事人可以约定一方解除合同的条件。解除合同的条件成立时,解除权人可以解除合同。

(四)合同终止与合同解除的区别

1. 效力不同

合同的解除是指合同关系有效成立以后,当解除合同的条件具备时,因当事人一方或双方意思表示,使合同自始或仅向将来消灭的行为。合同的解除要发生恢复原状的效力。合同的解除即向过去发生效力,同时,由于合同关系消灭使当事人不再负履行义务,因此也是向将来发生效力。

合同终止指合同当事人双方在合同关系建立以后,因一定的法律事实的出现,使合同确立的权利义务关系消灭。合同的终止只是使合同关系消灭,仅向将来发生效力,当事人不发生恢复原状的义务。

2. 适用范围不同

合同解除视为对违约的一种补救措施,合同解除是对违约方的一种制裁,是一种特殊的合同责任,因而合同解除只适用于违约的场合,并以解除权的存在及行使为必要。所以,合同解除可以适用于当事人一方不履行合同的情况,而且为了使当事人之间的关系恢复到订约前的状态,必然借助于损害赔偿的办法。

对于合同终止来说,尽管它也可以适用于一方违约的场合(如一方违约,法律判决合同终止)从而使非违约方摆脱合同关系的束缚,但是合同终止主要适用于非违约情况,如合同因履行而终止、因双方协商一致而终止等。有些合同只能适用合同终止,不能适用合同解除。例如根据劳务合同,当事人一方已付出了一定劳务等,如果发生一方当事人违约,也无法恢复原状只能使合同关系终止。

(五)合同终止的法律后果

(1)合同权利义务终止后,当事人之间的权利义务消灭,债权人不再享有债权,债务人也不再负担债务,而且合同的从权利和从义务(如担保物权、保证债权、违约金债权、利息债权等)也一并消灭。

(2)合同权利义务终止后,债务人有权请求债权人返还负债字据,债权人不能返还的,应当向债务人出具债务已经清偿的证明。

(3)合同权利义务终止后,当事人应当遵循诚实信用原则,根据交易习惯履行通知、协助、保密等附随义务。

第五节　施工合同的索赔管理

本节微课

一、索赔概述

（一）索赔的含义

工程索赔是指在工程合同履行过程中，合同一方的当事人因对方不履行或未能正确履行合同义务，或者由于其他非自身原因而遭受经济损失或权力损害，通过合同约定的程序向对方提出经济和（或）时间补偿要求的行为。在工程建设的各个阶段都有可能发生索赔，但在施工阶段的索赔发生较多。

对施工合同的双方来说，均有通过索赔维护自己合法利益的权利，依据双方约定的合同责任，构成正确履行合同义务的制约关系。

（二）索赔的特征

1. 索赔是双向的

不仅承包人可以向发包人索赔，发包人同样也可以向承包人索赔。因为在实践中发包人向承包人索赔发生的频率相对较低，所以在索赔处理中，发包人始终处于主动和有利地位。对承包人的违约行为，其可以直接从应付工程款中扣抵、扣留保留金或通过履约保函向银行索赔来实现自己的索赔要求。因此在工程实践中大量发生的、处理比较困难的是承包人向发包人的索赔，也是工程师进行合同管理的重点内容之一。承包人的索赔范围非常广泛，一般只要因非承包人自身责任造成其工期延长或成本增加，都有可能向发包人提出索赔。有时发包人违反合同，如未及时交付施工图纸、决策错误等造成工程修改停工、返工、窝工，未按合同规定支付工程款等，承包人可向发包人提出赔偿要求；也可能由于发包人应承担风险的原因，如恶劣气候条件影响、国家法规修改等造成承包人损失或损害时，也会向发包人提出补偿要求。

2. 只有实际发生了经济损失或权利损害，一方才能向对方索赔

经济损失是指因对方因素造成合同外的额外支出，如人工费、材料费、机械费、管理费等额外开支；权利损害是指虽然没有经济上的损失，但造成了一方权利上的损害，如由于恶劣气候条件对工程进度的不利影响，承包人有权要求工期延长等。因此发生了实际的经济损失或权利损害，应是一方提出索赔的一个基本前提条件。有时上述两者同时存在，如发包人未及时交付合格的施工现场，既造成承包人的经济损失，又侵犯了承包人的工期权利，因此，承包人既要求经济赔偿，又要求工期延长；有时二者可单独存在，如恶劣气候条件影响、不可抗力事件等，承包人根据合同规定或惯例则只能要求工期延长，不应要求经济补偿。

3. 索赔是一种未经对方确认的单方行为

索赔与工程签证不同。在施工过程中签证是承发包双方就额外费用补偿或工期延长等达成一致的书面证明材料和补充协议，它可以直接作为工程款结算或最终增减工程造价的依据，而索赔则是单方面行为，对对方尚未形成约束力，这种索赔要求能否得到最终实现，必须通过双方确认（如双方协商、谈判、调解或仲裁、诉讼）后才能实现。

索赔是一种正当的权利或要求，是合情、合理、合法的行为，它是在正确履行合同的基础上争取合理的偿付，不是无中生有、无理争利。索赔同守约、合作并不对立，索赔本身就是市场经济中合作的一部分，只要是符合有关规定的、合法的或者符合有关惯例的，就应该理直气壮地、主动地向对方索赔。大部分索赔都可以通过协商谈判和调解等方式获得解决，只有在双方坚持己见而无法达成一致时，才会提交仲裁或诉诸法院求得解决，即使诉诸法律程序，也应当被看成是遵法守约的正当行为。

（三）索赔的分类

1. 按索赔的当事人分类

（1）承包人与发包人之间的索赔

该类索赔发生在建设工程施工合同的双方当事人之间，既包括承包人向发包人索赔，也包括发包人向承包人索赔。在工程实践中，经常发生的索赔事件，大多是承包人向发包人提出的。

（2）总承包和分包人之间的索赔

在建设工程分包合同的履行过程中，索赔事件发生后，无论是发包人的原因还是总承包人的原因所致，分包人都只能向总承包人提出索赔要求，而不能直接向发包人提出。

2. 按索赔目的分类

（1）工期索赔

工期索赔一般是指承包人依据合同约定，对于非自身原因导致的工期延误向发包人提出工期顺延的要求。工期顺延的要求获得批准后，不仅可以免除承包人承担拖期违约赔偿金的责任，而且承包人还有可能因工期提前获得赶工补偿（或奖励奖）。

（2）费用索赔

费用索赔的目的是要求补偿承包人（或发包人）的经济损失，费用索赔的要求如果获得批准，必然会引起合同价款的调整。

3. 按索赔事件的性质分类

（1）工程延误索赔

因发包人未按合同要求提供施工条件，如未及时交付设计图纸、施工现场、道路等，或因发包人指令工程暂停或不可抗力事件等原因造成工期拖延的，承包人可以向发包人提出索赔。如果由于承包人原因导致工期拖延，发包人可以向承包人提出索赔。

（2）加速施工索赔

这是由于发包人指令承包人加快施工速度，缩短工期，引起承包人的人力、物力、财力的额外开支，承包人提出的索赔。

（3）工程变更索赔

由于发包人或监理工程师指令增加或减少工程量或增加附加工程修改设计、变更工程顺序等，造成工期延长和（或）费用增加，承包人对此提出的索赔。

(4)合同终止的索赔

由于发包人或承包人发生违约以及不可抗力事件等原因造成合同非正常终止,无责任的受害方因其蒙受经济损失而向对方提出的索赔。

(5)不可预见的不利条件索赔

承包人在工程施工期间,施工现场遇到一个有经验的承包人也不能合理预见的不利施工条件或外界障碍,例如地质条件与发包人提供的资料不符,出现不可预见的地下水、地质断层、溶洞、地下障碍物,承包人可以就此遭受的损失提出的索赔。

(6)不可抗力事件的索赔

工程施工期间,因不可抗力事件的发生而遭受损失的一方,可以根据合同中对不可抗力风险分担的约定,向对方当事人提出索赔。

(7)其他索赔

如因货币贬值、汇率变化、物价上涨、政策法令变化等原因引起的索赔

(四)索赔的起因

1. 当事人违约

当事人违约常常表现为没有按照合同约定履行自己的义务。发包人违约常常表现为没有为承包人提供合同约定的施工条件,未按照合同约定的期限和数额支付工程款等。监理人未能按照合同约定完成工作,如未能及时发出图纸、指令等,也视为发包人违约。承包人违约的情况则主要是没有按照合同约定的质量、期限完成施工,或者由于不当行为给发包人造成其他的损害。

2. 不可抗力或不利的物质条件

不可抗力事件又可以分为自然事件和社会事件。自然事件主要是工程施工过程中不可避免且不能克服的自然灾害,包括地震、海啸、瘟疫、水灾等;社会事件则包括国家政策法律、法令的变更,如战争、罢工等。不利的物质条件通常是指承包人在施工现场遇到的不可预见的自然物质条件、非自然的物质障碍和污染物,包括地下和水文条件。

3. 合同缺陷

合同缺陷表现为合同文件规定的不严谨甚至矛盾、合同中的遗漏或错误。在这种情况下,工程师应当给予解释,如果这种解释将导致成本增加或者工期延长,发包人应当给予补偿。

4. 合同变更

合同变更表现为设计变更、施工方法变更、追加或者取消某些工作、合同规定的其他变更等。

5. 监理人指令

监理人指令有时也会产生索赔,如监理人指令承包人加速施工、进行某项工作、更换某些材料、采取某些措施等,并且这些指令不是由于承包人的原因造成的。

6. 其他第三方原因

其他第三方原因常常表现为与工程有关的第三方的问题而引起的对本工程的不利影

响。以上这些问题会随着工程的逐步开展而不断暴露出来，必然使工程项目受到影响，导致工程项目成本和工期的变化，这就是索赔形成的根源。因此，索赔的发生，不仅是一个索赔意识或合同观念的问题，从本质上讲，索赔也是一种客观存在。

二、索赔的程序

（一）承包人提出索赔要求

索赔事件发生后，承包人应在索赔事件发生后的28天内向工程师递交索赔意向通知，声明将对此事件提出索赔。该意向通知是承包人就具体的索赔事件向工程师和发包人表示的索赔愿望和要求。如果超过这个期限，工程师和发包人有权拒绝承包人的索赔要求。索赔事件发生后，承包人有义务做好现场施工的同期记录，并加大收集索赔证据的管理力度，以便于监理工程师随时检查和调阅，为判断索赔事件所造成的实际损害提供依据。

1. 索赔意向通知

承包人发现或意识到存在着索赔的机会时，第一件应做的事是把自己的索赔意向书面通知工程师或业主。这种意向通知既标志着一项索赔的开始，也是承包人在整个合同履行期间保持良好的索赔意识的最好办法。

索赔通知书一般都很简单，仅说明索赔事项的名称，根据相应的合同条款，提出自己的索赔要求。索赔通知书主要包括以下内容。

（1）事件发生的时间及其情况的简单描述。

（2）索赔依据的合同条款及理由。

（3）提供后续资料的安排，包括及时记录和提供事件的发展动态。

（4）对工程成本和工期产生不利影响的严重程度，以期引起监理工程师和业主的重视。

至于索赔金额的多少或应延长工期的天数以及有关的证据资料，可稍后再报给业主。

2. 索赔证据的准备

索赔的成功在很大程度上取决于承包人对索赔作出的解释和强有力的证明材料。索赔所需的证据可从下列资料中收集。

（1）施工日记

承包人应指令有关人员现场记录施工中发生的各种情况，做好施工日记和现场记录。做好施工日记工作有利于及时发现和分析索赔，施工日记也是索赔的重要证明材料。

（2）来往信件

来往信件是索赔证据资料的重要来源，平时应认真保存与工程师等往来的各类信件，并注明收发的时间。

（3）气象资料

天气情况是进度安排和分析施工条件等必须考虑的重要因素。施工合同履行过程中应每天做好天气情况记录，内容包括气温、风力、降雨量、暴雨雪、冰雹等，工程竣工时，形成一份如实、完整、详细的气象资料。

（4）备忘录

①对于工程师和业主的口头指令和电话，应随时书面记录，并及时提请签字予以确认。

②对索赔事件发生及其持续过程随时做好情况记录。

③投标过程的备忘录等。

(5)会议纪要

承包人、业主和监理的会议应做好记录,并就主要议题应形成会议纪要由参与会议的各方签字确认。

(6)工程进度计划

经工程师批准的各种工程进度计划都应妥善保管它们是承包人提出施工索赔的重要证据资料。

(7)工程成本核算资料

工程成本核算资料是索赔费用计算的基础资料,主要有人工工资原始记录、材料与设备等的采购单及付款凭证、机械使用台账、会计报表、物价指数、收付款票据等。

(8)其他资料

索赔证据还可从工程图纸、工程照片和声像资料、招标投标文件等资料中收集。

3. 索赔文件(报告)的编写

索赔报告是承包人要求业主给予费用补偿和延长工期的正式书面文件,应当在索赔事件对工程的影响结束后的合同约定的时间(市场惯例是28天)内提交给工程师或业主。

4. 索赔文件(报告)的报送

索赔文件(报告)编写完毕后,应在引起索赔的事件发生后28天内尽快提交给监理工程师(或业主),以正式提出索赔。索赔的关键在于"索"。索赔报告提交后不能被动等待,而应进行跟踪,即隔一段时间,主动向对方了解索赔处理的情况,并根据反馈的信息做进一步的资料准备

(二)工程师审核索赔报告

1. 工程师审核承包人的索赔申请

(1)接到承包人的索赔意向通知后,工程师应建立自己的索赔档案,密切关注事件的影响,检查承包人的同期记录时,随时就记录内容提出不同意见或希望应予以增加的记录项目。

(2)在接到正式索赔报告以后,认真研究承包人报送的索赔资料。

首先,在不确认责任归属的情况下,客观分析事件发生的原因,重温合同的有关条款,研究承包人的索赔证据,并检查他的同期记录。其次,通过对事件的分析,工程师再依据合同条款划清责任界限,必要时还可以要求承包人进一步提供补充资料。尤其是对承包人与发包人或工程师都负有一定责任的事件影响,更应划出各方应该承担合同责任的比例。最后,审查承包人提出的索赔补偿要求,删除其中的不合理部分,拟定自己计算的合理索赔款额和工期顺延天数。

2. 判定索赔成立的条件

工程师判定承包人索赔成立的条件包括以下几项。

(1)与合同相对照,事件已造成了承包人施工成本的额外支出,或总工期延误。

(2)造成费用增加或工期延误的原因,按合同约定不属于承包人应承担的责任,包括行

为责任或风险责任。

(3)承包人按合同规定的程序提交了索赔意向通知和索赔报告。

上述三个条件没有先后主次之分,应当同时具备。只有工程师认定索赔成立后才能处理应给予承包人的补偿额。

3. 对索赔报告的审查

(1)事态调查

事态调查是通过对合同实施的跟踪、分析,了解事件经过、前因后果,掌握事件的详细情况。

(2)损害事件原因分析

损害事件原因分析即分析索赔事件是由何种原因引起的,责任应由谁来承担。在实际工作中,损害事件有时是多方面原因造成的,故必须进行责任分解,划分责任范围,按责任大小承担损失。

(3)索赔理由分析

索赔理由分析主要依据合同文件判明索赔事件是否属于未履行合同规定义务或未正确履行合同义务所致,是否在合同规定的赔偿范围之内,只有符合合同规定的索赔要求才有合法性,才能成立。

(4)实际损失分析

实际损失分析即分析索赔事件的影响,主要表现为工期的延长和费用的增加。如果索赔事件不造成损失,则无索赔可言,损失调查的重点是分析、对比实际和计划的施工进度工程成本和费用方面的资料,在此基础上核算索赔值。

(5)证据资料分析

证据资料分析主要分析证据资料的有效性、合理性、正确性,这也是索赔要求有效的前提条件。如果在索赔报告中未提供证明其索赔理由、索赔事件的影响、索赔值的计算等方面的详细资料,索赔要求是不能成立的,如果工程师认为承包人提出的证据不足以说明其要求的合理性时,可以要求承包人进一步提交索赔的证据资料。

(三)工程师确定合理的补偿额

经过监理工程师对索赔报告的评审,与承包人进行了较充分的讨论后,监理工程师应提出索赔处理的初步意见,并参加发包人与承包人进行的索赔谈判,通过谈判,作出索赔的最后决定。

1. 监理工程师与承包人协商补偿

监理工程师核查后初步确定应予以补偿的额度往往与承包人的索赔报告中要求的额度不一致,甚至差额较大。主要原因大多为对承担事件损害责任的界限划分不一致,索赔证据不充分,索赔计算的依据和方法分歧较大等,因此双方应就索赔的处理进行协商。对于持续影响时间超过 28 天的工期延误事件,当工期索赔条件成立时,对承包人每隔 28 天报送的阶段索赔临时报告审查后,每次均应作出批准临时延长工期的决定,并于事件影响结束后 28 天内,承包人提出最终的索赔报告。

2. 监理工程师索赔处理决定

在经过认真分析研究，与承包人、发包人广泛讨论后监理工程师应该向发包人和承包人提出自己的“索赔处理决定”。监理工程师收到承包人送交的索赔报告和有关资料后，于28天内给予答复或要求承包人进一步补充索赔理由和证据。《建设工程施工合同(示范文本)》规定，监理工程师收到承包人递交的索赔报告和有关资料后如果在28天内既未予以答复，也未对承包人做进一步要求的话，则视为承包人提出的该项索赔要求已经认可。但是，监理工程师的处理决定不是终局性的，对发包人和承包人都不具有强制性的约束力。承包人对监理工程师的处理决定不满意，可以按合同中的争议条款提交约定的仲裁机构仲裁或诉讼。

(四)发包人审查索赔处理

当监理工程师确定的索赔额超过其权限范围时，必须报请发包人批准。发包人首先根据事件发生的原因、责任范围、合同条款审核承包人的索赔申请和工程师的处理报告，再依据工程建设的目的、投资控制、竣工投产日期要求以及针对承包人在施工中的缺陷或违反合同规定等的有关情况，决定是否同意监理工程师的处理意见。例如，承包人某项索赔理由成立，监理工程师根据相应条款规定，既同意给予一定的费用补偿，也批准顺延相应的工期。但发包人权衡了施工的实际情况和外部条件的要求后，可能不同意顺延工期，而宁可给承包人增加费用补偿额，要求其采取赶工措施，按期或提前完工。这样的决定只有发包人才有权作出。索赔报告经发包人同意后，监理工程师即可签发有关证书。

(五)承包人是否接受最终索赔处理

承包人接受经发包人审定的索赔处理意见，工程师签发有关证书，索赔处理过程到此结束，如果承包商不同意业主的处理决定，则应通过合同纠纷解决方式解决索赔争端。

三、索赔值的计算

(一)索赔值计算原则

1. 实际损失原则

索赔都是以补偿实际损失为原则，承包人不能通过索赔事件来获得额外的收益。在施工过程中，出现干扰事件时，承包人的实际损失包括直接和间接损失两个方面。

(1)直接损失

直接损失主要表现为承包人财产的减少，通常为工程的直接成本增加或者实际费用的超支。

(2)间接损失

间接损失即可能获得的利益减少。如在发包人拖欠工程款的情况下，使承包人失去这笔款项的存款利息收入等。当然所有这些损失都必须有具体而可信的证明，一般这些证据通常有：各种费用支出的账单，工资表，现场用工、用料、用机的证明，财务报表，工程成本核算资料，甚至包括承包人同期企业经营和成本核算资料等。

2. 合同原则

发承包合同是双方对自己行为的承诺，在合同履行过程中，双方都必须遵循合同的约定。上述的赔偿实际损失原则，并不能理解为赔偿承包人的全部实际费用超支和成本的增加，而是根据合同约定以及合同文件，由于干扰事件的干扰而导致承包人的成本增加和费用超支，承包人投标时所应包含的风险而导致的费用增加或成本增加是不能够获得补偿的。而在实际工程中，许多承包人往往会以自己的实际生产值、实际施工效率、工资水平和费用开支来计算索赔款额，这种做法是对以实际损失为原则的误解。在索赔款额的计算时，必须考虑以下几个因素的影响。

（1）应考虑由于管理不善、组织失误等承包人自身责任而造成的损失，对于该部分损失，承包人应自己承担。

（2）应考虑合同中约定的由承包人自己承担的风险。任何一份合同，发承包双方对于工程的各种风险是分担的，属于承包人风险范围内的，承包人必须自己承担。

（3）合同是索赔的依据，也就是说索赔款额计算必须根据合同文件来确定，如果合同约定了索赔款额的计算方法、计算公式等，都必须执行。

3. 合理性原则

合理性原则包括两个方面：一是指索赔值的计算应符合工程惯例，能够为发包人、工程师、调解人、仲裁人认可；二是指符合规定的会计核算原则。索赔款额的计算是在计划成本和成本核算的基础上，通过计划成本与实际成本对比进行的。实际成本的核算必须与计划成本的核算有一致性，而且符合通用的会计核算原则。

（二）工期索赔的计算

1. 工期索赔的分析

工期索赔的分析流程包括工期延误原因分析、网络计划分析、业主责任分析和索赔结果分析等步骤。

（1）工期延误原因分析

分析引起工期延误是哪一方的原因，如果某一干扰事件是由于承包人自身原因造成的或是承包人应承担的风险，则不能索赔，反之则可索赔。

（2）网络计划分析

运用网络计划方法分析延误事件是否发生在关键线路上，以决定延误是否可索赔。在施工索赔中，一般考虑关键线路上的延误，或者一条非关键线路因延误而变成关键线路。

（3）业主责任分析

结合网络计划分析结果，进行业主责任分析。若发生在关键线路上的延误是由于业主原因造成的，则这种延误不仅可索赔工期，而且还可索赔因延误而发生的费用。若由于业主原因造成的延误发生在非关键线路上，且非关键线路未转变为关键线路，则只可能索赔费用。

（4）索赔结果分析

在承包人索赔已经成立的情况下，根据业主是否对工期有特殊要求，分析工期索赔的可能结果。如果由于某种特殊原因,工程竣工日期客观上不能改变,即对索赔工期的延误,业主也可不给予工期延长。这时,业主的行为已实质上构成隐含指令加速施工。因而,业主应当支付承包人采取加速施工措施而额外增加的费用,即加速费用补偿。此处费用补偿是指因业主原因引起的延误时间因素造成承包人负担了额外的费用而得到的合理补偿。

2. 工期索赔计算方法

(1)网络分析法

承包人提出工期索赔,必须确定干扰事件对工期的影响值,即工期索赔值。工期索赔分析的一般思路:假设工程一直按原网络计划确定的施工顺序和时间施工,当一个或一些业主原因导致的或应由业主承担风险的干扰事件发生后,使网络中的某个或某些活动受到干扰而延长施工持续时间,将这些活动受干扰后的新的持续时间代入网络中,重新进行网络分析和计算,即得到一个新工期。新工期与原工期之差即为干扰事件对总工期的影响,即为承包人的工期索赔值。

(2)比例分析法

①按工程量进行比例计算

当计算出某一分部分项工程的工期延长后,还要把局部工期转变为整体工期,这可以用局部工程的工作量占整个工程工作量的比例来折算。

②按造价进行比例计算

若施工中出现了很多大小不等的工期索赔事由,较难准确地单独计算且又麻烦时,可经双方协商,采用造价比较法确定工期补偿天数。

(三)费用索赔的计算

1. 费用索赔的构成

按照我国现行规定,建筑安装工程合同价一般包括直接费、间接费、利润和税金。费用索赔的主要组成部分同建设工程施工合同价的组成部分相似。从原则上讲,承包人有索赔权利的工程成本增加,都是可索赔的费用。但是,对于不同原因引起的索赔,承包人可索赔的具体费用是不一样的,应根据具体情况具体分析。

施工索赔中,费用索赔主要包括以下内容。

(1)人工费

人工费主要包括生产工人的工资、津贴、加班费、奖金等。对于费用索赔中的人工费部分来说,主要是指完成合同之外的额外工作所花费的人工费用,由于非承包人责任的工效降低所增加的人工费用,超过法定工作时间的加班费用,法定的人工费增长以及非承包人责任造成的工程延误导致的人员窝工费,相应增加的人身保险和各种社会保险支出等。

(2)材料费

材料费在直接费中占有很大比重,是费用索赔的一项重要内容。在工程施工中,材料费索赔一般包括由于索赔事项导致材料的实际用量大大超过计划用量;由于客观原因材料价格大幅度上涨;由于非承包人责任工程拖延导致的材料价格和材料超期存储的费用等。

(3)机械设备使用费

可索赔的机械设备使用费主要包括完成额外工作增加的机械设备使用费,非承包人责任致使的工效降低而增加的机械设备闲置、折旧和修理费分摊、租赁费用，由于业主或工程师的原因造成的机械设备停工的窝工费，非承包人原因增加的设备保险费、运费及进口关税等。

(4)管理费

管理费应按现场管理费和企业管理费分别计算索赔费用。现场管理费包括因承包人完成额外工程、索赔事项工作以及工期拖延期间而造成的管理人员工资、办公费、交通费等费用的增加费用。企业管理费的索赔主要是指在工程延误期间为整个企业的经营运作提供支持和服务所增加的管理费用，一般包括企业管理人员费用、企业经营活动费用、差旅交通费、办公费通信费、固定资产折旧费、修理费、职工教育培训费用、保险费、税金等。

(5)利润

一般来说，由于工程承包范围的变化、技术文件的缺陷、发包人未能及时提供现场等引起的索赔，承包人可以列入利润。但对于工程暂停的索赔，由于项目利润未受到影响，因此一般工程师不会同意在工程暂停时的费用索赔中加入利润损失。

(6)利息

只要因业主违约(如业主拖延或拒绝支付各种工程款、预付款或拖延退还扣留的保证金)或其他合法索赔事项直接引起了额外贷款，承包人有权向业主就相关的利息支出提出索赔。利息的索赔通常发生在下述情况，如拖期付款利息、索赔款的利息、错误扣款的利息等。

2. 费用索赔计算方法

对于索赔事件的费用计算，一般是先计算与索赔事件有关的直接费，如人工费、材料费、机械费、分包费等，然后计算应分摊在此事件上的管理费、利润等间接费。每一项费用的具体计算方法应与工程项目计价方法相似。从总体思路上讲，综合费用索赔主要有以下几种计算方法。

(1)总费用法

总费用法的基本思路是将固定总价合同转化为成本加酬金合同，或索赔值按成本加酬金的方法来计算，它是以承包人的额外增加成本为基础，再加上管理费、利息甚至利润的计算方法。

(2)修正的总费用法

修正的总费用法是对总费用法的改进，即在总费用计算的原则上，去掉一些不合理的因素，使其更合理。按修正后的总费用计算索赔金额的公式如下：

索赔金额=某项工作调整后的实际总费用-该项工作的报价费用(含变更款)

修正的总费用法与总费用法相比，有了实质性的改进，已相当准确地反映出实际增加的费用。

(3)分项法

分项法是在明确责任的前提下，对每个引起损失的干扰事件和各费用项目单独分析计算索赔值，并提供相应的工程记录、收据、发票等证据资料，最终求和。这样可以在较短的时间内给以分析、核实，确定索赔费用，顺利解决索赔事宜。该方法虽比总费用法复杂、困难，但比较合理、清晰，能反映实际情况，且可为索赔文件的分析、评价及其最终索赔谈判和解决提供方便，是承包人广泛采用的方法。

四、索赔报告的编制

（一）索赔报告的组成

索赔报告是承包人向业主索赔的正式书面材料，也是业主审议承包人索赔请求的主要依据。索赔报告通常包括总述部分、论证部分、索赔款项和工期计算部分、证据部分共四个部分。

（二）索赔报告的编制

1. 总述部分

总述部分是承包人致业主或工程师的一封简短的提纲性信函，概要论述索赔事件发生的日期和过程，承包人为该索赔事件所付出的努力和附加开支，承包人的具体索赔要求，应通过总述部分把其他材料贯通起来，其主要内容包括以下几项。

（1）说明索赔事件。

（2）列举索赔理由。

（3）提出索赔金额与工期。

（4）附件说明。

2. 论证部分

论证部分是索赔报告的关键部分，其目的是说明自己有索赔权，是索赔能否成立的关键。要注意引用的每个证据的效力或可信程度，对重要的证据资料必须附以文字说明或确认。

3. 索赔款项和工期计算部分

索赔款项和工期计算部分需列举各项索赔的明细数字及汇总数据，要求正确计算索赔款项与索赔工期。

4. 证据部分

（1）索赔报告中所列举事实、理由、影响因果关系等证明文件和证据资料。

（2）详细计算书，这是为了证实索赔金额的真实性而设置的，为简明起见可以大量运用图表。

5. 索赔文件编制应注意的问题

整个索赔文件应该简要概括索赔事实与理由，通过叙述客观事实、合理引用合同规定，建立事实与损失之间的因果关系，证明索赔的合理合法性；同时应特别注意索赔材料的表达方式对索赔解决的影响。一般要注意以下几方面。

（1）索赔事件要真实、证据确凿。索赔针对的事件必须实事求是，有确凿的证据，令对方无可推卸和辩驳。

（2）计算索赔款项和工期要合理、准确。要将计算的依据、方法、结果详细说明，这样易于让对方接受，避免发生争端。

(3)责任分析清楚。一般索赔所针对的事件都是由于非承包人责任而引起的，因此，在索赔报告中必须明确对方负全部责任，而不可以使用含糊不清的词语。

(4)明确承包人为避免和减轻事件的影响和损失而做的努力。在索赔报告中，要强调事件的不可预见性和突发性，说明承包人对它的发生没有任何的准备，也无法预防，并且承包人为了避免和减轻该事件的影响和损失已尽了最大的努力，采取了能够采取的措施，从而使索赔理由更加充分，更易于对方接受。

(5)阐述由于干扰事件的影响，使承包人的工程施工受到严重干扰，并为此增加了支出，拖延了工期，表明干扰事件与索赔有直接的因果关系。

(6)索赔文件书写用语应尽量婉转，避免使用强硬的语言，否则会给索赔带来不利的影响。

第六节　施工合同的争议处理

本节微课

一、施工合同争议的类型

工程合同争议，指工程合同订立后至完全履行前，合同当事人因对合同的条款理解产生歧义或因当事人违反合同的约定，不履行或不完全履行合同中应承担的义务等而产生的纠纷。产生工程合同纠纷的原因十分复杂，但常见的争议有以下几种。

(一)合同主体的争议

承包人被拖欠巨额工程款已成为整个建设领域中屡见不鲜的事情。实践中，往往出现工程的发包人并非工程真正的建设单位，并非工程的权利人。在该种情况下，发包人通常不具备工程价款的支付能力，承包人该向谁主张权利以维护其合法权益，成为争议的焦点。在此种情况下，承包人应理顺关系，寻找突破口，向真正的发包人主张权利，以保证合法权利不受侵害。

(二)工程支付的争议

尽管施工合同中已列出了工程量，约定了合同价款，但实际施工中会有很多变化，包括设计变更、工程师签发的变更指令、现场条件变化，以及计量方法等引起的工程量增减。这种工程量的变化几乎每天或每月都会发生，而且承包人通常在其每月申请工程进度款报表中列出，希望得到(额外)付款，但常因与工程师有不同意见而遭拒绝或拖延不决。这些实际工作已完成而未获得付款的金额，由于日积月累，在施工后期可能增加到一个很大的数字，发包人更加不愿支付，因而造成更大的分歧和争议。

在整个施工过程中，发包人在按进度支付工程款时往往会根据工程师的意见，扣除那些他们未予确认的工程量或存在质量问题的已完成工程的应付款项。这种未付款项累积起来也可能形成一笔很大的金额，使承包人感到无法承受而引起争议，而且这类争议在施工的中后期可能会越来越严重。承包人会认为由于未得到足够的应付工程款而不得不将工程进度放慢下来，而发包人则会认为在工程进度拖延的情况下更不能多支付给承包人任何款项,这就会形成恶性循环而使争端愈演愈烈。

更主要的是,大量发包人在资金尚未落实的情况下就开始工程建设,致使发包人千方百计要求承包人垫资施工、不支付预付款、尽量拖延支付进度款、拖延工程结算及工程审价进程,致使承包人的权益得不到保障,最终引起争议。

(三)工程质量的争议

质量方面的争议包括工程中所用材料不符合合同约定的技术标准要求,提供的设备性能和规格不符,或者不能生产出合同规定的合格产品,或者是通过性能试验不能达到规定的产量要求,施工和安装有严重缺陷等。这类质量争议在施工过程中主要表现为:工程师或发包人要求拆除和移走不合格材料,或者返工重做,或者修理后予以降价处置。对于设备质量问题,则常见于调试和性能试验后,发包人不同意验收移交,要求更换设备或部件,甚至退货并赔偿经济损失。而承包人则认为缺陷是可以改正的,或者业已改正;对生产设备质量则认为是性能测试方法错误,或者制造产品所投入的原料不合格或者是操作方面的问题等,质量争议往往演变为责任问题。

此外,在保修期的缺陷修复问题往往是发包人和承包人争议的焦点。特别是发包人要求承包人修复工程缺陷而承包人拖延修复,或发包人未经通知承包人就自行委托第三人对工程缺陷进行修复。在此情况下,发包人要在预留的保修金中扣除相应的修复费用,承包人则主张产生缺陷的原因不在承包人或发包人未履行通知义务,且其修复费用未经其确认而不予同意。

(四)工程进度的争议

一项工程的工期延误,往往是由于错综复杂的原因造成的,要分清各方的责任往往十分困难。在许多合同条件中都约定了竣工逾期违约金。经常可以发现,发包人要求承包人承担工程竣工逾期的违约责任,而承包人则提出因诸多发包人的原因及不可抗力等,工期应相应顺延,有时承包人还就工期的延长要求发包人承担停工、窝工的费用。

(五)其他争议

工程建设其他争议有安全损害赔偿争议、合同中止及终止争议等。

1. 安全损害赔偿争议

安全损害赔偿争议包括相邻关系纠纷引发的损害赔偿、设备安全、施工人员安全、施工导致第三人安全、工程本身发生安全事故等方面的争议。其中,工程相邻关系纠纷发生的频率越来越高,其牵涉主体和财产价值也越来越多,已成为人民群众十分关心的问题。《中华人民共和国建筑法》第三十九条规定,施工现场对毗邻的建筑物、构筑物和特殊作业环境可能造成损害的,建筑施工企业应当采取安全防护措施。

2. 合同中止及终止争议

合同中止造成的争议有:承包人因合同中止造成的损失严重而得不到足够的补偿;发包人对承包人提出的就中止合同的补偿费用计算有异议;承包人因设计错误或发包人拖欠应支付的工程款而造成困难提出中止合同;发包人不承认承包人提出的中止合同的理由,

也不同意承包人的责难及其补偿要求等。

合同终止一般都会给某一方或者双方造成严重的损害。除不可抗力外,任何终止合同的争议往往是难以调和的矛盾造成的。如何合理处置合同终止后双方的权利和义务,往往是这类争议的焦点。合同终止可能有以下四种情况。

(1)属于承包人责任引起的终止合同。例如,发包人认为并证明承包人不履约,承包人严重拖延工程并证明已无能力改变局面,承包人破产或严重负债而无力偿还致使工程停滞等在这些情况下,发包人可能宣布终止与该承包人的合同;将承包人驱逐出工地,并要求承包人赔偿因工程终止而造成的损失,甚至发包人可能立即通知开具履约保函和预付款保函的银行全额支付保函金额;承包人则否定自己的责任,并要求取得其已完工程款,要求发包人补偿其已运到现场的材料、设备和各种设施的费用,还要求发包人赔偿其各项经济损失,并退还被扣留的银行保函等。

(2)属于发包人责任引起的终止合同。例如,发包人不履约、严重拖延应付工程款并被证明已无力支付欠款,发包人破产或无力清偿债务,发包人严重干扰或阻碍承包人的工作等。在这种情况下,承包人可能宣布终止与该发包人的合同,并要求发包人赔偿其因合同终止而遭受的严重损失。

(3)不属于任何一方责任引起的终止合同。例如,由于不可抗力使任何一方不得不终止合同,大部分政治因素引起的履行合同障碍都属于此类。尽管一方可以引用不可抗力宣布终止合同,但如果另一方对此有不同看法,或者合同中没有明确规定这类终止合同的后果处理办法,双方应通过协商处理。若达不成一致则按争议处理方式申请仲裁或诉讼。

(4)任何一方由于自身需要而终止合同。例如,发包人因改变整个设计方案、改变工程建设地点或者其他任何原因而通知承包人终止合同,承包人因其总部的某种安排而主动要求终止合同等。这类由于一方的需要而非对方的过失而要求终止合同的,大都发生在工程开始的初期,而且要求终止合同的一方通常会认识到并且会同意给予对方适当补偿,但是仍然可能在补偿范围和金额方面发生争议。例如,在发包人因自身原因要求终止合同时,可能会承诺给承包人补偿的范围只限于其实际损失,而承包人可能要求还应补偿其失去承包其他工程机会而遭受的损失和预期利润。

二、施工合同争议的解决方法

(一)和解

和解是指合同当事人发生争议后,在没有第三方介入的情况下,在自愿互谅的基础上,就已经发生的争议进行谈判并达成协议,自行解决争议的一种方式。和解具有以下特征。

1. 简便易行,能经济、及时地解决纠纷

工程合同争议的和解解决不受法律程序约束没有仲裁程序或诉讼程序那样有较为严格的法律规定。当事人可以随时发现问题,随时要求解决,不受时间、地点的限制,从而防止矛盾的激化、纠纷的逐步升级,同时又可以节省仲裁费和诉讼费。

2. 针对性比较强,便于抓住主要矛盾

由于工程合同双方当事人亲身经历合同纠纷的事态发展,了解合同纠纷的原因、发展以及结果的全过程，便于双方当事人抓住纠纷产生的关键原因，有针对性地加以解决。

3. 有利于维护双方当事人的友好合作关系，使合同更好地履行

和解是合同双方当事人在平等自愿、互谅互让的基础上就工程合同争议的事项进行协商，气氛比较融洽，有利于缓解矛盾，加强团结协作；同时，协商是在双方当事人的统一认识的基础上自愿达成的，所以可以使纠纷得到比较彻底地解决，协议的内容也比较容易顺利执行。

4. 可以避免当事人把大量精力投入诉讼活动

合同工程发生纠纷后，诉讼或仲裁解决需投入大量的精力，如果通过和解解决就可以避免过多的精力耗费，对双方当事人都有好处。

但是，和解的局限性也是很明显的。和解所达成的协议能否得到切实自觉地遵守，完全取决于争议当事人的诚意和信誉。如果在双方达成协议之后，一方反悔，拒绝履行应尽的义务，协议就成为一纸空文；而且在实践中，当争议标的金额巨大或争议双方分歧严重时，要通过协商达成谅解是比较困难的。

（二）调解

调解是指合同当事人于争议发生后，在第三者的主持下，根据事实和法律，经过第三者的说服与劝解，使争议双方互谅互让，自愿达成协议，从而公平、合理地解决纠纷的一种方式。通过调解的方式解决合同纠纷与和解解决一样，也具有方法灵活、程序简便、节省时间和费用、不伤害争议双方的感情等特点，因而既可以及时、友好地解决纠纷，又可以保护当事人的合法权益。调解具有如下特征。

（1）有第三人介入，看问题可能客观、全面一些，有利于争议的公正解决。

（2）有第三人参见，可以缓解双方当事人的对立情绪，便于当事人双方较为冷静、理智地考虑问题。

（3）有利于当事人抓住时机，便于寻找适当的突破口，公正合法地解决争议。

但是，调解也有自身的不足之处。调解的基础是双方自愿，因而调解能否成功必须依赖于双方的善意和诚意。当争议涉及重大经济利益或双方产生重大分歧时，这种前提条件一般是不存在的。同时，某些组织和个人主持的调解，双方当事人所达成的协议，对双方当事人并没有法律上的约束力，所以在执行上往往也存在较大的困难。

（三）仲裁

仲裁，又称为公断，就是当发生合同纠纷而协商不成时，仲裁机构根据当事人的申请，对其相互之间的合同争议，按照仲裁法律规范的要求进行仲裁并作出裁决，从而解决合同纠纷的法律制度。根据《中华人民共和国仲裁法》的规定，仲裁分为国内仲裁和涉外仲裁。仲裁与诉讼相比，其相同之处在于合同争议解决的决定都是由第三者独立作出的，都对当事人具有法律约束力，不同之处在于以下五点。

1. 仲裁的约定性

仲裁机构一般多为民间性质，它只能根据双方当事人的仲裁协议或仲裁条款受理案件。当事人一方在无仲裁协议或仲裁条款时，无权将争议提交仲裁解决，即使提交仲裁机构也无权受理；而诉讼则是在国家专门的审判机关进行的，它依照法定管辖权受理，当事人一方向法院起诉，无须征得对方同意。仲裁的事项与范围通常是由双方当事人事先或事后约定的，仲裁人不得对当事人约定范围以外的事项进行仲裁；而法院受理案件的范围则由法律规定它可以审理法定范围内的任何事项。

2. 仲裁方式的灵活性

以仲裁方式解决争议，当事人有较大的选择余地。特别是涉外合同争议的双方可以协议选择彼此都能接受或满意的仲裁员、仲裁机构及地点、仲裁程序和实体法来处理争议；而采用诉讼途径解决经济争议时，一切都是法定的，当事人无权任意变更。

3. 仲裁专业性

仲裁员一般都是有关方面的专家、学者，这就有利于争议案件准确、公正的处理。

4. 仲裁的保密性

仲裁往往是秘密进行的，不像法院审判那样要公平审理，也不像法院判决那样可以向社会公布。所以，采取仲裁方式解决争议，尤其是解决专有技术和知识产权方面的争议，更适合当事人保密的需要。

5. 仲裁的终局性

仲裁不像法院判决那样往往要进行二审，有利于争议的快速解决，节省时间和减少费用。

（四）诉讼

诉讼是指建设工程当事人依法请求人民法院行使审判权，审理双方之间发生的权利与义务的关系，从而解决争议双方的合同纠纷。诉讼具有以下特点。

1. 公权性

诉讼是由人民法院代表国家意志行使司法审判权，通过司法手段解决平等民事主体之间的纠纷。在法院的主导下，诉讼参与人员围绕民事纠纷的解决，进行能产生法律后果的活动。

2. 程序性

诉讼是按照法定程序进行的诉讼活动，无论是法院还是当事人或者其他诉讼参与人，都应严格按照法律规定的程序和方式实施诉讼行为。违反诉讼程序常常会引起一定的法律后果或者达不到诉讼目的，如法院的裁判被上级法院撤销，当事人失去某种诉讼行为的权利等。

诉讼分为一审程序、二审程序和执行程序三大诉讼阶段。并非每个案件都要经过这三个阶段，有的案件一审就终结，有的经过二审终结，有的不需要启动执行程序。但如果案件要经历诉讼全过程，就要按照上述顺序依次进行。

3. 强制性

强制性是公权力的重要属性。强制性既表现在案件的受理上，又反映在裁判的执行上。调解、仲裁均建立在当事人自愿的基础上，只要有一方当事人不愿意进行调解、仲裁，则调解和仲裁就不会发生。但是诉讼不同，只要原告的起诉符合法定条件，无论被告是否愿意，诉讼都会发生。此外，和解、调解协议的履行依靠当事人的自觉，不具有强制执行的效力。但法院的裁判则具有强制执行的效力，一方当事人不履行生效判决或裁定，另一方当事人可以申请法院强制执行。

（五）争议评审

合同当事人在专用合同条款中约定采取争议评审方式解决争议以及评审规则，并按下列约定执行。

1. 争议评审小组的确定

合同当事人可以共同选择一名或三名争议评审员，组成争议评审小组。除专用合同条款另有约定外，合同当事人应当自合同签订后 28 天内，或者争议发生后 14 天内，选定争议评审员。

选择一名争议评审员的，由合同当事人共同确定；选择三名争议评审员的，各自选定一名，第三名成员为首席争议评审员，由合同当事人共同确定或由合同当事人委托已选定的争议评审员共同确定，或由专用合同条款约定的评审机构指定第三名首席争议评审员。

除专用合同条款另有约定外，评审员报酬由发包人和承包人各承担一半。

2. 争议评审小组的决定

合同当事人可在任何时间将与合同有关的任何争议共同提请争议评审小组进行评审。争议评审小组应秉持客观、公正原则，充分听取合同当事人的意见，依据相关法律、规范、标准、案例经验及商业惯例等，自收到争议评审申请报告后 14 天内作出书面决定，并说明理由。合同当事人可以在专用合同条款中对本项事项另行约定。

3. 争议评审小组决定的效力

争议评审小组作出的书面决定经合同当事人签字确认后，对双方具有约束力，双方应遵照执行。任何一方当事人不接受争议评审小组决定或不履行争议评审小组决定的，双方可选择采用其他争议解决方式。

本 章 小 结

本章讲解了施工合同管理的任务、主要工作、类型、适用范围、有关方的职责，《建设工程施工合同（示范文本）》（GF—2017—0201）的内容，施工合同的审查、谈判、签订、履行、变更、解除、终止、索赔以及施工合同争议的处理方法等相关内容。重点掌握《建设工程施工合同（示范文本）》（GF—2017—0201）的内容，施工合同的履行、变更、索赔知识，灵活运用所学的知识，能处理一些常见的施工合同管理问题。

第五章课后习题答案

知识巩固

一、单选题

1. 下列属于建设工程合同的是________。（　　）

A. 监理合同

B. 咨询合同

C. 勘察设计合同

D. 买卖合同

2. 业主在向中标人授标前，要求中标人对施工方案进行修改，由此引起的费用增加由________承担。（　　）

A. 监理人　　B. 招标人　　C. 中标人　　D. 业主

3. 在施工过程中，由于业主的原因导致进度滞后，监理工程师要求承包商修改进度计划，则修改施工进度计划的费用由________承担。（　　）

A. 监理工程师　　B. 施工单位

C. 业主与施工单位共同　　D. 业主

4. 对于单价合同，工程款的确定依据是________。（　　）

A. 实际工程量和实际单价　　B. 合同工程量和合同单价

C. 实际工程量和合同单价　　D. 合同工程量和实际单价

5. 在单价合同中，对于投标书中明显的数字计算错误，业主有权力先作修改再评标，当总价和单价的计算结果不一致时，正确的做法是________。（　　）

A. 分别调整单价和总价　　B. 按市场价调整单价

C. 以总价为准调整单价　　D. 以单价为准调整总价

6. 某土石方工程，其中的土方工程实行总价包干为 14 万元；石方工程实行单价合同。土方工程和石方工程的估算工程量分别为 4 000 m^3 和 2 800 m^3，实际工程量分别为 7 000 m^3 和 3 000 m^3，合同单价分别为 35 元/m^3 和 120 元/m^3，则该石方工程的结算款为________万元。（　　）

A. 47.6　　B. 48.3　　C. 50.0　　D. 50.7

7. 在固定总价合同形式下，承包人承担的风险是________。（　　）

A. 全部工程量的风险，不包括通货膨胀的风险

B. 全部工程量和通货膨胀的风险

C. 工程变更的风险，不包括工程量和通货膨胀的风险

D. 通货膨胀的风险，不包括工程量的风险

8. 关于总价合同特点的叙述，下列不正确的是________。（　　）

A. 发包单位可以在报价竞争状态下确定项目的总造价

B. 承包人将承担较多风险

C. 评标时易于迅速确定最低报价的投标人

D. 在施工进度上不能调动承包人的积极性

9. 关于索赔的叙述，下列正确的是________。（　　）

A. 承包人可以向发包人索赔，但发包人不可以向承包人索赔

B. 承包人可以向发包人索赔，发包人也可以向承包人索赔

C. 由于发包人的原因导致分包人工期拖延的，分包人可以向发包人提出索赔

D. 承包人根据监理工程师的指令，要求分包人加快施工进度，分包人可以向监理工程师提出索赔

10. 建设工程中的反索赔是相对索赔而言的，反索赔的提出者是________。（　　）

A. 仅限发包方　　B. 仅限承包方

C. 发包方和承包方均可　　D. 仅限监理方

11. 下列可以作为承包人向业主索赔依据的是________。（　　）

A 承包人与分包人签订的分包合同

B. 承包人安全交底会议纪要

C. 承包人技术交底纪要

D. 合同履行过程中发包人和承包人洽商形成的协议

12. 当发生索赔事件时，按照索赔的程序，承包人首先应________。（　　）

A. 向政府建设主管部门报告

B. 收集索赔证据，计算经济损失和工期损失

C. 以书面形式向工程师提出索赔意向通知

D. 向工程师提出索赔报告

二、多选题

1. 下列属于建设工程施工合同的有________。（　　）

A. 勘察合同　　B. 设计合同

C. 施工合同　　D. 工程监理合同

E. 咨询合同

2. 根据《建设工程施工合同（示范文本）》，下列工作内容中，属于承包人义务的有________。（　　）

A. 支付施工现场邻近的古树保护费用

B. 办理夜间施工许可证

C. 照管未交工工程

D. 办理施工许可证

E. 办理施工现场爆破作业申请

3. 以下属于发包人责任的有________。（　　）

A. 业主雇用工程师并委托其在授权范围内履行业主的部分合同责任

B. 业主对工程师和供应商之间的责任界限作出划分

C. 及时作出承包人履行合同所必需的决策

D. 提供施工条件

E. 按合同规定及时支付工程款，及时接收已完工程

4. 成本加酬金合同对业主而言，其优点包括________。（　　）

A. 可以等待所有施工图完成后才开始招标

B. 可以利用承包商的施工技术专家帮助改进或弥补设计中的不足
C. 业主可以分段施工，缩短工期
D. 不可以分段施工
E. 必须等待所有施工图完成后才开始招标

5. 根据工程施工实际情况，可以提出工程变更的单位有________。（　　）
A. 承包方　　B. 业主方　　C. 设计方　　D. 供货商

6. 按照当事人之间的关系对索赔进行分类，可能有________之间的索赔。（　　）
A. 发包人与承包人　　B. 发包人与分包人
C. 承包人与分包人　　D. 承包人与监理人

7. 在建设工程项目施工索赔中，可索赔的人工费包括________。（　　）
A. 完成合同之外的额外工作所花费的人工费用
B. 施工企业因雨季停工后加班增加的人工费用
C. 法定人工费增长的费用
D. 非承包商责任造成的工期延长导致的工资上涨费
E. 不可抗力造成的工期延长导致的工资上涨费

8. 工期索赔的计算方法包括________。（　　）
A. 直接法　　B. 间接法
C. 比例分析法　　D. 网络分析法
E. 关键线路分析法

三、判断题

1. 施工总承包合同分为 12 个序列。（　　）
2.《建设工程施工合同(示范文本)》由合同协议书、通用合同条款、专用合同条款组成。（　　）
3. 建设工程施工的技术要求和方法为推荐性标准。（　　）
4. 发包人提供的材料和设备、检验费用由承包人承担。（　　）
5. 承包人应不定期进行施工人员劳动技能考核。（　　）
6. 实际开工日期以发包人签发的开工令为准。（　　）
7. 监理人应在计划开工前 5 天发出开工通知。（　　）
8. 发包人进行设计变更，应提前 15 天以书面形式向发包人提出。（　　）
9. 预付款最迟应在开工日期前 8 天支付。（　　）
10. 承包人应在合同价款调整情况发生后 15 天内通知工程师。（　　）
11. 承包人应在工程验收合格后 28 天提交竣工结算清单。（　　）
12. 发出索赔意向通知后 28 天内，应提出索赔报告。（　　）
13. 施工索赔分为工期索赔和费用索赔。（　　）
14. 索赔争端的首选解决途径是和解。（　　）
15. 司法途径主要是指仲裁和诉讼。（　　）

四、简答题

1. 试述施工合同的概念和特点。
2. 发包人和承包人的工作有哪些？

3. 在施工工期上，发包人和承包人的义务各是什么？
4. 工程验收有哪些内容，如何进行隐蔽工程验收和中间验收？
5. 承包人在何种情况下可以要求调整合同价款？
6. 施工合同对工程分包有何规定？
7. 结合工程实际，如何控制施工合同中规定的质量、进度、安全与造价？
8. 什么是索赔？索赔有哪些特征？
9. 索赔可分为哪几类？开展索赔工作有何作用？
10. 结合具体工程项目，分析索赔工作的基本程序。
11. 施工合同争议的解决方式有哪些？

能 力 提 升

根据教学项目情况，按相关规定，完成项目的索赔报告的填写。（表 5-2）

表 5-2　单项索赔报告

××项目索赔报告		
负责人：	编号：	日期：
题目：		
事件：		
理由：		
影响：		
结论：		
成本增加：		
工期拖延：		